教育领域
混合所有制 研究

于光辉 徐雪峰 孔令一 孙相云 等◎著

上海交通大学出版社
SHANGHAI JIAO TONG UNIVERSITY PRESS

内容提要

在教育领域,我国在大力发展民办教育的同时,也出现了由公共部门和私人部门合作办学的混合型教育。因此,在教育领域探索和发展混合所有制引起更多关注。本书的研究也正是基于这一背景而开展的。本书以十章的篇幅,对教育领域混合所有制办学的理论与实践进行了详细系统的介绍和论述,有理论阐述与案例分析,并就实际情况给出意见和建议,体现了作者严谨负责的科学研究态度。本书既可作为同行学者和研究人员学术交流的研究用书,也可为有关决策工作者提供有益参考。

图书在版编目(CIP)数据

教育领域混合所有制研究/于光辉等著. —上海:
上海交通大学出版社,2023.6
ISBN 978 - 7 - 313 - 26554 - 8

Ⅰ.①教… Ⅱ.①于… Ⅲ.①混合所有制—办学模式
—研究—中国 Ⅳ.①G522.7
中国版本图书馆 CIP 数据核字(2022)第 220432 号

教育领域混合所有制研究
JIAOYU LINGYU HUNHE SUOYOUZHI YANJIU

著　　者:	于光辉 等			
出版发行:	上海交通大学出版社	地　　址:	上海市番禺路 951 号
邮政编码:	200030	电　　话:	021 - 64071208
印　　制:	上海新艺印刷有限公司	经　　销:	全国新华书店
开　　本:	787mm×1092mm　1/16	印　　张:	14.25
字　　数:	284 千字			
版　　次:	2023 年 6 月第 1 版	印　　次:	2023 年 6 月第 1 次印刷
书　　号:	ISBN 978 - 7 - 313 - 26554 - 8			
定　　价:	68.00 元			

序

20 世纪 80 年代以来,伴随着全球教育民营化的热潮,我国在发展民办教育的同时,也出现了由公共部门和私人部门合作的混合型教育。特别是随着 2013 年党的十八届三中全会提出"国有资本、集体资本、非公有资本等交叉持股、相互融合的混合所有制经济,是基本经济制度的重要实现形式",经济领域混合所有制改革已成为常态。2014 年 2 月 26 日,李克强总理在国务院常务会议上部署了加快发展现代职业教育的任务措施,明确指出"积极支持各类办学主体通过独资、合资、合作等形式举办民办职业教育;探索发展股份制、混合所有制职业院校,允许以资本、知识、技术、管理等要素参与办学并享有相应权利。""十三五"规划纲要也特别指出,"创新公共服务提供方式,能由政府购买服务提供的,政府不再直接承办;能由政府和社会资本合作提供的,广泛吸引社会资本参与。"正是在这样的背景下,教育领域探索和发展混合所有制引起更多关注,我们也由此申请了"教育领域混合所有制的问题研究"全国教育规划国家课题,本书就是在这一课题研究成果基础上编写的。

《教育领域混合所有制研究》着重研究了以下内容:一是教育领域混合所有制的内涵;二是我国混合所有制办学实践探索现状;三是混合所有制办学涉及的主要难点和问题;四是对教育领域混合办学的具体形式即职业教育 PPP 办学风险问题进行了深入研究。独立学院是我国高等教育领域混合办学的重要形式,在其快速发展过程中也出现了不少问题。这些问题对于发展混合制教育非常具有典型性和启发性,对此作者进行了深入研究。由于作者另有著述《混合教育组织的契约治理研究》已经出版,故独立学院问题在本书中没有过多阐述。本书在研究过程中,主要采用文献分析、调查研究、案例分析、层次分析及模糊综合评价风险评估法等研究方法。

研究发现,混合所有制办学是有别于公办和民办办学之外的新型办学形式。严格意义上的混合所有制教育可以定义为:由国有资本、集体资本和非公有资本等不同所有制的两个及以上主体共同举办的教育,其本质特征是产权结构、治理主体多元化。目前人们讨论的广义混合所有制办学包含了不具有法人资格的学校下属机构(如高校的二级学院、系、专业等)与其他所有制组织的联合办学,有的将公立学校与国有企业这种相同所有制的联合办学也纳入其中,即广泛意义上的"混合所有制办学",本书有时称其为混合办学。我们认为,严格意义上的混合所有制教育与传统的公办和民办教育都有所区别：(1)混合所有制教育有别于公办教育。传统的公办教育是由国家出资兴办的教育，投资主体单一，日常经费主要靠国家财政拨款，人员编制为事业编。而混合所有制教育的投资主体多元，不同投资者的目标函数有所差异。(2)混合所有制教育有别于一般意义上的民办教育。民办教育一般以非国有机构或个人为主体投资举办，而混合所有制教育的举办者中至少包含一个政府机构、国有企业或国有事业单位投资主体，从资金来源上说，混合所有制教育的举办出资应当包括国有资本，民办教育的绝大出资通常是社会资金或市场化资金，不具有国有资产背景。

对于我国实践中存在的混合形式办学的领域和范围，本书将其总结概括为"三领域、六模式、三层次"。"三领域"即基础教育领域、职业教育领域、高等教育领域；"六模式"分别是公办院校引入民营资本模式、民办院校引入国有资本模式、国有资本与民营资本共同出资组建混合所有制教育模式、混合举办的学校二级学院模式、公私合作伙伴关系 PPP 模式、混合所有制教育委托代理模式；"三层次"分别是指学校层面的混合所有制办学、二级学院(系)层次的共建学院(专业)类办学、其他项目合作类层次的混合办学。对于这些领域和类型的混合办学教育，我们认为，职业教育应是明确优先和重点发展混合所有制的领域。具体地说，重点应在以下几个领域推进混合所有制：一是职业教育领域。混合所有制具有与生俱来的校企合作办学优势，能真正将"教"与"产"融合起来，拓宽职业教育经费来源渠道，建构多元化办学体制，是混合所有制教育最适宜发展的领域；二是薄弱公办院校的改造。教育领域探索发展混合所有制，不必在增量上做过多文章，而是重心应该放在现有存量上，特别是通过体制创新，改造搞活一部分薄弱公办院校；三是公办闲置教育资源的盘活。由于校园搬迁等一些原因，部分公办高校在原校址存在闲置教育资源，这部分闲置资源如以转让方式进入民办学校，往往会加重办学者的负担，可以通过引进社会资本或者人力资本进行混合所有制改造，不仅盘活资源，而且利于民间资金轻装进入教育领域；四是独立学院的规范。独立学院为我国大众化教育做出了重要贡献，但目前独立学院在教育公平和内部治理等方面的问题还没有很好地解决。

本书还研究了职业教育 PPP 办学风险问题。研究认为，PPP 模式是政府部门已经在公共服务领域大力推广的 PPP 模式，教育领域应当积极借鉴。首先，PPP 模式混合办学的制度设计可以帮助解决社会资本方的产权保护与学校法人财产权的矛盾问题。PPP 模式中的核心步骤是成立项目公司(SPV)，项目公司的组建必须以股份制为基础，既有政府投资，又有社会资本投资，其核心内容是确立股权机制、风险分配、利益共享原则，这其实呼应了混合所有制的内在要求，是典型的混合所有制的实现形式。项目公司按《公司法》运作，学校按《教育法》办事，项目公司股权与学校法人财权分离，办学资产的"岿然不动"与项目公司股权的市场化流动，将社会资本方的产权保护问题留在项目公司，不仅解决学校的法人财产权问题，还可以大幅度地促进教育社会资本市场的健康发育。其次,这种模式可以较好处理好出资人合理回报诉求与学校非营利运作方式之间的矛盾,提高社会资本参与的积极性。项目公司举办提供学历教育的学校是非营利的性质,学校账户应当与项目公司投资的其他营利性业务账户相分离,学校办学盈余不得用于分配,但项目公司可通过政府补贴、政府付费、绩效奖励、税收优惠等方式获取回报,社会资本的收益可以从项目公司运营的其他营利性项目中获取。再次,该模式可以较好地解决教育融资以及防止出资人变动对学校办学的影响等问题。在项目运营过程中,政府方和社会资本方任何一方要求撤出,将按照《公司法》的规定作出股权让渡,建立退出机制,转让或者买卖的仅仅是抽象化的股权,而不是具体的办学资产。况且股权转让按 PPP 运营规则,必须报政府方批准同意,即使项目公司内部解决不了,还有行政法律关系做保障。项目公司内部的股权变动并不影响学校资产的变化,有利于保全学校的法人财产权。最后,这种双法人机制还可以起到防火墙作用,减少具体出资人对学校办学行为的直接干预。通过 PPP 模式发展混合所有制教育,实际上建立了一个双法人机制,一是 SPV 属于企业法人,对学校履行出资义务,以办学章程通过董事会对学校进行治理;二是学校属于非营利法人,可以在章程范围内自主办学,从而有利于减少具体出资人对学校的过多干预。但 PPP 办学模式仍然存在不少办学风险,对此本书进行了分析并提出了针对性的政策建议。

经济领域发展混合所有制的主要改革重心在于打破国有企业的僵化体制机制,而在教育领域,我国发展混合所有制的主要逻辑在于,不仅部分公办薄弱(职业)学校需要搞活,民办学校需要做大做强,更重要的是,需要创新体制机制,吸引社会资本进入教育领域,进一步整合公私资源,以壮大我国整体教育资源,满足人们对教育质量和多样化的需求。研究认为,混合办学优势主要体现在以下几个方面:

(1)有利于进一步整合资源吸引民间资本进入教育领域。单靠国家财政无法支撑庞大的教育支出,尽管我国民办教育有了较大发展,但是整体比例偏低,教育质量和社会认可程度不高。这与我国长期以来形成的人们对私有组织的偏见以及进入民办教育的资本偏弱的事实不无关系。公私泾渭分明的观念,特别是缺少可操作可依据的法律依据和路径,也明显制约着公私资源整合的能力。混合所有制作为制度创新,可以构建公有、私有资源整合的平台。因为有了公有资本的参与,不仅有利于整合现有民办学校,而且可以提升其社会声誉和认可度,具有做大做强民办教育的可能,有利于增强民间投资者的信心和办学预期,必将有利于吸引更多民间资本进入教育领域。

(2)有利于发挥公私资本比较优势,提高办学质量和效率。鼓励发展混合所有制教育既可以充分利用公办投入主体的资源优势、师资优势和管理优势,又能充分发挥民间投入主体的资金优势、体制机制优势和市场优势。充分利用市场机制配置教育资源,促使政府教育职能由"管理"向"治理"转变,消除各种所有制形式之间孤立并存、相互封闭的体制痼疾,实现不同所有制形式互相联合、优势互补;有利于转变政府职能,实现办学的"管办评"分离,推动资源配置效率最优化和效益最大化。

(3)有利于推进校企合作,产教融合。目前我国在校企合作的办学实践中,一个很大的制约因素是企业参与校企合作动力不足,存在"学校热、企业冷"的现象,制约了技术技能人才的培养。发展混合所有制教育,投资方企业作为办学主体,更有动力参与学校的人才培养方案设计,培养并录用符合其需要的人才,真正把产教融合起来。这不仅能调动企业参与校企合作的积极性,而且对学校人才培养和科技成果有效转化也具有重要意义。因此,混合所有制教育在校企合作、产教深度融合等方面可以大有作为。

(4)有利于多元化办学体制以及法人治理结构的构建。实行混合所有制办学,可以把"国有"和"民办"两方面的优势有机地结合起来,形成新的产权配置结构、法人治理结构和内部管理运行体系,建立利益相关者多元主体共同参与的学校董事会,实行董事会领导下的校长负责制。通过多方参与、共同管理,克服公办学校体制僵化、行政化倾向严重、政府干预过多的弊端,有利于改变现有民办教育办学家族化、董事会结构单一倾向,改善学校内部治理结构,实行现代学校制度。另外,我国许多民办学校,特别是靠滚动发展起来的民办学校,由于举办者结构单一,登记制度不健全,举办者的原始投入以及靠学费剩余长期积累的资产无法分清,学校内部产权结构难以厘清,而混合所有制具有的多元投资体制则有利于学校内部产权明晰。

(5)有利于盘活国有闲置资源,改活公办薄弱院校。发展混合所有制教育不仅在宏观上能够弥补国家办学经费紧张,挖掘和充分利用现有教育资源,而且更在于在其实践过程中探索并逐步形成与社会主义市场经济相适应的运行机制,倒逼公办学校改革。同时,在微观层面,发展混合所有制教育,还可以强化市场导向,增强办学活力,提高办学效率,有利于教育资源的合理配置。利用混合所有制这一制度创新优势,则有利于盘活这些国有闲置资源,改活公办薄弱学校。

(6)有利于监督扶持资金进入民办学校,促进规范办学。我国民办教育扶持与规范问题并存,一方面,民办学校属于公益事业,不论现实需求还是理论逻辑,理应受到国家财政补贴以及更多优惠政策扶持;另一方面,部分民办学校自身投入严重不足,教育教学质量偷工减料,办学不规范行为时有发生,如果缺乏必要的监督,政府对民办学校的资助就可能变相流入个人腰包,使得教育资源配置失效并流失。目前虽然明确界定了教育行政机关为主管部门,但仅仅是业务管理关系,政府难以在院校具体办学过程中实施有效监管,仅仅靠"事后处罚"后遗症太大,"民参公"式的混合制改造,可以基于契约的法理属性派员参加董事会、监事会,直接参与决策和监管,可以对校长的任命实施核准,可以对学校章程提出修改意见,做到有法理、有抓手、有渠道全过程的监管学校。发展混合所有制教育,在民办教育领域引入公有制成分,公有资本的代表参与学校管理,有利于加强监督和民办教育规范发展;而且公有制成分的参与,也可以提升学校的竞争力和信誉。从这个角度来说,混合所有制有利于政府监督扶持资金进入民办学校,促进规范办学。构建支持非营利性民办学校发展的良好环境,为扶持类财政资金、骨干教师的待遇等政策落实提供较为合理的依据。

在看到混合所有制办学优势的同时,研究也发现,目前我国"混合所有制"办学仍处于基层自发和探索阶段,无论在政策环境还是实践操作方面,都还面临着一些难点和问题。这些难点和问题主要表现在以下几个方面:①法律规范问题。尽管教育部门相关文件中提及混合所有制问题,但具体配套文件尚未出台。哪些类型学校属于混合所有制?混合所有制教育的法人属性是什么?应该如何注册和登记?适用民办教育促进法的边界在哪里?什么样的主体可以参与?怎样参与?哪些类型的可以举办,哪些举办方式不适宜?现有的应该如何规范?混合所有制教育中的办学主体应当有哪些责权利?财政性经费是否可以进入?哪些可以进入以及怎样进入?等等,诸如此类的问题在政策和法律上尚不明确。另外,非公即私的思想观念在许多人心中还根深蒂固,对于公私合作,教育主管部门、地方政府和民间投资主体也存在许多顾虑,因此进一步完善相关制度环境,稳定举办者预期,是吸引更多民间资本进入教育领域发展混合所有制的制度保障。②实践办学过程中多元办学主体间的矛盾冲突问题。混合所有制是由公有和私有不同性质办学主体共同举办,一般来说,不同性质的办学主体办学目标函数不尽相同,组织内部存在教育公益性和资本寻利性矛盾,处理不好容易发生组织冲突。这在部分办学实践案例中已得到反映。因此,如何处理好不同性质办学主体由于目标函数不同带来的冲突问题,也是发展混合所有制成败的关键。这些问题,应通过完善办学合约、制约投资寻利动机、加强法人治理等途径加以解决,特别是如明确混合所有制只能按照非营利方式运作后,这些问题的解决将变得更为容易。③国有资产保值增值和民间资本话语权保护问题。教育领域探索和发展混合所有制,同样涉及国有资产的保值增值以及民间资本话语权保护问题。一方面,由于教育资产评估复杂,特别是无形资产评估缺乏有效评估标准和指标,公有和私有资本代理人性质不同,容易出现国有资产流失,监管难度大;另一方面,由于目前推动改革的政策制度尚不健全,很多民间投资人担心因股权比例小或被稀释而失去对学校的控制权,对国有资产注入存有戒心。因此,如何既确保国有资产的保值增值,防止国有资产流失,又保护好民间投资者的财产安全,是制度设计的核心。产权关系清晰、各方责权利明确、管办评分离是教育领域混合所有制改革的关键。④不规范操作容易产生新的不公平问题。在过去的办学实践中,当新的教育类型组织进入市场时,总有个别案例趁机打政策擦边球,比如:让优质公办资源摇身一变成为民办,或者对民办学校注入少许公有资本成为公办,究其目的,不是着眼于扩大优质资源和提高教育质量,而是通过不规范的操作谋取更多资源,一方面享受公办院校待遇,另一方面又享受民办教育市场政策,导致市场的不公平竞争,结果是挤占了纯民办学校生存空间,造成新的不公平。应该说,产生这些问题的根本原因不是制度创新本身,而在于其中的不规范操作。混合所有制教育兼具公有和私有成分,因此,如何规范界定混合所有制办学模式,防止鱼目混珠,让混合所有制教育真正以平等主体身份进入市场,防止新的不公平发生,也是混合所有制教育良性发展的关键。

总之,研究认为,教育领域探索和发展混合所有制是一项制度创新,具有重要的现实意义,在理论上具有很多的优势。但由于公私合作特殊性、教育本身属性以及实践操作的复杂性,在理论和实践操作层面,仍有许多问题需要进一步研究厘清。本书在以上诸多方面都尝试着进行了一些研究探索,但不论从深度和广度上都需要进一步深入。因此,期待更多的理论和实践工作者做出更多的研究成果,攻坚克难,才会真正享受这一制度创新带来的红利。

是为序。

于光辉

2023 年 2 月 12 日

目　　录

第一章　混合所有制理论与实践

第一节　混合所有制理论的一般阐述

一　混合所有制的内涵与概念

（一）混合所有制的内涵

因混合所有制研究属于经济学范畴，所以理论界一般把"混合所有制"研究等同于"混合所有制经济"研究。混合所有制或混合所有制经济是指在同一个经济组织中，不同的产权主体彼此贯通、相互融合、相互渗透而形成的新的产权配置结构和经济形式，它强调不同的投资主体来自不同的所有制领域，是多种投资主体和不同所有制性质的综合。[①] 与之相比，"混合经济"只强调投资主体的多元化，而对投资主体本身姓"公"还是姓"私"并无特定要求。

关于混合所有制的内涵，理论界存在争议。主要表现在：一是混合所有制的概念不规范，甚至模糊；二是混合所有制到底是不是一种独立的所有制形式？从政治经济学的角度来看，混合所有制这个概念的确不够精准。政治经济学理论认为：所有制是指一个国家社会经济制度的基础，是对经济制度根本性质的界定。我国《宪法》第六条规定："中华人民共和国的社会主义经济制度的基础是生产资料的社会主义公有制，即全民所有制和劳动群众集体所有制。"生产资料的全民所有制和劳动群众集体所有制，即公有制，确定了我国经济制度的社会主义性质。因此，从这个角度来讲，混合所有制是一个不够规范的概念，不能以混合所有制取代我国社会主义经济制度的基础，即生产资料的公有制。

但事实上，混合所有制是对我国目前所有制状态的一种客观描述，是我国处于社会主义初级阶段条件下，根据现实国情，既坚持公有制的主体地位又允许非公有制经

---

① 常修泽：《中国国有企业改革和民营经济发展中的几个突出问题》，《经济社会体制比较》2004 年第 4 期，第 4 - 8 页。

济成分的存在与发展,甚至在某些领域要大力发展多种所有制状态的客观存在,是公有制与各种非公有制的并存与共同发展的所有制结构的一种混合状态。因此混合所有制是一种新的、独立的所有制形态。混合所有制主要包括两重含义:一是指整个社会的多种所有制形式和经济成分并存的格局;二是指不同所有制性质归属的资本在同一企业中的"混合"。

混合所有制的出现突破了各种所有制之间自我封闭的局限,突破了公有制和非公有制筹集资金渠道的局限,有效地解决了扩大企业规模和承担经营风险不对称的矛盾,使市场配置生产要素和人力资源制度化,从而能够促进产业结构、企业结构和所有制结构的合理调整。

(二) 混合所有制经济是公有资本与非公有资本的融合

学术界对混合所有制经济的理解包括广义和狭义两方面。广义的理解把混合所有制经济界定为不同所有制资本之间的融合,即混合所有制经济可以是公有资本与非公有资本(民营资本)的融合,也可以是公有资本之间内部的融合,比如国有资本与集体资本的融合;狭义的理解是把混合所有制经济界定为公有资本与非公有资本(民营资本)的融合,公有资本之间或非公有资本之间的融合不能视为混合所有制经济。[①]

依据我国政府关于坚持和完善基本经济制度的论述,将混合所有制经济界定为公有资本(国有资本)与非公有资本(民营资本)的融合更符合基本经济制度的本质规定和内在要求。

从当前我国国情以及增强我国各类所有制经济动能的要求出发,也要求将混合所有制经济界定为公有资本与非公有资本的融合,[②]原因如下:第一,增强非公有制经济的活力和创造力,就必须坚持权利、机会和规则的平等,废除各种形式的不合理规定和消除各种隐性壁垒,使非公有制经济能够更加平等地参与市场竞争。无论是增强国有经济还是非公有制经济的活力和竞争力,发展混合所有制经济都是一个有效途径。第二,要增强国有经济的活力和竞争力,就必须鼓励民营企业参与国有企业改革,引入社会资本和民营资本,通过不同所有制资本的融合,使国有企业的体制和机制更好适应市场竞争的要求。因此,将混合所有制经济界定为公有资本与非公有资本的融合更符合中央的精神,更有利于坚持和完善基本经济制度,也更能促进多种所有制经济的共同发展。

(三) 我国混合所有制经济的四种主要类型

公有制经济在我国有全民经济、集体经济两大形式。非公有制经济在我国有民营经济(私营经济)、城市个体工商户、农村专业户和承包户、外资经济、公民个人等多种形式。从实际运作来看,由于国企在国民经济中的地位较高,以及改革开放几十年

---

① 李晓南:《正确理解混合所有制经济》,《经济日报》2014 年 3 月 27 日第 3 版。
② 季晓南:《发展混合所有制是深化国企改革的突破口和加速器》,《上海经济》2014 年第 5 期,第 8—10 页。

来民营经济的蓬勃发展,国企与民营经济的混合联营成为混合所有制经济主体的代表形式。目前,我国存在的混合所有制主要有四种类型。①

1. 公有制经济与个人所有制联合组成的混合所有制企业

这包括国内企业股份制改造中,吸收本企业员工或外部人员持有部分股权的企业;以及实行股份合作制的集体经济中,集体所有与内部个人所有相结合的混合所有制企业。

2. 公有制经济和非公有制经济组织联合组成的混合所有制企业

这种企业可以被进一步细分为两种形式:一种是国有经济或集体经济同国内私营经济联合组成的企业;另一种是国有经济或集体经济与外资经济联合而组成的企业,如中外合作经营、合资经营企业等;这是混合所有制经济的主要表现形式。

3. 公有制经济内部国有、集体企业与民营、个体、外资组成的混合所有制企业

这种混合所有制企业,包括目前我国市场经济体制中的各种所有制经济体。随着深层次经济改革的进行,适合社会主义市场经济的多种多样的联合体会像雨后春笋般涌现出来。

4. 公有制经济内部国有企业与集体企业(挂靠性质)联合组成的混合所有制企业

比如,城市国有企业与农村乡镇企业或城市集体企业组成的联合体,表面上,这只是公有制企业之间的联合,但是它在中国的发展一波三折。

长期以来,由于公有制经济是国家经济的主体,其他经济形式被边缘化。公有制内部的联合也是各有目的及特点,在南方、沿海发达地区甚至把不同地区公有制经济的联合,也视为混合所有制经济。虽然公有制经济内部的联合和混合所有制经济原本的定义有差异,但这些集体企业绝大多数是私人挂靠原国营单位建立起来的,名为集体,实为私营性质,这是历史发展过程的真实反映。因此,除了一些集体企业要重新登记以外,还有不少企业要及时转变身份。人们对混合所有制经济也必须进行客观认识,给予合理的确认,混合所有制经济的形式才会随着经济的发展进一步呈现多样化的趋势。

二　关于混合所有制经济的几个认识误区

(一) 混合所有制经济就是股份制

第一,股份制是企业赢得市场竞争优势的一种有效组织形式和运营方式,是社会化大生产和市场经济发展到一定阶段的必然产物,也是公有制的重要实现形式。发展混合所有制经济的重点是推进国有企业的股份制改革,使股份制成为混合所有制的主要实现形式。但是,社会主义公有制的实现应该也可以有多种形式,把混合所有制等同于股份制,容易限制混合所有制的发展空间,也容易束缚对公有制多种实现形

---

① 江涛、吴刚:《混合所有制经济理论与实践》,社会科学文献出版社,2016,第7页。

式的更广泛的探索。

第二,在概念层面,混合所有制经济与股份制是不完全相同的。混合所有制经济可以理解为宏观层面上的一个国家经济结构中不同所有制的构成,即在坚持公有制主体地位的同时,毫不动摇地支持、鼓励和引导非公有制经济的发展;也可以理解为微观层面上的企业内部不同所有制的构成,其实质是调整企业的产权结构。因此,混合所有制经济比股份制的内涵更加宽泛,不能把混合所有制经济与股份制等同看待,否则发展混合所有制经济只剩下企业层面的产权制度改革,这样不利于全面坚持和完善基本经济制度。

第三,在产权结构多元化上,混合所有制企业与股份制企业相互交叠。判别是否属于混合所有制企业的关键在于把握两个内在规定和本质特性,一个是多元投资主体,另一个是不同所有制资本的融合,只有同时具备这两个特性的企业才属于混合所有制企业,在产权结构上体现为不同所有制的资本融合。与之相比,股份制企业属于多元投资主体的企业,如果是同一属性资本相互持股形成的股份制企业,比如国有资本与国有资本之间,或民营资本与民营资本交叉持股,则不属于混合所有制企业。因此,在产权结构多元化上,混合所有制企业与股份制企业既相互交叠又有所区别,不能将混合所有制经济等同于股权多元化。

总之,混合所有制经济属于所有制的形态和范畴,是相对于公有制经济和非公有制经济等而言的;而股份制企业属于企业组织形式和范畴,是所有制的实现形式,二者不能等同视之。

(二) 外资经济是混合所有制经济

外资经济是我国改革开放之初为发展对外关系,吸引外商资金、学习西方先进的技术和管理经验而建立起来的经济体形式,包括中外合资经营企业、外商独资企业和中外合作经营企业中的境外资本部分。外商独资企业属于纯粹的非公有制经济,因此不属于混合所有制经济;中外合资经营企业、中外合作经营企业中既有国外资本参与又有国内资本参与,只有当其中的国内资本部分为公有制经济时,它们才属于混合所有制经济。

(三) 混合所有制经济就是公有制经济或非公有制经济

我国公有制经济和非公有制经济相结合的主要形式是股份制,如果国家和集体控股,企业就具有明显的公有性;如果私营企业或者个人控股,就带有明显的非公有性,但不能因此就认为混合所有制经济姓"公"或姓"私"。

公有制性质与公有制的实现形式不同,公有制是指生产资料由国家所有或劳动群众集体所有,是生产资料所有形式从宏观角度进行界定;公有制实现形式则是公有制经济在微观领域的具体体现,是指公有资产的经营方式或组织形式。只有混合所有制经济中的国有成分、集体成分才属于公有制经济,其他经济成分属于非公有制经济范畴。对非公有制经济,同样如此。

（四）混合所有制经济等同于混合经济

经济学家约翰·凯恩斯（John Keynes）曾说过："挽救资本主义制度的唯一切实的办法，就是扩大政府的机能，让国家之权威与私人之策动力量互相合作。"[①]这是关于混合经济（Mixed-economy System）论点的最初由来。混合经济实质上是国家垄断资本主义，特点是以市场经济为主，通过价格机制调节和干预经济生活，以熨平经济波动，从而保证宏观经济的均衡增长。可以看出混合经济其实是针对美国经济现实提出的，通过对经济现状的概括，来淡化资本主义经济私有制的性质。因此以混合经济这一模糊的范畴来说明当代资本主义，这是对资本主义制度的一种辩护，并以此淡化公有制与私有制之间的对立，无视公有与私有之间的本质差别。混合所有制经济内涵的重心在于不同所有制形式之间的相互联系和有机组合，属于经济制度层次的范畴；混合经济内涵的重心在于资源配置不同方式的结合，属于经济运行层次的范畴，两者虽有联系，但不可同日而语。

混合所有制经济是为建立完善的社会主义市场经济体制，针对传统所有制结构的弊端和转轨中存在的问题而提出来的。数据统计，2016年中央企业混合所有制企业户数已经达到67.7%，国资委17个地方所监管企业及子企业中混合所有制企业数量占比已经超过50%。除了涉及国家安全、自然垄断、有重大社会效益及高新技术和支柱产业的重大骨干企业外，其他的都要大力发展混合所有制经济，这对完善我国的基本经济制度，特别是在社会主义市场经济中明晰产权关系、深化改革都是非常重要的。

第二节　混合所有制相关理论综述

一　产权理论

产权理论（Theory of Property Rights）的突出代表者为罗纳德·科斯（Ronald Coase）。科斯将研究重点没有放在正统微观经济学的核心部分，即经济运行本身，而是将重点放在经济运行背后的财产权利结构上；运用制度分析工具，没有像传统经济学那样大量使用数学建模和边际分析工具，而是通过对某些经济现象的分析来阐述隐藏在背后的经济运行规则，以及这些规则的制度基础。

科斯分别从法律和经济的双重角度阐明了产权理论的基本内涵。产权理论认为：产权人有较强的激励动机去不断提高企业的效益并且享有剩余利润占有权，所以在利益的驱动激励之下，私有企业比传统的国有企业竞争力强。产权不清晰的社会

---

① 约翰·梅纳德·凯恩斯：《就业、利息和货币通论》，商务印书馆，1983，第326页。

是一个效率低下、资源配置无法达到最优的社会。而界定明晰、能够保证经济高效率的产权应该具有以下特征：

第一，明确性。它拥有对财产所有者的各种权利以及对限制和破坏这些权利的处罚完整体系的明晰界定。

第二，专有性。产权拥有者能够与因为其行为而产生的所有报酬和损失直接相联系。

第三，可转让性。这些权利可以由市场对资源进行有效配置而被引导到最有价值的用途上，降低了投资风险。

第四，可操作性。以上的明确性、专有性、可转让性的特征，使得投资者可以按照市场预期把握经济体的市场运营与管理，并进行准确操作。

清晰的产权同样可以很好地解决外部不经济（External Diseconomy）。科斯提出"确定产权法"，他认为在协议成本较小的情况下，无论最初的权利是如何界定的，都可以通过市场交易达到资源的最佳配置，因而在解决外部侵害问题时可以采用市场交易形式。科斯产权理论的核心是：一切经济交往活动的前提是制度安排，这种制度实质上是一种人们之间行使一定行为的权利。因此，经济分析的首要任务是界定产权，明确规定当事人可以做什么，然后通过权利的交易达到社会总产品的最大化。因此完善产权制度对人口、资源、环境和经济的协调与持续发展具有极其重要的意义。

二 股份制理论

股份制（Joint-stock System）是以投资入股的方式把分散的分属于不同所有者的生产要素集为一体、统一经营、自负盈亏、按股分利的经济组织形式。股份制经济的存在是以生产要素分属于不同所有者为前提。投资入股是实现股份制经济的基本途径。生产要素的统一经营使用是股份制经济经营活动的基础性条件。按股分利是股份制经济的基本分配原则。随着我国国有企业股份制改革的不断深入，国内股份制理论研究不断创新，股份制是公有制的主要实现形式理论，现代股份公司理论等股份制理论相继引入股份制改革实践，《公司法》《证券法》《破产法》《企业国有资产法》等出台，为市场经济的有效运行提供了法律保障。

经济学家厉以宁认为股份制是一种资产组织形式，它产生于资本主义社会，但不是资本主义社会特有的经济组织形式，社会主义可以而且应该利用它为自己服务。在我国组建股份制企业，有利于开辟新的融资渠道和筹集重点项目资金；有利于理顺企业产权关系，转换企业经营机制；有利于国有资产的保值增值，提高国有资产的使用效益，发挥公有制经济的主导作用；有利于协调地方、部门和企业的利益关系，促进产业结构的调整和企业集团的发展。

股份制企业不仅仅是一种财产组织形式，而且是一种相对独立的产权形式或所有制形式，兼具私有和公有产权二重特性。这种组织形式既不是纯粹的（或原始的）

私有产权,也不是纯粹的(或原始的)公有产权,而是公私产权的一种融合形式或中介形式,它体现了重视个人利益基础上整体的一致性和各种权利之间的分工制衡,使产权走向开放和流动,是公有产权和私有产权两重属性的内在统一。

三　股份合作制理论

早在 170 多年以前,伟大的空想社会主义者傅立叶设计的法朗吉(具有共同目标的集体)已包含了股份合作企业的雏形。他提出:用招股办法筹集资金,成员具有共同的劳动、管理等权利,实行集体经营,劳动者控股,生产目的是让成员过上富裕幸福的生活等,这些都是股份合作制(Joint-stock Cooperative System)的核心内涵。

20 世纪 60 年代,美国的路易斯·凯索(Louis Kelso)提出了 ESOP 计划(员工持股计划)。该计划在实施过程中,有一部分企业形成"职工持股制企业",企业职工对企业具有实质性的控制,具有明显的合作化倾向。在运行机制方面,实行"本厂工人—管理委员会—经理—工人"的体制,工厂的产权、管理权、分配权均归本厂工人所有;企业内部各种关系由工人选举的管理委员会来协调;通过一人一票制进行民主决策;管理委员会聘任经理负责经营;民主决定分配原则,由成员的资本份额和劳动记录决定其分红数额。这一切都表明西方"职工持股制企业"是一种兼容股份制与合作制的企业,实际上就是一种股份合作制经济。

20 世纪 80 年代中期中国出现的股份合作制并不是孤立的,它与历史上存在的、现仍然存在的某些经济形式有着联系。20 世纪 50 年代,中国农村兴起的农业合作化运动,经历了互助组、初级社、高级社等发展阶段。其中,初级社就包含了许多股份合作的因素。比如,自愿申请入社,农民以土地、农具、牲畜等生产资料折股入社,统一使用劳动力,民主商定生产和分配大事,按劳动、股份比例分配等。这一切都可以看作是社会主义股份合作制的最早实践。

中国股份合作制来自农村,是农村改革中的新事物,经过多年的实践,在全国广大城乡已出现大量各种各样的股份合作制经济。实行联产承包责任制后,针对农村中要把分散的生产要素联合起来建立新的规模经济的要求和实践中的一些探索,党中央在 1985 年 1 号文件中首次采用了"股份式合作"的提法,认为这种办法值得提倡。此后,采取股份式合作的企业形式逐渐在浙江、安徽、山东、福建、河南、广东等省份推广开来。

1992 年邓小平"南方谈话"发表后,股份合作企业作为一种包容性大和可行性强的生产要素组合形式,被越来越多的地方政府或企业认同,并在丰富多彩的实践中不同程度地突破了原有的政策界限。在这一背景下,1992 年 12 月农业部颁布了《关于推行和完善乡镇企业股份合作制的通知》,对农民股份合作制企业的定义做了修改,并进一步明确了集体经济性质等问题;提出在发展股份合作企业时,"可以采取多种形式,实行各种生产要素的组合。不论哪种形式的股份合作企业,均属于新型社会主义集体经济性质,都要大力支持"。1993 年 3 月 1 日,轻工业部颁发了《轻工集体企业股份合作制试行办法》,把股份合作制从农村企业扩大到了轻工系统的集体企业,其中包括大量的城镇轻工集体企业。1994 年 10 月,劳动部、国家体改委、国家税务总局等部门颁布《劳动就业服务企业实行股份合作制规定》,进一步将股份合作制这一公有制经济实现形式推行到劳动就业服务企业中。

1997 年 9 月党的十五大报告指出:"股份合作制经济,是改革中的新事物,要支持和引导,不断总结经验,使之逐步完善。劳动者的劳动联合和劳动者的资本联合为主的集体经济,尤其要提倡和鼓励。"该报告犹如向全党、全国人民吹响了企业实行股份合作制改革的进军号角,随后,全国各地、各行各业、个体私营集体国有等各种所有制、大中小各种类型的工商企业和第三产业乃至某些科研事业单位,到处都涌动着股份合作制的大潮。

总之,股份合作制企业是指依法发起设立的、企业资本以企业职工股份为主构成,职工股东共同出资、共同劳动、民主管理、共担风险,所有职工股东以其所持股份为限对企业承担责任,企业以全部资产承担责任的企业法人。

第三节　我国对混合所有制经济的认识进程

从我国的经济改革实践来看,混合所有制经济经历了历史的发展过程,人们对混合所有制经济发展的脉络的认识逐渐清晰,认识也日益深化。

传统的所有制理论认为,社会主义要消灭私有制,建立完全的公有制经济。社会主义公有制经济包括国有经济(全民所有制经济)和集体经济,国有经济是社会主义公有制的高级形式,集体经济是公有制的低级形式,低级形式要逐步向高级形式过渡。在这种认识的引导下,改革开放之前公有制经济占主导地位。

改革开放后,中国共产党召开了一系列重要的会议,对非公有制经济地位的认识不断提升,肯定了社会主义初级阶段多种所有制形式存在的客观必然性,为多种经济形式的联合即混合所有制经济的存在打下了基础。

(一) 党的十一届三中全会、六中全会

在 1978 年党的十一届三中全会上,我国深刻总结了社会主义建设的经验教训,开始认识到非公有制经济的重要作用,将社员自留地、家庭副业、集市贸易作为社会主义市场经济的必要补充部分;党的十一届六中全会指出国有经济和集体经济是我国基本的经济形式,一定范围的劳动个体经济是公有制经济的必要补充。

(二) 党的十二大

1982 年党的十二大报告,充分肯定了非公有制经济的积极作用,指出我国的非公有制经济和外商投资都是公有制经济的必要的、有益的补充,标志着党成功地实现了具有重大历史意义的伟大转变。党的十二大报告开始把中国带入建设有中国特色的社会主义的新轨道,并因全面开创我国社会主义现代化建设的新局面而被永远载入史册。

(三) 党的十三大

1987年党的十三大报告,在党的十二大报告的基础上,又对私营经济的地位予以积极的肯定,扩大了作为补充的非公有制经济的范围。即以公有制为主体,大力发展有计划的商品经济,发展多种经济成分,鼓励一部分人通过诚实劳动和合法经营先富起来。

(四) 党的十四大

1992年党的十四大报告,不仅肯定了要建立以全民所有制和集体所有制经济为主体,个体经济、私营经济、外资经济为补充的所有制结构,还指出不同经济成分可自愿实行多种形式的联合经营,这就为混合所有制经济的发展打开了方便之门。

(五) 党的十四届三中全会

1993召开的党的十四届三中全会通过的《中共中央关于建立社会主义市场经济体制若干问题的决定》中,混合所有经济的思想初露端倪:"支柱产业和基础产业中的骨干企业,国家要控股并吸收非国有资金入股,以扩大国有经济的主导作用和影响范围";"随着产权的流动和重组,财产混合所有的经济单位越来越多,将会形成新的财产所有结构。"值得注意的是,这个时候对吸收非国有资金改革国有企业还是采取了审慎的态度,并没有直接使用"混合所有制"或"混合所有制经济"这样的概念,而是从财产权的角度提出了"财产混合所有的经济单位"概念,为各种经济形式的联合与合作提供了政策支持。

(六) 党的十五大

混合所有制经济的概念最早见于1997年召开的党的十五大报告。该报告指出:"十一届三中全会以来,我们党认真总结以往在所有制问题上的经验教训,制定以公有制为主体、多种经济成分共同发展的方针,逐步消除所有制结构不合理对生产力的羁绊,出现了公有制实现形式多样化和多种经济成分共同发展的局面";"公有制为主体、多种所有制经济共同发展,是我国社会主义初级阶段的一项基本经济制度";"公有制经济不仅包括国有经济和集体经济,还包括混合所有制经济中的国有成分和集体成分";"以资本为纽带,通过市场形成具有较强竞争力的跨地区、跨行业、跨所有制和跨国经营的大企业集团。"

(七) 党的十五届四中全会

1999年党的十五届四中全会通过的《中共中央关于国有企业改革和发展若干重大问题的决定》指出:"国有大中型企业尤其是优势企业,易于实行股份制的,要通过规范上市、中外合资和企业相互参股等形式,改为股份制企业,发展混合所有制经济。"

(八) 党的十六大

2002 年党的十六大报告指出，"除极少数必须由国家独资经营的企业外，积极推行股份制，发展混合所有制经济""充分发挥个体、私营等非公有制经济在促进经济增长、扩大就业和活跃市场等方面的重要作用，促进非公有制经济健康发展"。

(九) 党的十六届三中全会

自 2003 年党的十六届三中全会开始，我国就把大力发展混合所有制经济作为一条方针确定下来，提出了"要积极适应市场化不断发展的趋势，进一步增强公有制经济的活力，大力发展国有资本、集体资本和非公有资本等参股的混合所有制经济，实现投资主体多元化，使股份制成为公有制的主要实现形式"。

(十) 党的十七大

2007 年党的十七大报告再一次重申"以现代产权制度为基础，发展混合所有制经济""坚持和完善公有制为主体、多种所有制经济共同发展的基本经济制度，毫不动摇地巩固和发展公有制经济，毫不动摇地鼓励、支持、引导非公有制经济发展"。

(十一) 党的十八大

2012 年党的十八大在北京召开。此次会议是我们党在全面建设小康社会的关键时期和深化改革开放、加快转变经济发展方式的攻坚时期召开的一次十分重要的会议，对我们党团结带领全国各族人民继续全面建设小康社会、加快推进社会主义现代化、开创中国特色社会主义事业新局面具有重大而深远的意义。大会决定"要毫不动摇巩固和发展公有制经济，推行公有制多种实现形式，深化国有企业改革。毫不动摇鼓励、支持、引导非公有制经济发展，保证各种所有制经济依法平等使用生产要素，公平参与市场竞争，平等受到法律保护"。

(十二) 党的十八届三中全会

2013 年 11 月党的十八届三中全会在京召开，会议审议通过了《中共中央关于全面深化改革若干重大问题的决定》，提出要积极发展"混合所有制经济"，并指出"国有资本、集体资本、非公有资本等交叉持股、相互融合的混合所有制经济，是基本经济制度的重要实现形式，有利于国有资本放大功能、保值增值、提高竞争力，有利于各种所有制资本取长补短、相互促进、共同发展。允许更多国有经济和其他所有制经济发展成为混合所有制经济"。

(十三) 党的十九大

2017 年党的十九大在北京召开，针对新阶段如何"加快完善社会主义市场经济体制"问题，报告明确指出"深化国有企业改革，发展混合所有制经济"，并从更高层次、更大范围提示了"发展混合所有制经济"对于"加快完善社会主义市场经济体制"的重要意义。

第四节　我国发展混合所有制经济的必要性和意义

《中共中央关于全面深化改革若干重大问题的决定》明确指出,要积极发展混合所有制经济,对于进一步巩固和完善社会主义基本经济制度,对于保证市场在资源配置中发挥决定性作用,对于充分激发一切积极因素推动社会财富创造,对于进一步调整理顺社会利益关系,都有着非常重要的理论和实践意义。"三个允许"新的政策框架,即允许更多发展混合所有制经济,允许非国有资本参股国有资本投资项目,允许企业员工持股,很有现实针对性,将有效地解决围绕国有经济做大做强及民营经济发展空间所产生的困惑和问题。

一　发展混合所有制经济是完善社会主义市场经济的内在要求

(一)宏观层面:优化资源配置,实现国民共进

通过股份制等形式,所有制限制、垄断壁垒和不完全市场竞争被打破,公私企业按市场规律并购重组,促进资本在全社会流动,把有限的资源配置到效益较好的环节中去,化企业外部资源为内部收益,取得范围经济、规模经济和竞争优势,基本达到资源配置的帕累托最优状态。

发展混合所有制经济突破了传统公有制特别是国有经济产权主体"虚置"的弊病,较好地适应了经济主体多元化、资产运营市场化的基本要求,在计划与市场之间搭建起一座桥梁,为公私资本竞争合作提供了有效途径。政府能以少量国有资本撬动大量非公有资本,既能增强国有资本的控制力,又留有自由竞争的空间。拓展民企发展空间,有效破除垄断,取消非公有资本在市场准入、要素使用方面面临的歧视性政策。

(二)微观层面:实现优势互补,完善企业治理机制

公有制具备的资本雄厚、资源充足、管理规范、人才济济、技术先进等优势,恰是私有经济的短板;公有制具有包袱重、体制僵化、责任淡化等缺陷,而私有制在这些方面处理得很好。公私所有制优缺点正好互补,但国有与民营不应是"零和博弈",而应立足于"合作博弈",取长补短,促进产业转型升级,形成具有国际竞争力的现代企业集团或产业集群。

发展混合所有制经济在取得经济效益的同时,也有利于行业监管、分散风险。国企引入非公有资本,有利于增强国企危机感,使国企活跃起来,产生"鲶鱼效应"。混合所有制实现了单个企业投资主体的多元化,必然要求明晰产权,建立利益制衡机制,健全法人治理结构,完善现代企业制度,在组织、制衡、创新、效率等方面取得优势。

二 发展混合所有制经济是适应我国国情，发展生产力的现实选择

作为一个发展中国家，我国的基本国情是生产力相对发达国家落后、社会问题比较突出、各种矛盾错综复杂等，我们将长期处于社会主义初级阶段，发展仍是解决我国所有问题的关键。经过四十多年改革开放实践，经济高速发展，虽然增速仍在新兴经济体中保持领先地位，但从 2015 年开始，中国经济开始进入"新常态"，位于"三期叠加"发展阶段，经济结构面临调整，产业面临升级巨大压力。认识"新常态"、适应"新常态"、引领"新常态"成为我们把握经济工作的重中之重。

经过改革开放四十多年的发展和积累，我国社会资金是非常充足的，民间的投资热情和投资能力十分高涨，他们热切地寻求着有良好成长空间和盈利机会的投资领域。社会上普遍认为存在着产业准入的"玻璃门"现象，国有经济控制的行业一般不允许民营经济进入，国有经济放弃的行业才是民营经济的天地。由此，一方面严重限制了国有经济有效调动社会资源壮大重点产业的能量，限制了国有经济领导力、影响力、控制力的增强和发挥；另一方面也使得民营经济的积极性和发展空间大受限制。

发展混合所有制经济，无疑为急需注入投资扩张的国有经济所在的产业和急需良好投资空间和机会的民间资本提供了双向利好的政策通道，急需发展壮大的战略性产业和大量过剩的民间资本将会通过混合所有制经济的发展而获得双赢的机会，因而混合所有制经济的发展便成为客观的趋势，并有力地促进着社会主义生产力的发展。

三 发展混合所有制经济符合构建社会主义和谐社会的根本要求

2005 年以来，中央提出将"和谐社会"建设作为执政的战略任务，"和谐"的理念要成为建设"中国特色的社会主义"过程中的价值取向。"民主法治、公平正义、诚信友爱、充满活力、安定有序、人与自然和谐相处"是和谐社会的主要内容。2006 年 10 月，党的十六届六中全会审议通过的《中共中央关于构建社会主义和谐社会若干重大问题的决定》全面深刻地阐明了中国特色社会主义和谐社会的性质和定位、指导思想、目标任务、工作原则和重大部署。2007 年 10 月党的十七大再次强调了构建社会主义和谐社会的重要性，并对以改善民生为重点的社会建设做了全面部署。

党的十八届三中全会指出，必须加快发展社会主义市场经济、民主政治、先进文化、和谐社会、生态文明，让一切劳动、知识、技术、管理、资本的活力竞相迸发，让一切创造社会财富的源泉充分涌流，让发展成果更多更公平惠及全体人民，实现由温饱向小康，由小康到和谐社会的升级过渡。

混合所有制经济是协调社会多种利益关系，并使之和谐统一的产权组织形式。随着经济体制改革的深化，中国社会和企业内部的利益关系已经多元化，这是社会进步的重要标志。只有协调不同利益主体之间的利益关系，协调不同群体之间的利益

关系,建立合理的社会分配关系,才能使社会更加和谐。

大力发展混合所有制,是我国协调各种利益的现实选择,有利于调整社会资产占有的结构从而调整社会的分配结构。当前我国国有资产占全国资产总和的75%以上,而民间资产只占总和的不到25%。其结果是在国民收入的分配方面,政府所得的增幅必然数倍于城乡居民个人可支配收入或纯收入的增幅。这必然会大大限制内需的扩大,还容易导致国家和社会分配差距的扩大。如果让部分公有资本退出经营性领域并将它们置换为民间投资,这不仅将使广大国民获得更多的财产性收入,从而实现"扩大社会中等收入者的比重,提高低收入者的收入水平",而且能使我国广大居民与国家共担市场风险,共享经济增长成果,达到"还富于民""藏富于民",使"国富"与"民富"相结合,实现社会共富共享。

同时,只有大力发展混合所有制经济,让营利性的国有资本转换为民间资本,使营利性的国有资本转化为公益性的"社会建设"和"生态建设"的投资,才能使政府有足够的财力去解决社会公众迫切需要解决的诸如上学难、就业难、看病难、住房难以及环境恶化等现实民生问题,从而有利于社会主义和谐社会的构建。

四 发展混合所有制经济是"大众创业,万众创新"的有效载体

混合所有制经济将国有资本的"实力"和非公有资本的"活力"有效结合起来,可取长补短、发挥更大优势。国有资本通过"双创"投向前瞻性战略性产业,发展"新业态",打造新增长点。借助国企的人才、经营、政策、市场优势,可以加快技术创新、产品升级,进而推动企业结构调整和转型升级。

企业通过引入战略投资者,实现混合所有制改革,不仅有利于企业实现股权多元化,改善法人治理结构,符合当前国家混合所有制改革方向;而且在市场竞争充分且创新型产业实施股权多元化,引入市场化和创新基因,推动相关产业的持续发展;同时有利于弥补相关产业资本金不足,对业务的快速发展提供良好的资金支撑;也有利于各方股东共同筹划制定员工激励方案,为企业长远发展奠定良好基础。

我国经济进入新常态后,国家宏观调控和政策措施有了新变化。新常态下的创新驱动同样要新的政策导向。2015年1月国务院常务会议决定设立400亿元国家新兴产业创业投资引导基金,助力创业创新和产业升级。同时强调基金要实行市场化运作、专业化管理,发挥政府资金杠杆作用,吸引有实力的企业、大型金融机构等社会民间资本参与。按照这样的模式,政府的创新驱动政策要更加突出市场化的导向性,注重发挥政策杠杆作用,激发市场创新活力。更加注重政策的开放性,引导市场主体广泛参与,形成良好的市场化竞争模式。

因此,创业创新是国企发展混合所有制经济的内在要求,混合所有制经济是"双创"的有效载体。

五　发展混合所有制经济是驱动国有企业改革的新动力

经过四十多年的改革开放,我国的国有企业管理体制、经营机制已经发生了深刻变化。在大力发展社会主义市场经济的时代背景下,面对经济全球化、贸易国际化的新形势,我国的国有企业需要进一步深化改革,要以公平竞争、规范经营、增强活力、提高效率、保值增值、承担社会责任为重点。这就需要克服制约国有企业健康发展的体制性、机制性障碍。发展混合所有制经济成为驱动国有企业改革,跨越障碍的新动力,新引擎。

第一,发展混合所有制经济可以克服国有独资企业的弊端。政企不分、机制不活、效率不高、腐败高发的弊端使得国有企业饱受诟病。从深层次看,产生国企弊端的根源主要有两个方面:一方面是企业外部力量,即政府部门对国有企业日常经营管理的干预的影响;另一方面是所有者缺位,缺乏高效的动力机制与约束机制,而且委托代理链条长,客观上很难对国有企业进行有效监管。外部因素是条件性的,内部因素则是决定性的,因而内部改革至关重要。随着非公有资本的引入,国有企业的治理结构将得到有效优化,激励约束机制将得到健全。

第二,发展混合所有制经济可以增强国有资本的带动力。国有企业通过发展混合所有制经济,可以放大国有资本功能,增强国有资本的带动力,更好发挥国有资本作用。发展混合所有制,一方面可以将更多社会资本引入国有企业,以国有资本为主导,带动大量社会资本共同发展;另一方面可以将国有资本更多地投向优先发展领域,从而有效发挥国有资本的产业发展调节作用。

第三,发展混合所有制经济可以激发国有企业活力。体制机制障碍严重削弱了国有企业的发展活力,发展混合所有制经济,有利于国有企业优势结合民营企业优势重新激发企业活力。国有企业和民营企业各有优势,国有企业在技术、人才、融资、资源配置与管理方面占优势,民营企业在机制、效益、效率与监督方面具有优势。在混合所有制企业中,国有经济与民营经济有机融合为一体,能够把国有企业和私营企业的优势很好地结合起来,推动企业更好更快发展。

第二章 教育领域引入市场化机制的理论与探索

第一节 教育领域引入市场化机制概述

教育市场化(Marketization in Education)已经成为一个在全球范围内得到广泛讨论的现象,也逐渐成为世界教育发展的一个重要趋势。究其原因,是 20 世纪 70 年代以来发达国家在经济不景气的同时,又普遍出现了教育大众化,尤其是高等教育大众化发展的趋势,为了在不增加公共开支的情况下维持和发展本国的教育,教育市场化成为很多国家政府的一种选择。

发达国家自 20 世纪 80 年代以来所掀起的声势浩大的教育改革浪潮眼下还在持续进行。各国教育改革所要解决的问题既有不同点,也有共同之处,后者包括教育体制僵化、效率低下、质量不高等等,这就决定了它们所采取的改革措施具有某些一致性和相似性。其中为大多数国家所共同具备的一点,就是与过去相比,各级各类教育的市场化倾向和特征越来越明显,成为教育改革的一个突出现象。[①]

一 教育市场化的理论概述

1997 年,经济合作与发展组织对于教育市场化的定义是:"把市场机制引入教育中,使教育运营至少具有一个显著的市场特征:竞争、选择、价格、分散决策、金钱刺激等。它排除绝对的传统公有化和绝对的私有化。"教育市场化在高等教育领域表现较为明显,世界高等教育市场机制的生成,与高等教育组织的变迁有关,与高等教育功能的拓展有关,也与社会对高等教育的期望有关。[②] 高等教育市场化改造的呼声来源于教育供求的矛盾、公共教育的低效,新的经济、管理与教育理论思潮影响,也发挥了推波助澜的作用。

---

① 许明、胡晓莺:《当前西方国家教育市场化改革述评》,《教育研究》1998 年第 3 期,第 69 - 74 页。
② 陈上仁:《高等教育市场、高等教育市场化概念的若干理论辨析》,《现代大学教育》2005 年第 3 期,第 14 - 17 页。

教育领域的高等教育市场化改革兴起于 20 世纪 80 年代,最早兴起于英美两国,后蔓延到日本、澳大利亚与加拿大等国。教育市场化改革的理论的直接依据主要是来自第二次世界大战后西方一些著名经济学家有关理论。概括来说,主要有以下观点。

(一)古典经济学观点

市场竞争可以促进教育资源配置的最优化,从而使学校教育提供最好的服务。政府可以是教育资源的供给者,但不应同时又是管理者,否则必然会形成教育垄断,从而扼杀教育的活力。相反,如果政府仅仅是教育资源的提供者,而令作为独立法人的办学者为争取这些资源而进行公开的公平竞争,就会最有效地发挥其投资效益,提高教育质量和水平。[1]

(二)新制度经济学观点

接受教育是一种投资,既需要支付成本又能为个人和社会带来效益。个人的收益主要表现为未来较高的收入、更强的就业和适应能力、更高的升迁机会和社会地位等。社会收益则主要表现在国民收入的增加和国力的增强、民主政治的改善、精神文明的提高等等。按照市场经济原则,谁受益谁付费。受益各方即受教育者个人和代表社会的政府理所当然地应当支付相应的教育成本,即实行成本分担。特别是接受专业性很强、个人收益很高的高等教育者,无疑应当缴纳学费、支付部分教育成本。反之,如果享受高等教育的少数人不缴费,其费用完全由纳税人支付,那是很不公平的。所以在非义务教育阶段实行教育成本分担,从而使学生及其家长直接参与和影响教育进程是教育市场化的一种体现和需要。

(三)市场竞争理论的基本观点

经济学家弗里德里克·海耶克(Friedrich Hayek)从 20 世纪 60 年代起便将经济学理论运用于教育领域,在西方国家有着广泛的影响。他认为,市场是教育活动的基础和依据,应将市场的竞争原则运用于教育领域。对学生进行选择的唯一途径是竞争和市场过程。正如西方学者所分析的那样,他所赞同的唯一的平等形式是市场公平,即在教育市场中进行竞争的权利。而不平等是一种完全正常的社会现象,它是促进一个社会经济发展所不可或缺的。片面强调社会正义会促使人们对市场秩序发生怀疑并产生各种不切实际的期望。如果没有了竞争,整个社会的秩序就会受到威胁。[2] 他认为,不存在用以决定谁该接受进一步教育的所谓"公平"的教育依据。不必通过教育手段对学生进行选拔,因为影响学生学习成绩的因素不可能被充分认识。他反对社会上流行的观点,即应尽量使每个学生在教育上获得成功。他认为,政府绝不可以为所有有能力接受高等教育的人提供资助。多少人需接受高等教育完全是由

① 张会兰、张春生:《西方国家教育市场化理论及形式述评》,《交通高教研究》2004 年第 4 期,第 31 - 36 页。
② 许明、胡晓莺:《当前西方国家教育市场化改革述评》,《教育研究》1998 年第 3 期,第 69 - 74 页。

市场来决定的。他还认为,国家对教育的投资规模不应受非经济的各种社会因素的影响,而完全应由教育投资的回报率来决定。所以,他不赞同那种认为应尽可能促使所有学生在学习上获得最大限度成功的观点。他指出,一个社会如果要从有限的教育投资中得到最大限度的回报,就应该将投资集中于少数尖子的高等教育,即市场经济的法则和机制也可以用于教育领域,这样才能实现教育资源的有效配置,才能最大限度地提高教育投入的效益和效率。

(四) 消费者主权理论(Consumer Paramountcy Theory)观点

在市场经济条件下,消费者或顾客充当上帝的角色,因此必须按照他们的需要或者意愿进行经营生产。既然教育产业化,而学生个人或其家长是教育的直接消费者,因此教育必须根据他们的需要,进行运行并给予其消费者满足。当今社会科技革命发展日新月异,人们的物质、文化、精神生活需要和消费水平不断提高,教育必须满足人们多样化、多层次的需求。只有实施市场法则才能使得僵化的公立学校教育体系满足消费者的需求。也就是说,消费者有权选择可以满足他们需求的各种形式的教育,并且政府应当予以支持。

二　西方教育领域引入市场化机制的必然性

(一) 经济因素的影响

20 世纪 50—70 年代初,是西方经济发展最为迅速的时期。受经济快速发展的刺激、建设福利国家理念和对教育促进经济发展的功能的全新认识,在许多国家,无论是政府还是民间,均把公共资金用于教育看作是天经地义的事情,教育常常与医疗和生活保障等基本社会福利相提并论。各国政府纷纷加大对教育的投资力度。无论是从教育投资的总规模上看,还是从教育支出在国民生产总值和政府开支中所占的比例来看,均达到了历史的最高水平。这一时期各国公共教育获得了大量的资金。遗憾的是,这一黄金景象并没有持续太长时间。进入 70 年代后不久,在西方各国经济不景气的重击之下,西方各国的财政负担日趋沉重,各国政府对支付包括教育在内的各种庞大的公共开支感到力不从心。在这种情况下,削减教育经费便成为各国政府的普遍做法。在经合组织国家中,除少数几个外,政府对教育的投资在国内生产总值(GDP)中的比重均多年来呈逐年下降的趋势。例如 1975—1986 年,在主要发达国家中,除挪威、瑞典和奥地利等少数几国外,大多数国家均呈下降趋势,丹麦从 7.8%下降至 7.5%,荷兰从 8.1%下降至 7%,加拿大从 7.1%下降至 6.5%,美国从 5.4%下降至 4.8%,日本从 5.4%下降至 5.0%,联邦德国从 5.4%下降至 4.2%,英国的教育开支在国民生产总值中比重也由 1980 年的 5.6%下降至 1986 年的 5.2%。各国教育经费减少的直接后果是造成教育投入不足,进而影响到教育量的发展和质的提高。[1] 出于经济

---

[1] 许明、胡晓莺:《当前西方国家教育市场化改革述评》,《教育研究》1998 年第 3 期,第 69 - 74 页。

上的原因,各国政府开始寻求对策,以求得在不增加公共开支的情况下来维持和发展本国的教育事业。正是在这样一种经济环境下,教育市场化成为一种选择。

（二）教育因素的影响

从公私立学校的比较来看,公立学校处在较为不利的地位。这主要反映在以下几个方面。第一,从办学效率来看,显然各国公立中小学的办学条件,如生均经费、教师工资、班级规模和教学设备等诸多方面都得到极大改善,但效率普遍不高。例如,美国公立学校年生均经费由 1960 年的 2 035 美元上升到 1990 年的 5 247 美元（以 1992—1993年不变价格计算）。相比之下,私立学校的生均培养经费只有公立学校学生的 50%—75%。据分析,造成这种状况的主要原因是私立学校建立起了较为完善的成本核算的机制,注重投入产出效益。

第二,从办学的质量来看,大量公私立学校学生学习成绩的比较研究表明,公立学校学生学习成绩从 1961—1991 年一直呈下降趋势。1990 年,约 33% 的公立学校学生参加了 SAT（美国高中毕业生学术能力水平考试）测验,平均分为 896;同年,私立学校67% 学生参加此测试,平均分为 932。反映社会公众对教育态度的民意测验连续多年一直表明,大多数人对公立学校教育环境和教育效果开始感到在各种改革措施均难奏效的情况下,应该从体制上寻找原因。这使得不仅市场改革的鼓动者加大了声调,甚至连一些原先对市场改革持消极态度的人也改变看法,转而支持市场的改革措施。

第三,公立学校逃学、暴力、吸毒等问题十分严重,教师士气低落。相比之下,大多数私立学校在教育质量上具备较高的水平,校园中也较少出现各种不良行为。

因此,从教育体制内部两种类型学校的横向比较来看,对私立学校较为有利。一些人指出,私立学校之所以成功,关键之处在它是以市场化的公平竞争为发展动力的。而公立学校正是缺少这个。他们提出,保持教育制度和学校教育活力的最重要的因素就是竞争,这也是保证教育质量的重要前提和条件。对于广大消费者来说,竞争最为实际的意义在于,假如你对卖方——某所学校提供的服务不满意,你可以选择为手段,选择另一所你满意的学校。要竞争,就要形成开放的市场,这就要求不仅要打破公立学校对教育市场的垄断,在政策上将两种学校公平对待,而且要在公立学校系统内部引入市场竞争机制,对公立学校的办学体制进行改革。

三 我国教育领域引入市场化机制主要体现在高等教育领域的必然性

（一）教育领域引入市场化机制主要体现在高等教育领域

根据我国《义务教育法》,凡具有中华人民共和国国籍的适龄儿童、少年,不分性别、民族、种族、家庭财产状况、宗教信仰等,依法享有平等接受义务教育的权利,并履行接受义务教育的义务。该法律于 1986 年 7 月 1 日开始施行。义务教育是国家给公民的一种公共福利,在这个过程中,国家投入土地、人力、财力等资源来培育学校,形成一定的知名度和社会影响力,这种品牌影响力其实是一种无形的公共资源,理论上,属于国有资产的一部分,国家对此有明确要求和约束,使其更多地承担或彰显一种社会公共责任,因此我国教育领域引入市场化机制更多地表现在学前教育和高等教育领域,尤其是高等教育领域。

我国政府曾在《中国教育改革和发展纲要》中明确提出,20世纪90年代教育工作的任务之一是:建立适应社会主义市场经济体制和政治、科技体制改革需要的教育体制。这意味着教育改革必须走向市场,并且适应市场经济的发展,才能与市场经济相得益彰,从而实现更加有效快速的发展。在高等教育领域引入市场机制,是当代包括西方发达国家在内的诸多国家教育改革中的一种重要选择。从1978年我国的经济体制改革开始,市场因素逐渐介入高等教育领域。我国教育资源的配置方式已逐步由传统的单一政府机制主导,转变为政府主导和市场化发展共存的配置方式。从整体发展趋势来看,市场因素在教育发展中的作用越来越受到重视。《民办教育促进法》的颁布,特别是2016年的修订,提出民办学校实行营利与非营利分类管理,以及教育部2003年《关于规范并加强普通高校以新的机制和模式试办独立学院管理的若干意见》等,都为市场因素介入教育领域提供了良好的政策氛围。

(二) 引入市场化机制是实现高等教育大众化的必然要求

随着现代知识经济的兴起,我国科教兴国战略着手实施,从20世纪末开始,我国高等教育经历了前所未有的规模扩张和迅速发展,已从精英化教育转向大众化教育(如表2-1所示)。

表 2-1 我国历年参加高考人数及录取率统计表

年 份	参加高考人数(万人)	录取人数(万人)	录取率(%)
1990	283	61	22
1991	296	62	21
1992	303	75	25
1993	286	98	34
1994	251	90	36
1995	253	93	37
1996	241	97	40
1997	278	100	36
1998	320	108	34
1999	288	160	56
2000	375	221	59
2001	454	268	59
2002	510	320	63

(续表)

年　份	参加高考人数(万人)	录取人数(万人)	录取率(%)
2003	613	382	62
2004	729	447	61
2005	877	504	57
2006	950	546	57
2007	1 010	566	56
2008	1 050	599	57
2009	1 020	629	62
2010	946	657	69
2011	933	675	72
2012	915	685	75
2013	912	694	76
2014	939	698	74.3
2015	942	700	74.3
2016	940	705	75
2017	940	700	74.46
2018	975	790.99	81.13

数据来源:中华人民共和国教育部。

高等教育大众化,招生人数的快速扩张,一度造成了校园基础设施的供应紧张,如学生宿舍和教室不足、实验设备不足等,也给政府财政增加沉重负担。高等学校作为事业单位这种带有社会公益性质的定位,割断了高等教育事业与市场经济之间的内在联系,也使得大多数高等教育事业主体国营化。虽然从20世纪末开始,私人及社会团体兴办民办高等教育事业得到快速发展,但政策与法律对其的推动和支持还有很大的上升空间。目前,我国公办高等学校的资金还是主要依靠国家投资,政府以廉价的形式向学生提供高等教育服务。这种相对单一的办学投资渠道,决定了国家财力不可能承受高等教育大众化的需要,因为我国中小学义务教育的开支已经由政府全额负担,留给高等教育的费用不可能太多。

要改变上述状况,就必须构建和培育多元办学主体平等竞争的高等教育市场,改革传统的高等教育事业的运行机制,实现国办、民办、社会办、中外合办等多方办高等教育事业的大格局,调动社会各方面力量兴办高等教育的积极性。在高等教育领域探索实施混合所有制办学,能使国家财政资金、企业资金、个人资金、国外资金等都可能成为高等教育事业的资金来源,能让我国高等教育政策朝着市场主导的方向发展。

(三) 高等教育引入市场化机制是社会主义市场经济发展的必然要求

第一,建设社会主义市场经济需要大量的人才资源。高等教育的首要任务是培养各行各业需要的人才,规模上要有很大扩展。《国家中长期人才发展规划纲要(2010—2020)》指出要"适应发展现代产业体系和构建社会主义和谐社会的需要,加大重点领域急需紧缺专门人才开发力度"。大众化的高等教育是为受教育者将来的工作、生活做好准备,强调的是知识、技能以及对社会的适应能力。

我国高等教育正处于大众化深入发展的阶段,面临着就业市场严峻等问题。过去理论界认为教育存在的问题应该在教育内部解决,但实际上就业难的问题不是单纯依靠教育机构能够解决的问题,核心的原因是因为整个高等教育的发展还是目标单一、体系单一、模式单一,越来越不适应经济社会多样化的要求。引入市场化机制,开放教育市场,让高等教育发展目标、体系和模式实现多元化,是解决我国高等教育发展的必然。

第二,经济全球化趋势使得我国高等教育市场难以自我封闭。教育部网站的数据表明,2019 年度,中国出国留学人员为 70.35 万人,较 2018 年增加了 4.14 万人。从 1978 年至今,累计出国留学总人数达到了 656.05 万人。近十年来,中国出国留学人数持续增加,出国留学的人群日益壮大,并且保持了一定程度的增长。

当前,经济全球化不断向前推进,高等教育全球化潮流也势不可挡地蓬勃向前发展。世界从来没有像今天这样你中有我,我中有你。不了解"外面的世界"就等于无法真正认识自己,不向他人学习就等于封闭自己的发展空间。人们必须对自身之外的世界有更多的了解,同时也要让"外人"有机会更多地认知本土的思维方式和价值观念。

留学生和教师在世界范围内的广泛流动,促进了各国高校体系结构等方面的变化,推动了高等教育国际化趋势的稳步发展。当西方教育强国的知名学府开始在世界各地开设分校之际,发展中国家的教育机构也在大学教育国际化浪潮的推动下,难以自我封闭,必须不断实现自我更新和完善。高等教育全球化并不只是学生和教师的流动和交换、联手创办大学或是合作编写教材,它对世界各国高等院校来说,更可能是一种全新的竞争方式,是变革的动力,是对竞争力、创造力极具价值和意义的挑战。海外高校逐渐加入生源竞争队伍,对中国内地的高等教育将形成一个很大的冲击:一方面是为了争夺生源和经济效益,另一方面对中国大学的改革也是一种推动。只有把中国高等教育引入市场化机制,包容在国际大的竞争态势之下,才能够积极应对高等教育国际化浪潮。

(四) 引入市场化机制是高等教育自身发展的必然选择

我国的高等教育一度作为公益性、福利性、非营利性事业,由政府垄断管理,市场力量和社会力量很难介入,缺乏应有的活力,形成了我国高等教育在政府和高校之间封闭运行的局面。在这种局面下,高等教育存在一些很难克服的弊端:政府集中了办学和管理两种职能,违背了科学管理的原则;政府盲目地为高等教育定指标,使高校难以根据市场导向依法自主办学;管理模式制约了社会办学积极性的发挥;缺乏自主办学的权利和自我创新管理的能力；等等。① 要革除这些弊端，唯有将高等学校推向市场，让其在市场竞争中与社会接轨联姻求生存、求发展，才能真正提高办学质量和办学效益，实现办学效率的最大化。②

第二节　高等教育市场化中政府的角色定位

高等教育市场化离不开政府的深度参与，20 世纪 80 年代中期以来，政府作为一个纯粹的公共组织，也逐步由管理型向服务型转变，开始实行弹性的、以市场为基础的新公共管理模式。在高等教育市场化进程中，主要为高等教育提供"三公"即公共产品、公共行政和公共服务，同时，也成为有限的市场参与者。③

一　政府作为高等教育市场的用户或出资人

政府作为高等教育"用户或出资人"，可以直接或委托投资高等教育甚至建立高等学校，也可以通过政府采购为国家与社会的长远需要购买高等教育产品，同时支持公共事业的发展。中外大学发展的历史可以佐证这一观点。

国家对高等教育投入的制度化过程，就是大学从社会边缘走向社会中心的过程，这一过程在 20 世纪以来，被美、英、德等国加速和强化。1945—1974 年，美国政府投入了巨大的资源发展高等教育，美国政府通过颁布一系列法案，确定联邦对高等教育的投入。英国自撒切尔政府开始，一直将提高大学入学率作为促进高等教育公平的重要政策方向，特别是自 1992 年开始实施大学扩招政策以来，英国的高等教育入学率快速提高。在 1990 年，只有 19% 的年轻人上大学，到了 2013 年几乎增加到了 40%，这其中弱势群体背景的人比以往任何时候都多。英国高等教育的良好发展态势，与英国政府高度重视高等教育在经济社会发展中的战略地位息息相关。以教育投入、特别是高等教育投入为例，根据经合组织（OECD）发布的《教育概览 2015》（Education at a Glance 2015：OECD Indicators），到 2012 年英国教育经费占 GDP 的比例已经达到 6.3%，其中公共教育经费占 GDP 的比例已经达到 5.4%，高等教育经费占 GDP 的比例达到 1.8%；而在高等教育投入中公共投入与私人投入分别占到 56.9% 和 43.1%。德国具有政府办大学的传统，因为他们坚信，限制国家在思想活动领域公共支出的经济是不良的经济，为此，德国大学都能从政府那里得到一定规模的财政支持，这种支持可以帮助大学抓住各种系统拓展知识的新的机遇。

---

① 何崇军：《市场化是高等职业教育的必然选择》，《文教资料》2011 年第 17 期，第 226 - 228 页。
② 吴坚：《政府主导型的高等教育市场化模式——中国特色的高等教育运行机制》，《江海学刊》2001 年第 12 期，第 54 - 59 页。
③ 方林佑：《主体身份、政府角色与中介组织地位》，博士学位论文，湖南师范大学，2013，第 22 页。

中华人民共和国成立初期,国家接管了旧中国的公立高校,处理和接受了外国津贴的高校并收回教育主权,接办私立高校并改为公立高等学校,出现公立高校一统天下的局面,各类高等学校的经费开支都按行政隶属关系纵向划分,谁管的学校谁负责定额拨款,教育经费单列,但到了"文革"期间,则处于极度混乱的状态。1980年以前,中国高等教育经费来自国家财政拨款,高等教育由国家包办,随着放权、分权改革的深入,高等教育的财政拨款发生很大变化,总体趋势是不断增加,经费渠道多元化。与此同时,高等教育的投资主体也多元化,如国家出资、社会集资、企业参资合办大学和独资举办私立大学,高校还可接受各方面的私人资助。大学的经费来源结构大致扩展为国家拨款、学生学费、接受社会捐助和大学社会服务创收,其中国家拨款占50%以上。

二 政府作为高等教育市场公共服务者

市场经济是自主性、平等性、竞争性、开放性和规则性的经济,与之相适应的政府应该是公共服务型政府。因此,构建公共服务型政府是实现经济社会科学发展、完善市场经济的重大改革举措。公共服务型政府的职能结构应该是以公共服务为主导,以提供公共物品和服务为重心,同时履行经济调节、市场监管和社会管理的职能。在市场经济中,政府作为一个特殊主体,与其他市场主体在地位上应是完全平等的,同样不能拥有特权。政府的特殊性在于它是规则的制定者、监督者和维护者,为其他市场主体提供一个公平、公正的竞争环境,保障经济社会健康有序运行和发展。

为了保证市场的公平公正竞争环境,在构建公共服务型政府时要坚持有所为而有所不为,将自己的行为严格地限定在制订规则和实施监督、为经济社会发展创造良好的制度环境、为社会提供稳定而有保障的公共产品和公共服务中。在此基础上,充分发挥市场的主导作用,确认各类微观经济主体是经济建设的主体,使政府从具体的投资和参与微观经济活动中解脱出来,集中解决经济社会中重大的矛盾和问题,为整个社会的良性运转提供环境。也只有这样,将"看得见的手"与"看不见的手"相结合,才能更好地体现服务型政府的真实内涵。

在构建公共服务型政府时,政府要尽力为高等教育管理建立和完善高等教育市场体系,创造一个积极和谐的大环境,发挥教育资源配置的市场基础性作用。并且政府要积极做好规划和控制,调控高等教育的方向和进程,保障高等教育的稳定发展。此外,在高等教育发展的同时加强评估和外部监督,保证高等教育质量。

三 政府作为高等教育市场"公共产品"的购买者

政府提供高等教育产品不一定直接组织生产,可以借助政府购买,但购买对象应该集中在高等教育公共产品上,主要包括如下三大类。

(一) 教育服务购买

政府购买教育服务是政府与各类社会组织签订契约,根据对社会组织所提供教育服务的评估,以公共财政全部或部分支付其费用。其目的在于向社会公众提供优质、高效、可选择的教育服务。政府购买教育服务有两个本质内涵:第一,政府在购买教育服务中实现了"提供者"与"生产者"的分离;第二,政府与社会组织之间在本质上是一种以"契约"为基础的商品交换关系。

2013年《国务院办公厅关于政府向社会力量购买服务的指导意见》提出在教育等基本公共服务领域,"要逐步加大政府向社会力量购买服务的力度"。国家级部门多次发布相关文件,其中《国家教育事业发展"十三五"规划》指出"鼓励社会力量和民间资本通过多种方式举办学校和教育机构,提供多样化教育产品和服务"。教育部办公厅印发的《2016年教育信息化工作要点》指出:通过政府购买服务、后补助等方式,鼓励企业和社会机构根据教育教学改革方向和师生教学需求,开发一批专业化教学应用工具软件,并通过教育资源平台提供资源服务,推广普及应用。大力推进各级政府购买教育公共服务,既是教育治理方式的重大改革,也是公共财政拨款方式的重大改革。这对于提高教育行政管理效能,提高国家公共教育财政效益,激活各级教育主体的办学活力,具有重大的促进作用。政府购买教育服务应注意以下几方面:

一是需要明确教育公共服务购买范围。允许国家财政资金购买民间资本、社会组织、企事业单位提供的以下领域的教育公共服务:教育决策阶段的调查研究、决策方案的拟订等;基础性公共教育事业的举办,如学前教育、义务教育、高中阶段教育、高等教育等;教育信息化服务;教师培养培训;教育教学改革专业服务;各种检查评估事项等。

二是大力培育教育公共服务市场。为了促进政府购买教育服务的常态化、机制化,各级政府必须大力培育公共教育服务市场,形成政府、社会与公民共同举办教育、共同竞争公共财政教育资源的局面,激活现有公办教育公共服务体系,把高等学校公共教育服务推向市场,向各类社会组织开放教育公共服务,向企业法人开放教育公共服务。

三是建立教育公共服务购买市场化机制。在教育公共服务领域和市场不太发达的领域,要建立公共教育委托服务提供主体的资质评审机制,建立竞争性谈判机制;在教育公共服务领域和市场比较发达的领域,要建立完善的教育公共服务招投标机制。

(二) 科研成果购买

科研成果购买属于知识商品的购买。许多科研成果可以直接转化为经济效益,不同科研成果的市场转化能力不同,在补偿成本之后还有丰厚的利润。科研不是政府支持的主要对象。另外,一些科研成果比如人文社会科学研究、基础性研究等,市场转化能力较低,但这些研究成果是其他研究的基础,或者是为整个人类文明的福祉服务,具有应用上的非排他性,与其他应用性研究相比,政府也应该采用科研成果购买的方式,支持这类知识产品的生产。

科研成果购买可以有多种方式,比如课题立项资助、拨付科研事业费或者在一些大学建立实验室和科研基地。伴随着"大众创业、万众创新"浪潮,创新券成为北京、上海、广州等城市的政府部门采购科研成果的新举措。创新券是政府部门针对中小企业经济实力不足、创新资源缺乏,高校和研发机构没有为中小企业服务的动力机制而设计发行的一种"创新货币"。政府向企业发放创新券,企业可以用创新券向高校等科技服务机构购买科技成果或研发、设计、检测等科技服务。然后,由高校到政府财政部门兑现创新券。这种灵活的资助方式,不仅可以使企业根据自身的研发计划,灵活地选择所需的服务类型;也可以加快高校、研发机构科技成果转化到企业,增强了市场对创新资源的配置效率,同时也提高了政府的科技投入资金使用效率,体现了激励企业创新投入的"普惠性"。

比如,北京市财政局与北京市科委于 2015 年 1 月共同组织实施首都科技创新券,主要用于鼓励北京市小微企业及创业团队充分利用国家及北京市级实验室、市工程技术研究中心以及北京市设计创新中心等资源开展研发活动和科技创新,由政府发放,小微企业及创业团队向高校、科研院所购买科研活动时使用,收取创新券的单位持创新券到指定部门兑现。截至目前,已经有中科院、清华大学、北京大学等 24 家单位、547 家实验室参与到首都科技创新券的接收工作中来,并有 63 家创新型孵化器、行业协会等科技服务机构成为推荐机构,为小微企业和创业团队申请创新券提供专业化服务。2014 和 2015 年度共投入 6 000 万元,支持了 901 家小微企业和 64 家创业团队的 1 033 个项目。创新券不仅显著降低了小微企业和创业团队创新创业成本,激发其创新创业热情,更成为小微企业和创业团队走进高端科技服务资源的"进门条",促成其与高校院所的产学研用合作。

(三) 社会服务购买

大学的大部分"社会服务产品"可以带来一定的收益,是大学的重要财源或其他办学资源,但也有一部分社会服务不能给高校和教师带来直接收益。前者如技能培训产品和专利产品,后者如国民素质产品、观念产品。一些社会服务的基本产品是纯支出,但衍生产品可营利,只需政府补差。政府对社会服务产品的采购,主要采用社会服务项目补贴的方式来进行,还可以通过支持大学建设产业园区等方法,来购买社会服务产品。

第三节　教育领域市场化存在的风险

市场不是万能的,也会发生市场失灵(Market Failure)。这是指市场机制在配置资源和分配收入时有缺陷,不能引导资源有效率地配置,或不能使收入分配公平。引入市场化机制无疑有利于提升高等教育的效率,但不是万能药,要注意以下问题。

一　教育市场化不是引入市场目标,而是引入市场机制和手段

商业化与功利化都不是真正的市场化,属于不同的概念范畴。它们的共同点就是

按经济规律办事,但目标不同,市场化追求的是效率,而商业化追求的是利润。功利化在高校教学活动中主要表现为课程的设置越来越实用化;在科学研究活动中,为了追求经济利益,尽快实现经济价值,改变大学科研领域内各类研究的构成,对应用科学研究的投入力度不断加大,而缩减对基础科学领域研究的投入比例。市场化强调的是运行机制和资源配置效率,商业化讲求的是经营效益和自负盈亏。高等学校可以利用市场机制来促进发展,但不能作为企业来进行商业化经营,高等教育市场化不是引入市场目标,而是引入市场机制和手段。

"教育不像普通的一般商品,而是一种人文服务的公共财产。我们不能把教育当作一种纯管理和技术性的问题来处理。过分强调经济效益与效率,推崇可算性与可审核性,教育的创造性将被扼杀。"[①]市场经济的市场目标是追求利润的最大化。如果以市场目标代替高等教育的发展目标,即高等教育商业化、功利化发展,这对高等教育无疑是灾害式的影响。如高校为了实现高等教育的利润最大化,就必然会多提供市场需求旺盛的教育产品,具体反映在高等院校的专业设置上,都尽可能地向热门、紧俏的专业靠拢;对于设计精神文明建设的人文学科以及其他非紧俏却是社会长远发展所必需的基础理论学科,则尽量少提供或者干脆不提供,这势必造成高等教育内部结构的严重失衡。

市场经济是一种竞争经济。市场机制包括供求、竞争、价格、风险、利益机制等。其核心是价格机制和竞争机制。在教育领域,适度地引入竞争机制,是时代的要求,是社会经济发展到一定程度的要求,也符合教育本身的内在规律,可促进办学质量的提高。但如果过度引入竞争,忽视政府的干预作用,将会产生系列问题。如高校生源之间的竞争可能会降低学生的入学标准,影响到教育质量;在经费短缺的情况下有可能漠视基础研究和教学,造成商业化趋向,影响大学的本质和教学目标;自治和竞争可能会造成高等院校资源的浪费和分配的不合理,进而影响到一些学科的发展等。

二 高等教育市场化不是完全的、极端的市场化

高等教育不是义务教育,不是免费或低费用的福利,要想接受高等教育的服务必须有支付相应费用的能力。人们在关注市场化改革带来的好处的同时,也应该看到,家庭文化资本、所处社会阶级以及教育资源的分配不均都导致社会阶级的优势再生产,从而产生"马太效应",教育不公平现象会更加突出。经济条件好的学生有机会选择好的大学、热门的专业,而对于经济状况差的学生来说,能否接受高等教育就成为一个难题。经济较发达地区得益于其投入、师资、生源的吸引力,越来越吸引高等教育资源的倾斜,导致高等教育发展的区域发展不平衡。

因此,高等教育市场化不是完全的市场化、极端的市场化,而是在高等教育领域中

① 李言:《浅论高等教育市场化的利与弊》,《陕西教育(高教版)》2009年第7期,第6页,第85页。

有限的市场介入。有限的市场介入有利于教育资源的优化配置,有利于激励社会和个人的教育投资热情,有利于教育质量和效益的提高。而完全的市场化不但不会取得良好的效果,反而会过犹不及,造成严重的后果。如高校可以不考虑社会公平、不承担社会责任;资源配置完全建立在市场基础上,而不再享受必需的公共财政保障。市场由于存在信息严重不对称、监管体制与规制的不完善、市场竞争不完全,导致教育处于垄断地位,消费者权利没有得到足够保障会导致消费者处在被宰割的弱势地位。

三　高等教育市场存在信息"不完全"和"不对称"

市场信息的不完全、不对称也会导致市场失灵。一方面,高等教育市场存在各种信息不完全的现象,求学者往往对所消费的高等教育产品只有笼统的了解;另一方面,高等教育市场也存在信息不对称的现象,求学者对于教育信息的掌握往往滞后于高等教育机构。因此,要纠正高等教育市场信息不完全导致的市场失灵,政府必须干预高等教育,使高等教育市场信息渠道畅通,确保信息对交易双方尽可能是充分和对称的,从而使高等教育资源得到最优配置。

高等教育领域市场化的市场失灵给政府干预提供了合法性基础,使政府干预成为一种必要。随着高等教育对社会、国民经济的发展所起的关键作用,政府的责任会越来越重。

第三章 教育领域探索和
发展混合所有制的内涵

第一节 教育领域探索和发展混合所有制的理论基础

党的十八届三中全会通过的《中共中央关于全面深化改革若干重大问题的决定》明确提出"积极发展混合所有制经济";强调"国有资本、集体资本、非公有资本等交叉持股、相互融合的混合所有制经济,是基本经济制度的重要实现形式"。

国务院《关于加快发展现代职业教育的决定》指出"探索发展股份制、混合所有制职业院校,允许以资本、知识、技术、管理等要素参与办学并享有相应权利";《现代职业教育体系建设规划(2014—2020 年)》也指出,发展混合所有制职业院校将成为我国未来职业教育改革的一个方向和趋势,混合所有制改革逐渐从经济领域扩展到了高等教育领域。实际上,高等教育领域引入混合所有制有其相应的理论依据和基础,主要有以下几个方面。

一 高等教育领域实施混合所有制的根源：冲突理论

作为社会生活中普遍存在的冲突现象,曾受到 19 世纪末 20 世纪初许多社会理论家的广泛关注。刘易斯·科塞(Lewis Coser)在《社会冲突的功能》(1956)中最早使用了"冲突理论"(Conflict Theory)这一术语。他认为,冲突具有正功能和负功能。在一定条件下,冲突具有保证社会连续性、减少对立两极产生的可能性、防止社会系统的僵化、增强社会组织的适应性和促进社会的整合等正功能。1975 年,兰德尔·柯林斯(Randall Collins)的《冲突社会学:迈向一门说明性科学》一书出版,标志着冲突问题的研究进入了一个新的阶段,提出:社会结构是行动者的互动模式,是在行动者不断地创造和再创造中产生并得以持续的。对宏观社会结构的理解不能脱离建构这些结构的行动者。无论对冲突本身认识如何,我们必须承认事物的发展离不开冲突,只有克服、解决冲突,事物才能向前发展。

高等教育是社会大系统中的子系统,其制度也是在社会冲突中产生与发展的。从冲突理论角度出发,我们可以认为,高等教育混合所有制是高等教育在其发展过程中社会冲突的产物,也是高等教育发展到一定阶段做出的必然选择。当高等教育发展到一定程度时,其相关利益群体,为了解决他们之间的社会冲突,相互妥协而产生一种新的制度。这种社会冲突在催生新高等教育制度的同时,也产生了新的社会规范,从而支配着各利益群体的行为,推动着高等教育向前继续发展。[1]

二　高等教育混合所有制创新的基础：公共产品理论

经济学家保罗·萨缪尔森(Paul Samuelson)1954 年、1955 年分别发表的《公共支出的纯粹理论》和《公共支出理论的图式探讨》提出公共产品理论(The Theory of Public Goods)的一些核心问题,如：如何用分析的方法定义集体消费产品,怎样描述生产公共产品所需资源的最佳配置的特征。他在《公共支出的纯粹理论》一文中将公共产品定义为这样一种产品：每一个人对这种产品的消费并不减少任何他人也对这种产品的消费。这一描述成为经济学关于纯粹的公共产品的经典定义。按照《公共支出的纯粹理论》中的定义,纯粹的公共产品或劳务具有以下三个特征：效用的不可分割性、消费的非竞争性和受益的非排他性。而凡是可以由个别消费者所占有和享用,具有敌对性、排他性和可分性的产品就是私人产品。介于两者之间的产品称为准公共产品。按照此定义,义务教育属于公共产品,高等教育属于准公共产品,具有准公共产品的基本特征。

准公共产品又可分为两种：一种是具有非竞争性、但又具有排斥性的产品;另一种是具有不充分的非竞争性和非排斥性的产品。这种产品,或者由于过剩而引起,或者是由于外部效应的存在而引起的。外部效应是指个人的经济行为对他人产生了影响,却没有为其承担应有的成本或没有取得应有的收益的现象。从外部效应的结果来看,有正的外部效应和负的外部效应。像高等教育这类公共产品,一方面,受教育者学到知识和技能以后,增强了竞争能力,在今后的工作中能够获得较高收入,在生活中能够比较宽裕或获得更多的精神享受,因此,它具有私人产品的性质;但在另一方面,有相当大的一部分教育利益通过受教育者外溢给了社会,从而提高了整个社会的劳动生产率,提高了民族文化与道德水平,保证了国家民主的在一个更为良好的环境中运行,促进了社会交流与经济发展,因此,它又具有公共产品的性质。显然,高等教育产品的定位是具有正的外部效应的准公共产品。

从世界各国来看,高等教育都是作为一种利益外溢性公共产品的形态而存在,而且这种公共产品的公共性程度更高,这是由高等教育自身的规律和特点所决定的,我国当然也不能例外。一方面高等教育在一定的时间和空间条件下具有竞争性,比如投入、招生、就业等方面;另一方面,高等教育利益相关者较多,如政府、企业、学校、受教育者等,具有非排他性,这些利益相关方随着高等教育的发展会倾注更多的关注,

---

[1] 闫飞龙:《高等职业教育混合所有制改革的理论探索》,《国家教育行政学院学报》2016 年第 1 期,第 65 - 69 页。

到达一定程度时,高等教育这种产品需要利益相关者共同提供、共同经营。单纯地依靠高等教育的产业化、市场化或者单纯地依靠政府财政支出都不能达到高等教育资源的"优化配置",这给高等教育进行混合所有制创新提供了理论依据。

三 高等教育混合所有制实施的依据:成本分担理论

1986 年,美国著名教育经济学家布鲁斯·约翰斯通(Bruce Johnstone)发表《高等教育成本分担金融与政策》一文,首次提出高等教育的成本分担理论(Sharing the Costs of Higher Education Theory),认为高等教育成本应当由纳税人(通过政府)、家长、学生及社会人士(通过捐赠)共同分担。这一理论目前已被世界各国政府和学术界普遍接受并认同。其明显的特征就是学生及其家长缴付学费的金额及占教育成本的比例,都呈现为逐年上升的趋势。

教育成本分担理论认为:政府作为高等教育的主要获益者,应该为高等教育的发展承担主要的经济责任。此外,正如人力资本投资理论所指出的那样,受教育者通过接受高等教育不但学到了专业知识,提高了谋生技能,走向社会后又能得到较高的收入,获取相应的社会地位。教育的直接受益者或者说内在受益者,就是受教育者本人。所以,根据谁受益,谁付费的原则,除政府外,受教育者原则上应该至少承担教育的部分成本价格,向高等教育机构缴纳学费。受教育者的未来收入不仅是增加了家庭的经济收入,也提高了家庭的社会地位。因此,家庭或者说受教育者的家长,有义务和责任承担一定的高等教育费用。

对高等教育来说,还不仅仅是成本分担问题。比如在人才培养方面,实践性的应用型教育需求不断提高,学校的专业设置、课程建设、师资队伍建设等各方面,都需要与企业现场的实践教育从合作走向融合。随着教育引入市场化机制的不断深入,高校发展面临着外部市场化和内部市场化双重压力,从投资到治理,都需要一个合理的体制机制来化解学校发展所面临的问题和压力,混合所有制改造为解决这些问题找到了比较有效的方法。

第二节 我国高等教育领域混合所有制的提出

在高等教育体制机制改革过程中,市场是作为一个背景和服务目标存在的,即:高等教育要满足经济社会发展的需要,需要与经济体制和科技体制改革相适应。改革开放至今,从市场逐渐介入教育领域,到教育领域混合所有制的提出,通过梳理1978 年党的十一届三中全会至今的中央委员会的重要报告、决议等文件,对市场在资源配置中发挥作用及介入教育领域的认识大致可以划分为如下四个阶段。

一 1978—1991：在高等教育领域开始逐渐引用市场调节手段

1978 年，党的十一届三中全会提出"把全党工作的着重点和全国人民的注意力转移到社会主义现代化建设上来"，拉开了我国改革开放的序幕，实现了"历史性的伟大转变"，其主要标志之一就是"我们果断地把党和国家的工作重点转到了经济建设上来"。会议提出"应该坚决实行按经济规律办事，重视价值规律的作用，注意把思想政治工作和经济手段结合起来，充分调动干部和劳动者的生产积极性"。

1981 年，《关于建国以来党的若干历史问题的决议》指出："国营经济和集体经济是我国基本的经济形式，一定范围的劳动者个体经济是公有制经济的必要补充。"据此，决议提出"必须在公有制基础上实行计划经济，同时发挥市场调节的辅助作用"。

1982 年，党的十二大报告提出："正确贯彻计划经济为主、市场调节为辅的原则，是经济体制改革中的一个根本性问题。"关于市场调节的工具，报告提出"价值规律"能够自发地起调节作用，同时要通过经济杠杆以保证实现指导性计划，这些经济杠杆既包括价格、税收、信贷等方式，也包括政策法令和工商行政管理等方式。

1984 年，党的十二届三中全会通过的《中共中央关于经济体制改革的决定》（以下简称《决定》）指出："为了实现社会主义现代化，必须对经济体制进行改革"，"商品经济的充分发展，是社会经济发展的不可逾越的阶段，是实现我国经济现代化的必要条件"。但这个"商品经济"是社会主义的商品经济，实行计划经济同运用价值规律、发展商品经济，不是互相排斥的，而是统一的。《决定》对我国当时计划经济体制的基本特征作了进一步概括：第一，就总体说，我国实行的是计划经济，即有计划的商品经济，而不是那种完全由市场调节的市场经济；第二，完全由市场调节的生产和交换，主要是部分农副产品、日用小商品和服务修理行业的劳务活动，它们在国民经济中起辅助的但不可或缺的作用；第三，实行计划经济不等于以指令性计划为主，指令性计划和指导性计划都是计划经济的具体形式。第四，指导性计划主要依靠运用经济杠杆的作用来实现，指令性计划则是必须执行的，但也必须运用价值规律。

《决定》指出，价格、税收、信贷等都是宏观调控的经济杠杆形式，但"价格是最有效的调节手段，合理的价格是保证国民经济活而不乱的重要条件，价格体系的改革是整个经济体制改革成败的关键"。《决定》还对竞争进行了阐述，指出：只要有商品生产，就必然有竞争，只不过在不同的社会制度下竞争的目的、性质、范围和手段不同。《决定》特别提出：鉴于"科学技术和教育对国民经济的发展有极其重要的作用"，因此进行科技体制和教育体制改革是迫切需要解决的战略性任务。

1987 年党的十三大报告指出：必须以公有制为主体，大力发展有计划的商品经济，强调"国家调节市场，市场引导企业"。为了实现资源优化配置，不仅要发挥市场和自由竞争的作用，而且要依靠国家制定正确的产业政策，并运用价格、财政、税收、信贷等经济杠杆来进行干预和调节，以改革促进经济的健康发展，以发展为改革创造较好的经济环境。报告提出，要"把发展科学技术和教育事业放在首要位置，使经济建设转到依靠科技进步和提高劳动者素质的轨道上来"。劳动者素质的提高和大量合格人才的培养是关系科技的发展、经济的振兴，乃至整个社会的进步的根本。报告提出逐年增加教育经费，同时继续鼓励社会各方面力量集资办学。

综上可知，党的十一届三中全会提出了"把全党工作的着重点和全国人民的注意力转移到社会主义现代化建设上来"；党的十二大进一步提出"计划经济为主，市场调节为辅"，党的十二届三中全会指出，商品经济是社会经济发展不可逾越的阶段，社会主义经济是公有制基础上的有计划商品经济；党的十三大提出社会主义计划商品经济体制是计划与市场内在统一的体制；党的十三届四中全会后，提出了建立适应计划商品经济发展的计划经济与市场调节相结合的经济体制和运行机制。经济体制改革始终是各类体制改革的基础性、引领性改革，教育体制改革是伴随经济体制改革进行的，随着经济体制改革，在高等教育领域开始逐渐引用市场调节手段。

二　1992—2005：提出要对教育投入体制改革

1992年，邓小平发表"南巡讲话"和党的十四大的召开，使我国改革开放和现代化建设事业进入了一个新的发展阶段。1993年，党的十四届三中全会通过的《中共中央关于建立社会主义市场经济体制若干问题的决定》指出：市场在资源配置中的作用迅速扩大，计划经济体制逐步向社会主义市场经济体制过渡。建立社会主义市场经济体制，就是要"使市场在国家宏观调控下对资源配置起基础性作用"。报告强调，要把"优先发展教育依然作为战略任务来抓"，因为"社会主义市场经济体制的建立和现代化的实现，最终取决于国民素质的提高和人才的培养，要加快教育体制改革，改变政府包揽办学的状况，形成政府办学为主与社会各界参与办学相结合的新体制"。

1997年，党的十五大提出：要坚持社会主义市场经济建设方向，同时要全面认识公有制经济的含义，即公有制经济不仅包含国有经济和集体经济，还包括混合所有制经济中的国有成分和集体成分，并对公有制的主体地位主要体现形式进行了明确。报告也强调，人才是科技进步和经济社会发展最重要的资源，发展教育和科学是文化建设的基础工程。培养同现代化要求相适应的数以亿计的高素质劳动者和数以千万计的专门人才，发挥我国巨大人力资源的优势，关系21世纪社会主义事业的全局，要切实把教育摆在优先发展的战略地位。

2002年，党的十六大报告肯定了十四大以来建设社会主义市场经济体制的路线方针，提出了全面建设小康社会的目标。报告强调，要坚持教育创新，深化教育改革，优化教育结构，合理配置教育资源，提高教育质量和管理水平。

2003年，党的十六届三中全会通过的《中共中央关于完善社会主义市场经济体制若干问题的决定》提出，要更大程度地发挥市场在资源配置中的基础性作用。决定要求深化教育体制改革，构建现代国民教育体系和终身教育体系，建设学习型社会，全面推进素质教育,增强国民的就业能力、创新能力、创业能力。努力把人口压力转变为人力资源优势;推进教育创新,优化教育结构,改革培养模式,提高教育质量。形成同经济社会发展要求相适应的教育体制,要完善和规范以政府投入为主、多渠道筹措经费的教育投入体制,形成公办学校和民办学校共同发展的格局。

由上可以看到,从 1992 年党的十二大到 2005 年党的十六届五中全会之前,市场在资源配置中的基础性作用不断扩大。在此背景下,强调教育体制改革要适应经济社会发展和市场经济体制改革要求,形成同经济社会发展要求相适应的教育体制。对教育投入体制改革,提出了以政府投入为主,多渠道筹措经费、鼓励社会力量办学、鼓励民办学校发展、完善家庭经济困难学生资助政策等具体举措。

三　2006—2012:提出鼓励引导社会力量兴办教育

2006 年,党的十六届六中全会审议通过了《中共中央关于构建社会主义和谐社会若干重大问题的决定》,提出"坚持教育优先发展,促进教育公平"。教育公平成为一个重要的政策目标,决定强调,要全面贯彻党的教育方针,大力实施科教兴国战略和人才强国战略,全面实施素质教育,深化教育改革,提高教育质量,建设现代国民教育体系和终身教育体系,保障人民享有接受良好教育的机会。教育作为公共服务之一,是各级政府的职责。要把更多财政资金投向公共服务领域,加大财政在教育、文化、就业再就业服务等方面的投入。报告同时鼓励社会力量在教育、科技、文化等领域兴办民办非企业单位。

2007 年,党的十七大报告指出,我国社会主义市场经济体制已经初步建立,提出了科学发展观第一要义是发展,核心是以人为本,基本要求是全面协调可持续,根本方法是统筹兼顾。报告要求深化对社会主义市场经济规律的认识,从制度上更好发挥市场在资源配置中的基础性作用,形成有利于科学发展的宏观调控体系。党的十七大报告同时提出,教育是民族振兴的基石,教育公平是社会公平的重要基础。要坚持教育公益性质,加大财政对教育投入,规范教育收费,扶持贫困地区、民族地区教育,健全学生资助制度,保障经济困难家庭、进城务工人员子女平等接受义务教育。

2012 年,党的十八大报告提出:必须坚持维护社会公平正义,公平正义是中国特色社会主义的内在要求,要在全体人民共同奋斗、经济社会发展的基础上,加紧建设对保障社会公平正义具有重大作用的制度,逐步建立以权利公平、机会公平、规则公平为主要内容的社会公平保障体系,努力营造公平的社会环境,保证人民平等参与、平等发展权利。要加快完善社会主义市场经济体制,完善公有制为主体、多种所有制经济共同发展的基本经济制度,更大程度、更广范围发挥市场在资源配置中的基础性作用。经济体制改革的核心问题是处理好政府和市场的关系,必须更加注重市场规律,更好发挥政府作用。

党的十八大报告提出,要努力办好人民满意的教育。教育是民族振兴和社会进步的基础,要坚持教育优先发展,深化教育领域综合改革。推动高等教育内涵式发展。大力促进教育公平,合理配置教育资源,重点向农村、边远、贫困、民族地区倾斜,支持特殊教育,提高家庭经济困难学生资助水平,积极推动农民工子女平等接受教育,让每个孩子都能成为有用之才。鼓励引导社会力量兴办教育。

四　2013—至今：首次在教育领域提出实施"混合所有制"

2013年,党的十八届三中全会审议通过了《中共中央关于全面深化改革若干重大问题的决定》,提出要坚持社会主义市场经济改革方向,以促进社会公平正义、增进人民福祉为出发点和落脚点,完善和发展中国特色社会主义制度,推进国家治理体系和治理能力现代化。强调要积极发展混合所有制经济,国有资本、集体资本、非公有资本等交叉持股、相互融合的混合所有制经济是基本经济制度的重要实现形式,有利于国有资本放大功能、保值增值、提高竞争力,有利于各种所有制资本取长补短、相互促进、共同发展。允许更多国有经济和其他所有制经济发展成为混合所有制经济。国有资本投资项目允许非国有资本参股。允许混合所有制经济实行企业员工持股,形成资本所有者和劳动者利益共同体。要加快事业单位分类改革,推进金融、教育、文化、医疗等服务业领域有序开放。

2014年5月《国务院关于加快发展现代职业教育的决定》提出"探索发展股份制、混合所有制职业院校,允许以资本、知识、技术、管理等要素参与办学并享有相应权利"。这是党的十八届三中全会之后,涉及教育的官方文件中,首次直接使用"股份制"和"混合所有制"这两个经济领域的专业术语。

2014年6月教育部等六部门联合编制的《现代职业教育体系建设规划(2014—2020年)》提出:"积极支持各类办学主体通过独资、合资、合作等多种形式举办民办职业教育,探索发展股份制、混合所有制职业院校。开展社会力量参与公办职业院校改革建立混合所有制职业院校试点,允许社会力量通过购买、承租、委托管理等方式改造办学活力不足的公办职业院校。鼓励民间资本与公办优质教育资源嫁接合作在经济欠发达地区扩大优质职业教育资源。鼓励企业和公办职业院校合作举办混合所有制性质的二级学院"。[①]

综上可见,在全面建设社会主义市场经济过程中,市场在资源配置中逐渐从基础性作用转变为决定性作用。处理好政府与市场的关系是经济体制改革的重要内容,也是教育体制改革的重要内容。高等教育作为一种社会事业,其公益性被确认,既要强调政府在发展高等教育中的职责,又要充分利用市场机制在高等教育资源配置中

---

① 见中华人民共和国教育部网站,《现代职业教育体系建设规划(2014—2020年)》,http://www.moe.gov.cn/srcsite/A03/moe_1892/moe_630/201406/t20140623_170737.html。

的决定性作用。

第三节　教育领域探索和发展混合所有制的内涵

一　教育领域的混合所有制的内涵

教育领域推行混合所有制,其最终目的是为了丰富教育资源,扩大教育供给,满足国家和社会对各种层次各种类型教育资源的需求。教育产品具有公共产品的属性,但教育供给若完全通过国家投资完成,在当前形势下难以满足需求。教育领域的混合所有制与经济领域的混合所有制在混合的机制上是基本相同的。据此,混合所有制教育应当具有如下内涵。

（一）公私混合

与经济领域的混合所有制一样,教育领域的混合所有制,也应当是以分别代表公有制和非公有制的公有经济和非公有经济的混合。无论最终的教育服务类型是以学校还是机构等组织形式出现,在举办主体上,都必须体现为公私混合。具体而言,混合所有制教育的举办方一般表现为代表公有制的政府及国有企业等公有资本方和代表非公有制的社会力量等社会资本方。政府方基本明确,即各级地方政府,不过地方政府一般会通过委托国有资产投资和管理机构的方式予以对外出资,实现政府目的。除了出资以外,政府还可以通过对国有资产的转让实现参与,如划拨土地等;国有(控股)企业,因为其资产属性为公有,其利用自身资产对外出资,与其他非公有制主体共同参与教育领域,也应当被认为是公有的一方;社会资本方,可以是依法设立且有效存续的具有法人资格的企业或其他社会团体,也可以是具有完全民事行为能力和责任能力的自然人。综上,只有公有资本参与的教育不能认为是混合所有制教育,但各股东中只要有一方系社会资本,就可认定为混合制。

2016 年底,国务院颁布《国务院关于鼓励社会力量兴办教育促进民办教育健康发展的若干意见》,指出"社会力量兴办教育是指各种社会力量以捐赠、出资、投资、合作等方式举办或者参与举办法律法规允许的各级各类学校和其他教育机构""探索多元主体合作办学。推广政府和社会资本合作(PPP)模式,鼓励社会资本参与教育基础设施建设和运营管理、提供专业化服务。积极鼓励公办学校与民办学校相互购买管理服务、教学资源、科研成果。探索举办混合所有制职业院校,允许以资本、知识、技术、管理等要素参与办学并享有相应权利"。可见,教育领域的公私分野同样明显,混合所有制教育也必须是在公有和非公有基础上的混合。

（二）产权明晰

现代产权制度是混合所有制的基础。混合所有制之所以能实现,是因为不同的主体对代表不同所有制的资产掌握了产权。产权是一种排他性的权利,同时也是一组权利集合,它包括了对财产的所有权、占有权、使用权、处分权极其相应的收益权。市场交易的实质就是产权交易,因此,交易主体必须对所交易的物品拥有明确的产权。在教育领域的投资中,国家代表全民,对国有资产行使产权。再具体一点,根据我国现行的国有资产处置管理办法,各级政府通常设立国有资产投资管理委员会,并以此为主体投资设立各种国有公司企业或实体。现代企业制度下的国有企业是具有法人资格的经济组织,国家在国有企业中享有的是股权。这实际上是国有资产变为国有资本、资产的实物形态变为价值形态的过程。在这一意义上,国有资产投入教育领域后成为国有股权,与其他资产共同构成教育机构的法人财产。

教育领域混合所有制对产权制度的要求应当具体体现为:一是归属清晰,就是各类财产权的具体所有者明确并为相关法律法规所认定;二是权责明确,即产权具体实现过程中,各相关主体权利到位、责任落实;三是保护严格,就是保护产权的法律制度要系统、完备,各种性质、形式的产权一律受到法律的严格保护;四是流转顺畅,即各类产权以谋求利益最大化为目的,能够依法在市场上自由流动、有效运营。只有这样,才能实现产权结构的不断优化和资产的不断增值,混合所有制经济才能健康发展。

(三) 规范的法人治理

教育领域的混合所有制同样也是以股份制为其实现形式,规范的法人治理结构是混合所有制教育机构能否有效运作的关键。混合所有制教育机构的最高权力归举办方组建的董事会所有,科学制定学校管理章程,建立董事会、院校行政、监事会三者相对独立、相互制约、相互支撑的现代学校治理体系,以此构建起基于产权的办学体制和基于股权的组织架构。当前,建立混合所有制教育机构法人治理结构要着重处理好举办者与管理者的关系,具体来说就是要发挥董事会的作用,完善校长选聘机制,依法依章程保障校长行使管理权;突出监事会的监管作用,强化对管理者的监督;细化董事会内部结构,制定科学合理的学校章程,充分发挥专业委员会的作用;董事会运作要更加透明,及时准确披露信息,等等。只有董事会真正代表举办者利益,行政管理者对董事会尽心尽力,接受董事会指导和监督,加上监事会能忠实履行监督职责,规范的公司法人治理结构才能逐步健全。

(四) 教育实体

无论什么样的制度构建,最终一定要有一个实体予以承载构建成果。教育领域的混合所有制也需要有相应的教育组织来体现。目前,我国出现的带有混合所有制特性的教育机构主要有教育领域的投资机构(教育集团)、学校(学前教育、高等教育、职业教育等)、公立学校的公私共建二级学院、共建校企合作基地、PPP 共建学校基础设施等。《国务院关于鼓励社会力量兴办教育促进民办教育健康发展的若干意见》指出:"社会力量投入教育,只要是不属于法律法规禁止进入以及不损害第三方利益、社会公共利益、国家安全的领域,政府不得限制。政府制定准入负面清单,列出禁止和限制的办学行为。各地要重新梳理民办学校准入条件和程序,进一步简政放权,吸引更多的社会资源进入教育领域。"以后可能会有更多新形式的教育实体以混合所有制的方式出现。

二　混合所有制教育的基本特征

从目标上看,混合所有制教育意在创新资源配置模式,优化人才培养过程,是以提供有效率、多样化、多层次的教育服务为首要目标,区别于一般企业组织以单纯追求经济利益最大化为首要目标。

从性质上看,混合所有制教育本质上仍然属于教育系统,其所提供的产品仍然具有公共性的特征。尽管其并不能成为完全的公共产品,但高质量教育服务成为准公共教育的最大公益性特征,区别于一般经济组织的完全盈利性或承担部分社会责任的经济组织。

从机制形成过程来看,混合所有制教育机制中带有明显的经济运行色彩。以现代产权制度为基础,举办方代表不同性质所有制的利益,股份制是其常见的组合形式,内部治理以现代法人制度为内核,遵守现代教育规律。在这一过程中,代表非公有制资本的社会力量处于主体作用逐步增强过程中,不同于一般混合所有制经济组织的资源整合,企业资源进入教育领域后要有一个从组织变革到组织转型的深度融合发展过程。

从法律保护上来看,教育领域的混合所有制尚未有专门的、明确的法律予以保护与规范。对教育实体的规制目前主要依赖《民办教育促进法》,但在投资政策、权益保护、运行规范方面都还没有专门的法律与政策,法律边界相当模糊。国家对于大力发展混合所有制持鼓励和肯定的态度,但在教育领域的具体措施上,主要侧重于职业教育领域的混合所有制。政策上的引导只能给予方向上的指引,具体做法上还要依赖于各级政府的实际情况。

从与政府的关系上来看,混合所有制教育不单纯是行政法律关系,而是平等民事法律关系和行政法律关系的融合,也就是说,政府的意志要基于股权的法理价值、通过董事会平台贯彻,彻底解决公办学校"上下级"行政方式及民办教育监管难的问题,以此建立起基于股权的新型法治化政教关系。

从运行机制上看,兼具公办学校"稳定性"和民办学校"灵活性"特点。公有股权保障学校正确的办学方向,是学校稳定发展的"压舱石",起到"定海神针"的作用;私有股权侧重于市场化的运营机制,发挥基于市场规律的灵活性。以此建立并运行体现混合所有属性的新型院校运营机制,全面提高现代学校的治理能力。

第四章　教育领域探索和
发展混合所有制的现状

第一节　我国教育领域探索和发展混合所有制"三领域"

我国教育领域探索和发展混合所有制主要分为三个领域，即普通基础教育领域、职业教育领域和普通高等教育领域。

一　普通基础教育领域

普通基础教育分为幼儿学前教育、小学教育、初中教育和高中教育，其中包括对残疾儿童、少年、青年的特殊教育和非常生的工读教育。

（一）幼儿学前教育领域

为了落实教育规划纲要提出的到 2020 年基本普及学前教育的战略发展目标，国家分别于 2011—2013 年、2014—2016 年、2017—2020 年实施三期学前教育行动计划（简称三期行动计划）。前两轮期间，各地政府普遍重视，投入增加，效果显著。全国学前三年毛入园率 2016 年达到 77.4%，入园难进一步缓解，学前教育发展迈上新的台阶。但总体上看，学前教育仍是教育体系中最薄弱的环节，普惠性资源供给不足，教师数量短缺、工资待遇偏低，幼儿园运转困难，保教质量参差不齐等问题还普遍存在，仍处于爬坡过坎的关键期。

为了完成三期行动计划目标，多地出台创新措施鼓励探索多元办学管理模式，支持各类办学主体通过股份制、混合所有制、合伙制等方式举办学前教育，鼓励通过联合办学、品牌连锁、委托管理、名园办新园等方式扩大资源，促进学前教育多元化办学、多渠道投入、多样化发展。在强化办园基本保障措施上。以贵州毕节赫章县学前教育为例，该县共投入资金 3 456 万元（政府投入 1 779 万、民间资本投入 1 677 万元），建成野马川、珠市、可乐、财神、六曲、平山、威奢 7 所混合所有制幼儿园。中央、省、市、县的财政投入资金主要解决了主体工程建设，民间资金主要用于完善围墙、场地硬化、绿化、美化等基础设施、设备和教师工资，改善了办学条件。"混合所有制"幼儿园按公办幼儿园的相关规定办理机构编制管理证、法人证等手续，与公办幼儿园同管理、同考核。政府还把主体工程竣工验收后的幼儿园园舍及场地按零租金方式委托给具有一定经济实力、管理能力和学前教育经验的托办方举办幼儿园,由托办方具体负责完善附属设施、教师聘用和管理等,并对"混合所有制"幼儿园进行跟踪服务。这些幼儿园每生每月收取费用300元以内,办园方认为幼儿园能运行,老百姓群众又乐意承受。

目前,赫章县混合所有制幼儿园充分调动社会力量和吸纳社会资本参与办学,解决了政府投入不足和教育融资难的问题,快速实现了减轻政府财政投入压力和提高经费使用效益的目标。混合所有制幼儿园不断加快了村级幼儿园的普及,切实解决农村留守儿童无人管、无"园"上的突出问题。其更为灵活、科学的管理模式,充分调动了幼儿园在招生、教师招聘和管理方面的积极性,弥补了公办幼儿园"等、靠、要"的短板,切实解决了公办幼儿园教师只能等政府招考、招生、内部管理等工作只能依靠政府及教育主管部门督促、办园经费投入只能向上级政府要的问题。

（二）小学、初中等义务教育领域

早在1993年,《国务院关于中国教育改革和发展纲要的实施意见》就提出:基础教育主要由政府办,同时鼓励企事业单位和其他社会力量按国家的法律和政策多渠道、多形式办学。有条件的地方,也可实行"民办公助""公办民助"等形式。政策的出台,极大地推动了办学体制多元化的改革进程,"公办民助"的办学形式便随之出现,这些类型的办学形式都带有混合所有制改革的特征。

义务教育是国家、社会、家庭必须予以保证的国民教育,具有强制性、免费性和普遍性,是一个国家民族文化素质的基础,属公共产品,是政府的责任。按照美国著名经济学家米尔顿·弗里德曼的说法,义务教育对社会来说是具有正邻近效应的教育,即儿童受到的教育不仅有利于儿童自己或家长,而且社会上其他成员也会从中获得好处。此外,从公平的角度来看,义务教育作为公共产品由政府来免费提供,有助于所有孩子都享有均等接受教育的机会,从而缩小收入分配的差距和实现社会公平。因此,无论从公共产品的角度,还是从实现社会公平的角度,政府都应该承担起义务教育的全部财政责任,也就是说义务教育阶段不适合采取混合所有制办学模式,尤其是营利性混合所有制学校。

义务教育高度公益性,与教育公平关联度高,社会关注度高,进行混合所有制改革容易引起社会诟病,国家层面没有支持开展试点的相关政策文件。以前各地盛行的公办民助、民办公助、名校办民校等带有混合所有制内容的改革,对公办教育和民办教育的发展都带来冲击。2006年,国家发改委和教育部联合下文,全面停止审批新的改制学校,并对现有的改制学校进行清理规范。所谓清理规范,即:或者改为公办,民办资本彻底退出;或者改为民办,政府产权彻底出让。

（三）高中教育领域

大部分国家虽然都把教育作为每个公民能够享受的一种基本权利写进了宪法,

将实现教育机会均等作为努力追求的目标,但受生产力发展水平的制约,除发达国家和少数新兴工业化国家已把义务教育制度从初等教育延伸到整个中等教育外,大多数国家仍没有能力把整个中等教育作为人人都能享受的免费教育来普及。

从普通高中教育内部来看,因其所传授的知识主要是普遍适用的基础性知识,应用范围广泛,且具有较强的社会、文化功能,社会收益大于个人收益。同时普通高中给个人所带来的收益并不是现时可以实现的,而是一种间接的滞后收益,投资风险较大。因此,虽然国内目前不少地方的高中已经开始混合所有制办学试点,但普通高中应实行以政府财政投入为主的办学体制,就是说,混合所有制学校在普通高中教育阶段发展空间不大。

混合所有制高中办学的典型例子是"独山试验"。2013年,国家级贫困县独山县,在县域公办高中教育举步维艰之时,大胆创新,引入贵州民办教育名校——贵阳市兴农中学的优质教育资源,创办了混合所有制的独山县兴农中学,在国内创下混合所有制高中办学的先河。根据《合作办学协议书》的协议,学校实行董事会领导下的校长负责制,县里提供校舍,配套设施、设备、图书等,让学校无偿使用30年。学校聘用的在编在岗教师,如果被解聘,由独山县政府安排回教育系统工作。且在学校办学的前12年,县里按从100%至70%递减的比例,每年按100人的编制内高中教师年均工资补助给学校,从第13年起,教师工资由学校自行解决,学校既享有民办学校的办学自主权,又享有与公办学校同等办学权利,将兴农中学独山分校更名为独山县兴农中学,同时保留独山民族中学校名,实行一个学校两块牌子联合办学的模式,明确学校性质为具有独立法人资格的混合所有制民办学校,享有学校的人事、财务、招生等办学自主权。

2015年,南昌市教育局与经开区管委会达成合作意向,决定由经开区投入土地,市教育局投入高中部建设资金,引入省重点中学南昌十中教育资源,在经开区双港西大街兴建南昌十中经开校区。经开校区高中部采取混合所有制办学模式,由南昌十中和金开集团联合成立董事会,作为学校决策机构指导办学。

其他一些地区基础教育领域也都开展过一些所谓的混合所有制办学试点,但在整个高中教育领域,混合所有制办学不是主流。

■ 职业教育领域

国务院《关于加快发展现代职业教育的决定》提出:"探索发展股份制、混合所有制职业院校,允许以资本、知识、技术、管理等要素参与办学并享有相应权利。"我国职业教育近年来发展快速,成绩显著。作为一种跨界教育,职业教育一头连着学校,一头连着产业,因此,要办好职教,必须走出封闭的围墙,与行业、企业、产业合作,充分调动社会要素。

职业教育领域目前开展的混合所有制办学形式主要有以下三种:一是学校层面的

混合,办学主体有公有私;二是二级学院层面的混合,大多是共同举办二级学院,一般不具备独立法人资格,民间资本与公办院校开展合作一般采取这种混合方式;三是民间资本参与学校基础设施、教学设施、服务设施建设,更多属于合作共建形式的混合。

与基础教育领域不同,国家提倡职业教育探索和发展混合所有制办学。2014 年国务院《关于加快发展现代职业教育决定》明确提出:引导支持社会力量兴办职业教育。创新民办职业教育办学模式,积极支持各类办学主体通过独资、合资、合作等多种形式举办民办职业教育;探索发展股份制、混合所有制职业院校,允许以资本、知识、技术、管理等要素参与办学并享有相应权利。这是职业院校开展混合所有制探索最早的政策依据,也是混合所有制办学最早的提法。2016 年底,新修订后的《民办教育促进法》颁布后,国务院又出台了与之相配套的《国务院关于鼓励社会力量兴办教育促进民办教育健康发展的若干意见》,再次强调:探索举办混合所有制职业院校,允许以资本、知识、技术、管理等要素参与办学并享有相应权利。鼓励营利性民办学校建立股权激励机制。这是职业院校开展混合制探索最新的政策依据。上述两个文件,是职业院校开展混合所有制改革探索的重要政策支撑;其他地方出台的相关政策,也基本在上述两个政策的框架范围内。

三 高等教育领域

独立学院是我国在高等教育大众化过程中兴起的一种独特的办学模式,带有混合所有制办学的基本特征。

独立学院初现于江浙、以国有民办二级学院为初期办学模式,后短时间在全国得到了迅速成长和扩展,并得到政府不断规范。2008 年数量曾经高达 324 所,截至 2017 年 5 月,在部分独立学院转设后,全国仍有独立学院 265 所,分别占全国民办高校总数的 35.7%,全国民办本科高校数的 63.5%;有在校大学生 247 万人,分别占全国民办高校在校生总数的 39%,全国民办本科高校在校学生总数的 63.3%。独立学院已成为中国民办高等教育,特别是民办本科教育的重要力量。

独立学院投资主体多元,结构复杂,据统计,大致可归纳为四种类型:第一类是由非公社会组织和个人,利用非财政经费与公办高校合作举办的独立学院;第二类是由国有企业与公办高校合作举办的独立学院;第三类是由地方政府与公办高校合作举办的独立学院;第四类是由公办高校,利用学校资源举办的独立学院,也就是俗称的"校中校"。这些类型里面还存在许多不同的情形。而具体到每个学院,其类型、模式、发展历程又千差万别。

总体上说,独立学院将公办高校优质的教育资源与社会资本有机结合,为实现高等教育快速发展提供了强有力的支撑和保障,缓解了高等教育的供需矛盾,为加快我国高等教育大众化进程作出了重要贡献,也在深化办学体制改革方面作出了有益探索。同时,独立学院多渠道、多方式吸收社会资本,不需要国家财政投入,缓解了国家财政的压力。经过十几年的发展,独立学院固定资产已经成为我国高等教育一笔不小的财富。另外,独立学院从办学之初就确立了培养应用型本科人才的目标,丰富了我国高等教育的结构,满足了社会对不同层次、不同规格人才的需求,为我国经济社会发展作出了积极贡献。

然而,独立学院在办学过程中也出现了不少问题,诸如学校资产产权不明晰、办学不独立、治理机制不完善、财务管理和办学结余使用不规范等,校中校办学模式至今存在。这些问题的存在制约着学校的可持续发展,同时对民办教育的总体发展和公平竞争环境仍存在一定负面影响。对此,2003 年教育部出台《关于规范并加强普通高校以新的机制和模式试办独立学院管理的若干意见》(教发〔2003〕8 号),2008 年教育部印发《独立学院设置与管理办法》(教育部令第 26 号)(简称《办法》),对独立学院规范和转设提出了明确任务,并提出了 5 年过渡期。2009 年教育部办公厅下发《关于编报省级〈独立学院五年过渡期工作方案〉的通知》,要求各省级教育行政部门按照《办法》规定提出每所独立学院具体的工作意见和进度:(1)各项要求均达标,拟报请教育部考察验收的。(2)待理顺体制机制,充实办学条件后再报请教育部考察验收的。(3)拟转设民办普通本科高校或民办其他层次学校的。(4)拟终止、合并或并入公办普通高校、民办学校的。(5)在既不扩大本地区现有独立学院数量、又符合本地区高等学校设置规划的前提下,拟新设的。2012 年教育部制定了《独立学院五年过渡期验收工作政策要点》和《独立学院验收工作细则》。

第二节　我国教育领域探索和发展混合所有制的"六模式"

混合所有制学校可以分为狭义的混合所有制学校和广义的混合所有制学校两种类型。狭义的混合所有制学校是指学校既有公有制资本,又有私有制资本,包括国有资本、集体资本、私有资本、外资等属性不同的多种资本相互混合举办的混合所有制学校。狭义的混合所有制学校按照混合形成过程的不同,可以具体分为三种模式(如表 4-1 所示):公办院校引入民营资本、民办院校引入国有资本、国有资本与民营资本共同出资组建。

表 4-1　混合所有制学校"六模式"

混合所有制学校分类	混合所有制学校模式
狭义的混合所有制学校	公办院校引入民营资本模式
	民办院校引入国有资本模式
	国有资本与民营资本共同出资组建混合所有制学校模式

（续表）

混合所有制学校分类	混合所有制学校模式
广义的混合所有制学校	混合举办的学校二级学院模式
	公私合作伙伴关系 PPP 模式
	混合所有制学校委托代理模式

广义的混合所有制学校不涉及学校资本属性的改变,通过某种方式引入与学校原有资本不同属性的资本,具体包括:混合举办的学校二级学院模式、公私合作伙伴关系 PPP 模式、混合所有制学校委托代理模式。混合举办的学校二级学院模式是指不改变学校所有制属性,在学校二级学院层面或者具体项目层面实现公办院校引入民营资本的混合模式。在法人资格方面,有的混合所有制学校二级学院实行独立的法人资格,有的二级学院没有独立法人资格。公私合作伙伴关系 PPP 模式是指在教育领域政府和社会资本合作建立的一种长期合作关系,通过公私合作伙伴关系发挥市场机制作用,提高教育服务质量和资源使用效率,实现政府和社会资本的公共利益最大化。

两种广义的混合所有制学校类型都可有效地引入社会资本,激发办学活力,提高办学质量,形成鲜明特色。从混合所有制学校发展现状来看,混合举办的学校二级学院模式居多。教育领域的委托管理是指通过合同或协议的方式,委托方将受托学校委托给教育机构或者中介组织,从而实现受托学校目标的过程。

目前在职业教育、高等教育领域都有委托管理行为,涉及委托管理的类型主要有公办委托管理公办、公办委托管理民办、民办委托管理公办、民办委托管理民办等。其中公办委托管理公办以及民办委托管理民办两种类型不属于混合所有制学校的范畴,它们的学校属性是单一的公有制资本或者私有制资本。

根据前面界定的狭义的混合所有制学校特征,狭义的混合所有制学校中应当有不同的所有制投入主体。不具有上述特征的要么是公办学校,要么是民办学校。如果是公办学校与国有企业的合作,因为合作相关方所有制相同,故谈不上"混合"。而公办学校与非国有企业合作及国有企业与民办学校合作办学,如部分高校仅在二级院系或专业层面共建,因二级院系和专业本身不具备法人资格,不改变学校办学资本属性。公办委托民办和民办委托公办也不属于狭义的混合所有制学校范畴,委托管理是一种经济行为,没有影响到学校举办方的出资属性。

我们可以把混合举办的学校二级学院模式、公私合作伙伴关系 PPP 模式、委托代理模式划入广义的混合所有制学校范围。我们调查 63 家混合所有制学校(如图 4-1 所示),其中 40 所学校属于狭义的混合所有制学校,23 所属于广义的混合所有制学校。在狭义的混合所有制学校中,32 所学校属于公办院校引入私有资本模式,6 所学校属于"民办院校引入国有资本",2所学校属于"国有资本与民营资本共同出资组建混合所有制学校模式"。

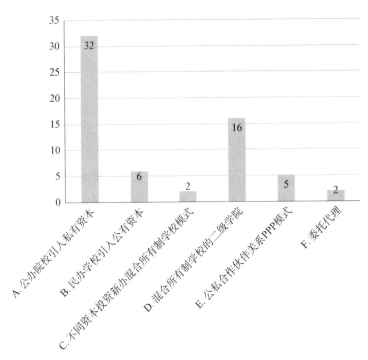

图4-1　混合所有制学校类型图

数据来源:调查问卷。

在广义的混合所有制学校中,16所学校属于混合举办的学校二级学院模式,5所学校属于公私合作伙伴关系PPP模式,2所学校属于混合所有制学校委托代理模式。

在调查的63家混合所有制学校中,举办者数量是2个的有43所学校;举办者数量是3个的有12所学校;超过4个以上的举办者只有6所学校(见图4-2)。

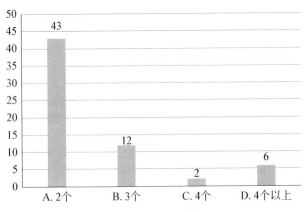

图4-2　混合所有制学校举办者数量

目前出现的混合所有制学校"六模式"表现如下。

一　公办院校引入社会力量模式

公办学校引入社会力量,合作办学。公办学校可以引入民营资本,例如山东海事职业学院引入潍坊市交运集团和山东通达船舶管理有限公司,实行混合所有制办学。[①]山东海事职业学院引入潍坊市金融控股集团(国企)代表潍坊市政府持股1.47%,潍坊市交运集团作为大股东持股67.79%,山东通达船舶管理有限公司和潍坊陆洋交通发展有限公司分别持股15.37%、15.37%。公办学校引入民营资本,打破办学资本单一模式,加强校企深度融合,成立董事会,董事会是学校最高的决策机构,实行董事会领导下的校长负责制,出资权和经营管理权分离,激发办学活力,盘活国有资产。

二　民办院校引入国有资本模式

民办高校的优势是办学机制灵活、效率高、对市场反应灵敏,但是民办高校的劣势是社会对其认可度低、办学资金短缺、融资渠道主要靠社会投资方、办学收入来源于学费、因为缺乏财政补贴而学费较高、教师流动性大等。为此,民办高校可以引入国有资本参与学校办学,一方面可以减轻社会投资方的投资压力,另一方面可以发挥国有资本的可信度效应,提升学校信誉。

例如,创办于2000年6月的紫琅职业技术学院原是一所民办高职院校。2012年6月,该学校引入了江苏省教育发展投资中心(江苏省教育厅直属事业单位)的投资。签订协议之前,学院的股权结构为:江苏江海科教开发有限公司占60%,陈明宇个人占40%。签订协议后,学院的股权结构为:江苏江海科教开发有限公司占58.64%,陈明宇占36.36%,江苏省教育发展投资中心占5%。由于江苏省教育发展投资中心持有的5%股份属于国有资产,从而使该校成为混合所有制学校,并按照江苏省2010年出台的《关于进一步促进民办教育发展的意见》的规定,于2013年4月变更登记为事业单位法人,2014年5月经教育部批准升格为全日制普通本科学校——南通理工学院。

三　国有资本与社会资本合作举办混合制学校模式

由国有资本与社会资本共同举办混合所有制形式的教育,在基础教育、职业教育以及高等教育都有所存在。这种类型的混合所有制学校其办学主体主要包含政府(或国有企事业单位)和民营企业,也可能包含其他性质主体(如高校等事业单位、个人或员工持股)等等。在这种类型中,政府方办学主体,有的委托教育部门为代表,有

---

① 阙明坤、潘奇:《发展混合所有制职业院校初探》,《职业技术教育》2015年第4期,第40-44页。

的以国有投资公司为代表。其投入的资源多样，包括资金、土地、校舍等，举办的方式一般是股份制，各方拥有股权以及相应的责权利。

有的是由国有资本和社会力量成立公司间接举办股份制学校。这种模式实施的是双法人制度。包括政府和社会资本的各举办方先共同组建一个教育投资公司，再由这个投资公司来举办学校。学校一般采取股份制方式举办，各举办方享受股权。这种类型的最先代表是浙江椒江模式。1996 年，浙江省台州市椒江区教育局提出"教育股份制"的构想，由教育局牵头、邀请 32 个企事业单位和个人共同入股，本着"自愿平等，利益共享，风险共担"原则集资组建了书生教育事业有限公司，成为我国第一家以股份制方式组建、以投资办学为主业的教育公司，公司投资建设了书生中学、书生小学和书生幼儿园。

有的是由国有资本和社会力量直接举办学校。比如，海南职业技术学院由海南省教育厅、海口农工贸（罗牛山）股份有限公司（后改制为民营的罗牛山股份有限公司）和海南广播电视大学共同出资举办，其间经过增资扩股，到目前学院的股权比例分别是：教育厅占 21%，省电大占 12%，罗牛山公司占 67%。三方办学主体的代表组成董事会和监事会，实行董事会领导下的校长负责制，内部运行管理遵循教育要求并参考企业管理模式。苏州工业园区职业技术学院则由 4 个大中型企业买断控股，完全按股份制运作，企业、高校和政府在董事会席位中分别占 67%、26% 和 7%。

但最具有广泛性的是独立学院。独立学院是公办高校与社会组织或个人合作，利用非国家财政性经费举办的一种新型学校，带有典型的混合所有制特征。[1] 母体高校与社会投资方共同拥有独立学院的所有权、管理权和收益权。母体高校主要投入无形资产，比如学校的品牌、成熟的教学管理经验、师资队伍和行政管理人员，负责学校的教学工作和行政管理工作；社会投资方负责办学条件和硬件设施，并参与学校的决策和管理。按照教育主管部门的有关规定，要求独立学院与母体高校分离，拥有独立的校园，拥有独立法人地位，并能够承担民事责任，独立招生、独立颁发学历和学位文凭。独立学院需要维护母体院校和社会投资方的利益，维护独立学院全体师生的合法权益。[2] 独立学院发展高峰时，据统计，2008 年全国达 325 所。

独立学院具体办学模式多种多样，可以简单分为校企合作性型、混合型、校中校型等。但有的校中校模式，因其并没有社会资金进入，实质还是一元化办学，故不在本书混合制办学概念范畴之内，符合的主要有两种类型：

一是校企合作型，即公办母体学校与企业合作举办学校，这种类型又可分为民营企业型和国有企业型。企业以出资的方式参与办学，与母体高校签订合作办学协议。一般由企业投资方出资负责办学条件及学校的硬件设施建设，母体高校提供无形资

---

① 胡相荣：《江西新余市民办职业学校学生管理特征研究》，硕士论文，湖南师范大学，2011，第 56 页。
② 费坚：《我国独立学院发展的战略审视》，博士论文，南京农业大学，2012，第 189 页。

产或师资以及管理等资源,具体各异。合作企业的性质分民营企业和国有企业,如果合作方是民营企业,举办方式为"母体学校+民营企业"模式(如表4-2所示),如果合作方是国有企业,举办方式为"母体学校+国有企业"模式(如表4-3所示)。

二是"混合型"独立学院,即由公办高校、地方政府和企业三方共同举办独立学院。一般而言,政府或者出地或者出资,或者给予学校优惠政策,有的是政府将下属的某公办院校并入,企业投资方负责学校硬件等办学条件建设,母体高校主要以无形资产的方式投资,包括师资队伍、母体高校品牌等,聊城大学东昌学院属于"混合型"独立学院(如表4-4所示)。

表4-2　山东省独立学院母体学校+民营企业模式

独立学院	举办方	学校模式
烟台大学文经学院	烟台大学、烟台祥隆集团有限公司	母体学校+民营企业
山东科技大学泰山科技学院	山东科技大学、山东临沂飞龙企业集团	母体学校+民营企业
青岛理工大学琴岛学院	青岛理工大学、青岛盛世华侨有限管理公司	母体学校+民营企业
北京电影学院现代创意媒体学院	北京电影学院、青岛满天下文化投资发展有限公司	母体学校+民营企业

表4-3　山东省独立学院母体学校+国有企业模式

独立学院	举办方	学校模式
山东财经大学东方学院	山东财经大学、山东黄金集团有限公司	母体学校+国有企业
济南大学泉城学院	济南大学、山东大众报业集团	母体学校+国有企业

表4-4　山东省"混合型"独立学院

独立学院	举办方	学校模式
聊城大学东昌学院	聊城市政府、山东泉林纸业有限责任公司	混合型

四　混合举办的学校二级学院模式

在混合所有制办学的过程中,会涉及学校办学属性、产权归属、利益分配、管理方式、治理机构、人才培养模式等诸多方面的问题。在没有法律法规依据,没有混合所有制办学成熟模式推广的情况下,举办具有混合所有制特征的二级学院要相对简单一些,即在校企合作的基础上,加强产教融合,协同育人,共建二级学院,它具备混合所有制办学的某一个或者某几个特征,是目前混合所有制办学的主流。混合举办的学校二级学院具有以下混合所有制办学特征。

（一）引入多元化的办学投入资本

普通二级学院的办学投入渠道单一，不是国有资本就是民营资本。学校存在办学缺乏活力、制度僵化的问题。混合举办的学校二级学院打破了这种单一资本模式，通过吸收国有资本、民营资本、行业资本等多种渠道，吸引资金进入教育领域，加强了产学合作，协同育人。资本的来源既可以是公有制资本也可以是民营资本，资本投入方式既可以是资金投入，也可以是场地、设备、无形资产、技术等的投入。目前，很多混合举办的学校二级学院是由企业投入资金和企业资源、学校投入师资和教学资源具有混合所有制特征的二级学院，实现企业与学校共同建立、共同管理、共同育人、共同赢利的办学模式。

（二）引入企业化的管理运营模式

学校的管理偏向行政化，尤其是公办学校，领导层是通过行政任命的方式确定。而混合举办的学校二级学院偏向企业化的管理运营模式，通过吸纳学校和企业人员组建二级学院的领导层，成立二级学院董事会或理事会，实行董事会或理事会领导下的院长负责制。[①] 学院的重大问题由董事会或理事会审议与决策，院长负责二级学院的经营管理权。二级学院借鉴企业的人事管理制度和薪酬管理制度，以绩效目标考核为指标，量化考核任务，激励与考核并重，提高教职工的积极性。

（三）引入产教融合的人才培养模式

在人才培养方面，混合举办的学校二级学院实现校企深入融合，从企业引入"双师型"师资队伍，在人才培养模式方面向企业化、市场化靠拢，以培养具有职业胜任力的合格员工为目标，以产教融合的方式对学生进行培育和管理。学生在大学期间能够接触真实的工作环境，熟悉工作流程、工作状态，理解企业文化，完成角色转变，成为对企业有用的人才。

五　公私合作伙伴关系 PPP 模式

PPP模式（Public-Private-Partnership，公私合作伙伴关系）是政府公共部门与非政府组织以及个人合作提供某种公共产品的一种模式，由英国于1992年率先采用，此后在其他国家得以推广。教育领域公私合作伙伴关系是政府公共部门与社会资本建立一种合作关系，由社会资本提供教育服务的一种新模式。政府方与社会资本方通过协议方式，明确权利、义务、风险和收益。典型PPP模式有英国的私人融资计划、美国的特许学校和契约学校等。一般是公私联合开展学校图书馆、体育场馆、实验室等校园项目建设，实现资源共享。

国内一些地方已经对PPP模式进行了有益的探索。例如，哈尔滨市职业技术学

---

① 胡莉：《独立学院资产监管体系研究》，硕士论文，电子科技大学，2011，第90页。

院实训基地由政府提供土地,企业投入资金和设施并收取一定费用,既缓解了政府投资压力,又为企业开辟了一条投资公共服务事业、获取稳定收益的新渠道。

PPP模式同样具有混合所有制学校的某些特征。在本书后文中,我们将重点介绍公私合作伙伴关系PPP模式应用教育领域混合所有制探索及风险。

六　委托代理（包括转制）模式

委托代理模式是指受托学校将学校管理事务权力交给委托学校或机构,由更具有专业能力的委托学校来管理受托学校,从而提高受托学校的管理效益。受托学校的办学体制、教师编制、收费标准、经费投入等保持不变。委托代理模式最早可以追溯到2004年上海浦东新区将濒临倒闭的公办学校委托给独立的社会教育管理机构管理,并取得显著成效。在职业教育领域,民办职业院校委托管理公办职业院校也有相关案例。例如,齐齐哈尔工程学院(混合所有制)委托管理甘南县职教中心(公办职业学校),通过委托代理模式,构建多元的产权结构,实现国有资本的保值与增值,建立灵活的激励制度,为公办职业学校带来办学活力与效率,提升办学质量。与此同时,公办学校也可以委托管理民办学校。例如,厦门理工学院(公办学校)委托代理厦门软件职业技术学院(民办学校),通过委托代理,改革学校产权结构,实现师资、硬件设备等方面的教学资源共享,厦门理工学院校长兼任厦门软件职业技术学院理事长。

笔者认为,公办、民办学校互相委托管理方式中不同所有制的受托方,实际上是以无形资产的形式投入学校运营。因此,也应看作是广义的混合所有制学校的一种模式。

另外,在20世纪末到21世纪初期10多年的改革过程中,我国出现了部分公办学校转制类学校,这些学校有时也被称为"改制学校""民办公助学校""国有民办学校"等。其共同特点是,学校资产仍归国有,但政府赋予更多的办学自主权,同时停止或逐渐停止财政拨款,学校自筹经费、自负盈亏。但不同学校改制的背景、方式和目的还有很大差别。概括起来,至少有以下几种类型:一是薄弱校依托名校转制,二是小区新建配套校"转制",三是撤并学校"转制"。不仅在基础教育阶段出现转制类学校,而且中等学校和高等学院也出现了转制学校。比如,1998年11月,浙江省政府做出决定将具有50年历史的公立高等学校浙江农村技术师范专科学校"转制"交由浙江省万里教育集团承办,改名为浙江万里学院。但随着转制学校的大量出现,一些负面批评声音不断。2003年《民促法》明确规定"实施义务教育的公办学校不得转为民办学校",转制学校出现了合法危机,转制受到了限制。

笔者认为,这些转制类学校带有混合所有制办学的某些特征,可以视为一种委托管理类型,即政府委托社会力量(包括学校管理者或教职工)管理。但在具体实施操作中,部分学校由于过多看重"收费"而非办学体制机制创新,同时政府责任没有充分体现,出现的负面影响得不到及时解决,导致"失败"。其合法性重建在于能否通过规范化的混合所有制办学模式证明自身在促进教育公平、提高办学绩效、履行公共责任方面的意义。

第三节 我国教育领域探索和发展混合所有制的"三层次"

一 学校层面的混合所有制办学

一般情况下,由两个或两个以上不同所有制性质的办学主体,参照股份制企业形式,以资金、实物出资或以无形资产等折价"入股",共办具有独立法人资格的学校,且按"股权"大小或协议约定,参与学校决策、管理及"剩余"分配。

(一)企事业单位与个人共建股份制教育公司

在公司层面,"股本金"按标准量化到人,投资者凭借其所持有的"股份"大小,享有相应的股东权利;教育公司则根据每一个会计年度的财务结余情况,给予股东分红派息,完全是企业化运作。这种办学模式,由于产权明晰、利益均沾、风险与共,有效调动了社会力量办学的积极性,但同时也存在办学动机功利化、办学行为短期化等问题。

(二)公办高校与社会力量合作举办独立学院

这一模式肇始于 2000 年前后公办高校所试办的按民办机制运行的二级学院,后统一规范称为"独立学院"。独立学院作为中国高等教育办学体制创新的产物,是由公办大学与社会组织或个人合作利用非国家财政性经费举办的一种新型办学模式,既充分利用了公办高校的资源优势、师资优势、管理优势,又充分发挥了民间资本的资金优势、机制优势、市场优势,企业负责投资建设独立的校园、校舍,投资购置办学设备及各项硬件办学条件,公办大学负责教学管理和教学组织,从办学伊始就实现了高起点、跨越式发展。一般公办高校以品牌及知识产权等无形资产"入股",社会力量则投入资金或实物,双方按照有关规定组建治理结构,并按约定比例参与剩余分配。双方按照协议约定,共同参与学校治理,履行各自义务职责,分享相应权利权益。作为特定阶段兴起的一种高等教育形态,应该说独立学院的快速发展,为加快推进我国高等教育大众化进程做出了积极贡献。[①]

(三)国有资本与社会资本合作举办职业院校

不同属性的资本混合新建职业院校,如 1999 年海南省教育厅、海口农工贸股份有限公司、海南广播电视大学三方签订协议,通过政府入股、企业投资形式筹建海南职业技术学院,并按出资比例享有相应权益。在原有单一举办者的职业院校中引入不同属性的资本,如 2012 年民办南通紫琅职业技术学院,引入江苏教育发展投资中心(系省教育厅直属单位)1 000 万元资金,作为国资参股办学,出资占比为 5%。后经

① 董圣足:《教育领域探索"混合所有制"内涵、样态及策略》,《教育发展研究》2016 年第 3 期,第 52-56 页。

批准,该校被登记为事业单位法人,并升格为普通本科院校。总的看,这一类型的"混合"办学,由于兼具政府资源和市场优势,其在实践运行中也表现出较强的生命力。

二 二级学院(系)层次的共建学院(专业)类办学

此类办学多为公立学校与民间力量或境外教育机构之间所进行的合营或合作办学,虽一般不涉及产权交割,但其主要形式是校企合作建立基于产业发展的二级产业学院。

校企双元主体可以通过平台的建设不断创新办学体制以及人才培养模式,充分发挥企业的资源优势与高职院校的人才优势,共同推进人才的培养以及技术的进步。从发展历程看,最初的产业学院源起于英国,由英国的教育以及就业部门共同举办,并在2000年得到了成功实践。国内部分公办职业技术学院为了进一步与行业企业加强联系,主动贴近市场,了解行业企业现实需求,经过与行业企业深入洽谈,双方达成在二级学院层面共同举办混合二级学院。典型代表有无锡职业技术学院与华飞航空集团有限公司共同组建的华飞航空学院;广东工程职业技术学院与迅达电梯洽谈合作,同意由双方共同出资,或者投入技术、技能、知识、管理等要素,共同组建具有混合所有制性质的二级学院。

但目前由于体制的问题,职业院校与企业共建的二级产业学院的核心问题是目前二级学院的法律地位较为模糊。法律地位方面的问题严重制约了二级学院的进一步发展。体制方面问题的有效解决,才可以使得二级学院能够对教学、管理等方面实现独立运行,可以减少某一个投资方对运行过程的随意干涉,从而降低对二级学院运行效果的损害。这类办学模式可能遇到的问题是,企业往往是以营利作为目的,希望能够借助二级产业学院在人才培养的同时实现营利,但这与公办院校的办学目标容易产生冲突。

三 其他项目合作类层次的混合办学

这一类型的实践探索,多为教育领域不同所有制主体之间所进行的一种生产要素上的优化重组,或者是在不改变产权形态下的一种经营管理权的受让,不是严格意义上的"混合所有制",实质是一种"公私合作伙伴关系"。

(一)PPP模式共建职业院校基础设施

公私合作伙伴关系(PPP)是政府与市场组织、非政府组织、个人合作提供公共产品的一种制度设计,20世纪90年代由英国率先提出,继而在西方发达国家和发展中国家广泛运用。教育领域公私合作伙伴关系是政府公共部门和社会资本建立合作关系,提供教育服务以促进教育发展的一种新模式。双方通过协议明确各自的权利和义务、风险和收益,典型模式有英国的私人融资计划、澳大利亚新南威尔士州的新学校项目、美国的特许学校和契约学校、菲律宾的学校领养计划等。当前发展混合所有制职业院校,可以借鉴 PPP 模式,公私联合开展职业院校图书馆、体育馆、实验室等校园项目建设,实现资源共享。如哈尔滨市职业技术学院实训基地由政府提供土地和师资,由企业投入资金和设施,收取学费收入,既缓解了政府投资压力,又为企业开辟了一条投资公共服务事业、获取稳定收益的新渠道。四川工业科技学院初迁到德阳市罗江县时,当地县政府以拆迁成本四分之一的低价提供学校建设用地650余亩,还投入2450万元在校园内共建图书馆、体育馆、体育场、军训基地等,这些场馆设施既为师生所用,又向市民开放。目前已有地方政府和职业院校借鉴公私合作伙伴关系(PPP)模式,共建图书馆、体育馆、实训中心、游泳馆等校园基础设施,不同程度采用了BOT、BOOT、BOO等多种合作模式,取得一定成效。例如,德阳市罗江县政府投入2450万元,在民办四川工业管理职业学院校内共建图书馆、体育馆、军训基地等,既为师生所用,又向市民开放。这种模式下,政府的投入并不以获利为目的,其产生的实际效应值得肯定。[①]

(二) 公办、民办院校之间相互委托管理

委托管理是指办学相对困难的学校将管理事务交给更具专业能力的机构,从而提高管理效益。受委托管理的学校,其办学体制、学校性质、经费投入、教师编制、收费标准不变。这一模式最早可以追溯到2004年上海浦东新区率先实行的委托管理,其将薄弱公办校委托给独立的社会教育管理机构管理,取得明显成效。在职业教育领域,民办职业学校委托管理公办职业学校已有探索。例如,民办高校齐齐哈尔工程学院委托管理公办的甘南县职教中心,构建了多元化的产权关系格局,既保证了国有资产的保值增值,又建立起灵活的激励制度,带来公办学校所不具有的办学活力和效率。除了民办院校委托管理公办院校,公办职业院校也可委托管理民办院校。例如,公办高校厦门理工学院入驻民办院校厦门软件职业技术学院,获得该校的控股权,双方签订协议,师资、设备等方面资源共享,厦门理工学院校长担任厦门软件学院理事会理事长。展望未来,公办、民办职业院校互相委托管理这一模式将在探索中进一步得到推广。一些办学相对困难的学校,将管理事务以合同形式委托给更具专业能力的教育机构,旨在提高管理效益。例如,民办齐齐哈尔工程学院接受委托,代管公立黑龙江省甘南县职教中心,前者选派管理团队进入后者,并植入先进的管理模式,有效盘活了后者的教育资源。

---

① 阙明坤:《职业院校探索混合所有制的有效形式》,《中国教育报》2015年3月26日第9版。

第五章　教育领域发展混合所有制的政策法律

《中共中央关于全面深化改革的若干重大问题的决定》指出，混合所有制经济是我国基本经济制度的重要实现形式，有利于各种所有制资本取长补短、相互促进、共同发展。事实上，混合所有制不是多种经济成分的简单合并，而是一种对市场主体内部产权结构的较高要求。我国在全面深化改革的过程中强调发展混合所有制经济，是基于政府对未来提供满足社会需要的公共产品能力的担忧。未来几十年间，中国政府将面临两大挑战：新型城镇化和人口老龄化，这两大挑战将会给政府财政带来巨大压力，完全依靠政府财政实现公共事业产品的供给几乎不可能。因此，国家提出发展混合所有制，就是为了将社会资本引入公共服务领域，通过公有资本和社会资本的有机合作，实现公共产品的有效供给。

在经济领域，混合所有制表现为公有资本和非公有资本的合作以期达到共赢的状态，在教育领域，混合所有制应当是公有资本和非公有资本的共同合作，以达到为社会提供更加灵活多样的教育资源的办学形式。经济领域的混合所有制是一种公有制的实现形式，其基本形态是公有资本和私有资本相结合，共同促进国家经济发展。在我国当下，结合的方式多为股份制，公有资本可以占主体也可以不占主体。经济领域的混合所有制的主要特征有两个：一是出资混合，即公有资本和私有资本的混合；二是收益按投资比例分配。教育领域的混合所有制更强调两点：举办主体和资本来源。除此之外，混合所有制的教育机构成立以后，其所面临的法律地位、法人属性、治理结构、产权归属、收益分配、监管方式等问题，在政策法律上仍然面临依据不足或无法可依的挑战。

第一节　教育领域发展混合所有制的举办主体

教育领域的混合所有制的实现，至少需要两个或两个以上的举办主体。并且，至少有一个举办主体所代表的所有制性质与其他主体不同。这样才能体现混合所有制的意图。从实践和法律来看，混合所有制的举办主体主要有以下几种。

一　国家机构

国家机构可以作为举办主体投资举办混合所有制学校,但根据相关的法律和政策,政府或国家机构投资举办一般应当授权相关机构或部门间接实施。

第一,根据我国《公司法》第64条第2款,"本法所称国有独资公司,是指国家单独出资、由国务院或者地方人民政府授权本级人民政府国有资产监督管理机构履行出资人职责的有限责任公司",国务院及地方人民政府等国家机构是可以对外出资的,但这种出资不是直接对外出资,而是必须授权国有资产监督管理机构履行出资人职责。

第二,根据我国《国有企业资产法》第5条"本法所称国家出资企业,是指国家出资的国有独资企业、国有独资公司,以及国有资本控股公司、国有资本参股公司"和第11条"国务院国有资产监督管理机构和地方人民政府按照国务院的规定设立的国有资产监督管理机构,根据本级人民政府的授权,代表本级人民政府对国家出资企业履行出资人职责。国务院和地方人民政府根据需要,可以授权其他部门、机构代表本级人民政府对国家出资企业履行出资人职责",政府不仅可以出资设立国有独资企业和国有独资公司,也可以国有资本控股或参股其他公司。其中,控股或参股的公司应当认定为混合所有制公司,否则就不能称之为"控股"或"参股"。但是,政府投资混合所有制公司并不能直接出资,必须授权各级国有资产监督管理机构或者其他部门、机构对外出资。

第三,2011年财政部、国家发改委下发的《新兴产业创投计划参股创业投资基金管理暂行办法》第4条规定:"参股基金由财政部、国家发展改革委共同组织实施。国家发展改革委会同财政部确定参股基金的区域和产业领域,委托受托管理机构开展尽职调查,审核确认参股基金方案并批复中央财政出资额度,对参股基金运行情况进行监督。财政部会同国家发展改革委确定中央财政出资资金受托管理机构,拨付中央财政出资资金,对受托管理机构进行业绩考核和监督。"2008年财政部下发的《国家农业综合开发投资参股企业国有股权转让管理办法》第2条规定:"本办法所称国有股权,是指农业综合开发投资参股经营试点过程中,省、自治区、直辖市、计划单列市财政部门(以下简称省级财政部门)授权资产运营机构,以中央和地方财政资金投入到投资参股企业形成的权益,以及依法认定为国家所有的其他权益。"根据以上规定,即使政府投资混合所有制公司,且已经授权给其他机构或部门履行出资人责任,相关部门也不是直接以本部门名义投资,通常会委托或授权给其他管理机构进行此项行为。

综上可以看出,在目前的政策法律体系框架下,政府不能直接对外出资,但可以使用国家财政性经费,通过其授权的部门或其他机构代表政府履行出资人责任。根据现有的法律法规,国家财政性经费的使用必须通过国家预算及财政支付体系完成,因此,政府或其他国家机构对外出资成立混合所有制学校不存在法律上的障碍。

二　国家机构以外的社会组织

国家机构以外的社会组织是混合所有制学校的中坚力量,根据所有制性质及社会组织形式的不同,可以将其分为如下几类:

(1)事业单位。即国家为了社会公益目的,由国家机关举办或者其他组织利用国有资产举办的,从事教育、科技、文化、卫生等活动的社会服务组织。参与混合所有制学校建设的事业单位一般是各种各类公办院校。

(2)国有企业。即国家出资企业,是指国家出资的国有独资企业、国有独资公司以及国有资本控股公司、国有资本参股公司。国有企业是公有制实现形式的典型代表。上述国有资本控股公司、国有资本参股公司在公司的所有制性质上已经具有了混合所有制公司的特征,若其参与举办教育,也能够体现国有资本在学校举办中的参与性。

(3)非公有制企业。即除了上述国有企业之外的普通企业法人,是利用非国家出资,具有民事权利能力和民事行为能力,依法独立享有民事权利和独立承担民事义务的经济组织体。其表现形式按照出资来源不同可以分为:独资企业、合伙企业、有限责任公司等。非公有制企业是我国社会主义市场经济的重要组成部分,是代表非公有制经济的主要力量。非公有制企业参与混合所有制学校的举办主要体现为非公有资本的参与性。

(4)社会团体。是指中国公民自愿组成,为实现会员共同意愿,按照其章程开展活动的非营利性社会组织。国家机关以外的组织可以作为单位会员加入社会团体。社会团体以会员为基本成员单位,其经费主要依靠会费、捐赠、政府资助等,财产高度独立。而且,由于其天生具有的非营利性特征,使得其在参与举办混合所有制教育机构时具有一定的政策优势。

三　个人

通常是具备完全民事行为能力和责任能力的自然人。我国《教育法》第 26 条明确指出"国家鼓励企业事业组织、社会团体、其他社会组织及公民个人依法举办学校及其他教育机构"。据此,公民个人也可以成为教育组织的举办主体。

第二节　混合所有制教育机构的法律地位

混合所有制教育机构的法律地位决定了其在社会生活中的角色。以不同的身份地位参与社会交往,行为主体的权利义务是不同的,这也就决定了行为的边界和限度。教育领域的混合所有制，多种性质主体的共同参与，使得最终成立的教育机构兼具公有和非公有的特征。问题在于，是否因为这种合作机制发生在教育这种极具公益性的领域内，加上又有公有资本的参与，就天然地使得最终成立的教育机构是一个公办事业单位呢？根据我国《民法典》第57条："法人是具有民事权利能力和民事行为能力，依法独立享有民事权利和承担民事义务的组织"的规定，我国将法人分为企业法人与机关法人、事业单位法人、社会团体法人，其中后三者称为非企业法人。那么，混合所有制教育机构应当以何种法人身份出现在社会上？这需要具体问题具体分析。

一 营利与非营利

混合所有制教育机构的营利性或非营利性对教育机构的法人身份选择具有关键意义。就目前情况看，全国各地在探索教育股份制或混合所有制改革的过程中，基本存在以下几种模式：公办民助、民办公助、委托管理、建设独立学院、中外合作办学、组建混合所有制教育集团等。这说明教育领域早就开始了将社会资本引进来的改革尝试，并且这种改革的范围已经从设施维护、学生接送、学校餐饮等非核心领域向学校教学和教育供给等核心服务领域扩展。

（一）营利与非营利的区别

我国《企业所得税法实施条例》第84条规定："企业所得税法第26条第4项所称符合条件的非营利组织，是指同时符合下列条件的组织：

1. 依法履行非营利组织登记手续；

2. 从事公益性或者非营利性活动；

3. 取得的收入除用于与该组织有关的、合理的支出外，全部用于登记核定或者章程规定的公益性或者非营利性事业；

4. 财产及其孳息不用于分配；

5. 按照登记核定或者章程规定，该组织注销后的剩余财产用于公益性或者非营利性目的，或者由登记管理机关转赠给与该组织性质、宗旨相同的组织，并向社会公告；

6. 投入人对投入该组织的财产不保留或者享有任何财产权利；

7. 工作人员工资福利开支控制在规定的比例内，不变相分配该组织的财产。"

由此可见，营利性组织与非营利性组织的划分标准，除了登记的类型之外，主要体现在：一是是否从事公益性或非营利性活动；二是财产及其收益是否向其成员分配。

教育领域的混合所有制几乎天然地具备教育的公益性特征，因此考察教育机构是营利性的还是非营利性的，关键要看收益是否向投资主体分配。如果办学收益在章程中约定了向投资主体按股权比例或以其他方法分配，则该机构就是营利性的。

如果办学收益不分配，而是继续投入教育事业中，则该机构就是非营利性的。

（二）混合所有制教育是否一定要成为非营利性组织

这是一个值得探讨的问题。在教育行业内部，具有混合所有制办学特征的地方探索早已出现，比如：企事业单位与个人共建股份制教育公司、公办高校与社会力量合作举办独立学院、国有资本与社会资本合作举办职业院校、在公办高校中引入社会力量共建二级学院、中外教育机构之间合作办学、PPP模式共建职业院校基础设施、公办和民办院校之间相互委托管理等。① 这些办学模式都符合了教育的公益性特征，我们重点需要考察的是收益分配问题。

以教育公司或教育集团面貌出现的混合所有制教育机构，虽然其从业领域在教育行业，但其本身的运行机制与经济领域的公司企业没有区别。在注册登记上，创始人也会考虑去注册为公司制。教育投资公司或集团可以再行投资建设非营利性的教育机构，但公私合作的教育集团本身仍然可以设置为营利性组织。总而言之，混合所有制这种所有制形式一开始就是在经济领域出现的，国家大力鼓励和倡导的重点也是在经济领域，其意图就是为了激发国企活力，增强国企竞争力。经济领域的合作必然是以成本—收益为基础，出资入股、收益分红是基本经济组织形态。因此，公司制的公私合作教育集团可以是营利性的。

PPP共建模式的公私合作是混合所有制的另一种体现。在PPP模式中，地方政府或公办学校与私有资本合作共建教育公共服务设施，如图书馆、体育场、游泳馆等，既满足了教育机构教学基本设施的需求，又面向市民开放，满足了市民的公共文化需求。在这种模式下，政府的投入不以获利为目的，而私有资本则可以从经营中获得利润，很难说这种模式是完全的非营利性的，其产生的实际效益不容小觑。

因此，混合所有制教育机构不一定全部都是非营利的，关键看是否分配办学收益。

（三）政府机构等参与混合所有制教育机构的举办是否与其社会公益目的相矛盾

这里要回答两个问题，第一，政府机构、事业单位等可不可以参与营利性经营组织？ 第二，如果可以，在哪些教育领域的范围内参与？

关于政府机构、事业单位可不可以参与营利性经营组织，根据我国现在的政策法规，结论是可以。政府机构本身就具有为国有资产保值增值的职能。我国《国有企业资产法》第11条规定："国务院国有资产监督管理机构和地方人民政府按照国务院的规定设立的国有资产监督管理机构，根据本级人民政府的授权，代表本级人民政府对国家出资企业履行出资人职责。国务院和地方人民政府根据需要，可以授权其他部门、机构代表本级人民政府对国家出资企业履行出资人职责。"可见，政府通过设立专门的国有资产管理机构对外代表政府投资，自然有营利的动机和需求。国家同样也

---

① 董圣足：《教育领域探索"混合所有制"：内涵、样态及策略》，《教育发展研究》2016年第3期，第52－56页。

给了事业单位设立营利性经营组织的权限。我国《事业单位登记管理暂行条例》第2条规定:"本条例所称事业单位,是指国家为了社会公益目的,由国家机关举办或者其他组织利用国有资产举办的,从事教育、科技、文化、卫生等活动的社会服务组织。事业单位依法举办的营利性经营组织,必须实行独立核算,依照国家有关公司、企业等经营组织的法律、法规登记管理。"可见,事业单位可以依法举办营利性组织。综上,政府机构和事业单位虽然是绝大部分社会公益事业的承担者,但其参与举办营利性组织在法律上没有障碍。

关于参与的范围,在现有的法律体系框架下,政府机构和事业单位参与举办教育领域的混合所有制教育机构是有限制的,主要表现为:

(1)出资限制。根据我国《教育法》第26条第4款"以财政性经费、捐赠资产举办或者参与举办的学校及其他教育机构不得设立为营利性组织"的规定,虽然政府机构和事业单位可以设立营利性教育机构,但不能使用国家财政性经费出资。但根据我国《公司法》第27条第1款"股东可以用货币出资,也可以用实物、知识产权、土地使用权等可以用货币估价并可以依法转让的非货币财产作价出资;但是,法律、行政法规规定不得作为出资的财产除外"的规定,在出资形式上,既可以有货币形式,也可以有实物、知识产权、土地使用权等多种形式。因此,政府机构、事业单位如果想与社会资本共同举办营利性混合所有制教育机构,则只能通过非货币财产作价出资,而不能使用财政性经费这种货币出资方式。但若举办的是非营利性的教育机构,则无此限制。

(2)类型限制。根据我国《民办教育促进法》第19条第1款"民办学校的举办者可以自主选择设立非营利性或者营利性民办学校。但是,不得设立实施义务教育的营利性民办学校"的规定,国家实行九年制义务教育的基本国策,为保障义务教育的质量和效果,不允许义务教育阶段出现营利性学校。因此,营利性混合所有制教育机构不能在义务教育阶段设立。除此之外,在学前教育、高中教育、课外辅导、技能培训等领域设立营利性混合所有制教育机构没有政策和法律上的障碍。但能否在学历教育层面设立营利性混合所有制教育机构,值得商榷。国民教育序列的学历是根据国家教育部下达的招生计划录取的学生,按教育主管部门认可的教学计划实施教学,学生完成学业后,由学校颁发国家统一印制的毕业证书和学位证书。营利性的教育机构由于存在着固有的"资本逐利性",在学历教育层面,很容易陷入枉顾教学质量而专于售卖文凭的境地,对我国的高等教育及人才培养的不良影响显而易见。

二　公办与民办

公办教育机构与民办教育机构的区别主要在于举办者和资金来源不同。在我国,国家是承担教育职能的主体。我国《宪法》第19条规定:"国家发展社会主义的教育事业,提高全国人民的科学文化水平。国家举办各种学校,普及初等义务教育,发展中等教育、职业教育和高等教育,并且发展学前教育。国家发展各种教育设施,扫除文盲,对工人、农民、国家工作人员和其他劳动者进行政治、文化、科学、技术、业务的教育,鼓励自学成才。国家鼓励集体经济组织、国家企业事业组织和其他社会力量依照法律规定举办各种教育事业。"《教育法》第 26 条规定:"国家制定教育发展规划,并举办学校及其他教育机构。"根据以上规定可见,国家是我国学校及其他教育机构的主要举办者。国家承担着国民教育的主要职能。这是由教育本身的特点决定的。教育是一种独特的社会系统,从教育系统的职能方面来说,其根本职能在于促进人类个体的社会化,以满足社会的存在与发展需求。意即,教育除了有满足个人发展的职能之外,对于整个国家的人力资源储备的意义也是重大的。因此,国家承担教育职能是其基本功能之一。

国家通过各级政府及教育行政管理机关,利用国家财政性经费,依照法定程序举办教育机构。这些教育机构通常以"学校"这种形式出现。这种学校的范围涵盖了从学前教育到高等教育,从学历教育到职业教育等各个教育阶段和过程。学校成立以后,接收各级政府及教育行政部门的监督管理,实行党委领导下的校长负责制,全面贯彻国家教育理念和教育政策,办学经费主要来源于国家财政拨款,注册身份为事业单位。这是最为典型的公办教育机构。

民办教育机构与公办教育机构在举办主体和资金来源上是不同的。根据我国《民办教育促进法》第 2 条"国家机构以外的社会组织或者个人,利用非国家财政性经费,面向社会举办学校及其他教育机构的活动,适用本法"的规定,我国对民办学校范畴界定的关键性标准应当为两个:一个是举办主体标准;一个是经费来源标准。即举办主体为非国家机构或政府性质的组织和个人,经费来源上主要是利用民间资金即非国家财政性经费举办的教育。[①] 在我国目前的法律体系下,登记为民办非企业单位(民办非企业单位:企业事业单位、社会团体和其他社会力量以及公民个人利用非国有资产举办的,从事非营利性社会服务活动的社会组织)。

这里,笔者仅讨论非营利性混合所有制教育机构的主体性质问题。混合所有制的教育机构在举办主体和资金来源上与上述公办和民办教育机构都有所不同。混合所有制学校的举办者至少包括一个国有机关、国有企业或事业单位,民办学校的举办者通常不具有国有背景,一般以非国有企业或个人的主体投资举办;从资金来源上说,混合所有制的举办出资应当包括国有资本,并且应当占到相当的比例,民办学校的出资通常是社会资金或市场化资金进入,不具有国有资产背景。是不是因此认为,混合所有制教育机构是既不属于公办学校,也不属于民办学校,而应当单独设立一个新的类别呢?

结合我国现有的法律规定和政策文件,以及目前我国已经出现的混合所有制教

---

① 张利国:《民办学校退出法律问题研究》,博士学位论文,西南政法大学,2013。

育机构的实践经验来看,没有必要单独设立一个新的教育机构类别。现有的法律框架也能够满足实践需求。具体做法上,应当以公有资本和私有资本的比例为标准,兼顾已有的教育机构性质,作出决定。

一般来讲,对于新成立的非营利性混合所有制教育机构,公私各方的出资比例直接决定了话语权的大小和利益倾向。如果新成立的机构中,公有资本占比较高,实际上体现了政府需求较强,在新的机构中话语权更大,提供公共服务的愿望更迫切,为顺利实现其目的,设置为公益性更加明显的事业单位是合适的。如果新成立的机构以私人资本为主,则公有资本的参与主要体现帮助、鼓励和监管的作用,出于建立现代学校制度的内在需求,扩大主办方办学自主权,减少行政干预,提高办学效率的目的,登记为民办非企业更为适合。实际上,为了鼓励民办教育的发展,我国《民办教育促进法》也规定了民办学校与公办学校具有同等的法律地位。民办学校的教师、受教育者等享有与公办学校同等的待遇。意即,虽然实践中民办学校囿于各种因素而不能享受到与公办学校同样的对待,但是,至少在法律上两者的地位是平等的。

如果是在已有教育机构的基础上,通过增资扩股、员工持股、股权转让等方式,公私资本相互渗透,实现"公办民助""民办公助"等形式的混合所有,则在不违反国家法律政策,未显著改变原有持股比例的前提下,仍以保持原本的法律性质为好。这主要是兼顾政策的持续性。

三 企业、事业单位、民办非企业

经过上述讨论,我们可以最终确定混合所有制教育机构的法律属性了。在考虑一个混合所有制教育机构应当处于何种法律地位时,逻辑进路如下:

首先考虑该机构是营利性还是非营利性机构。如果该机构为营利性机构,则必然产生投资——分红的过程,收益分配是该机构资本投入的天然要求。这时,无论该机构以何种面貌出现,其成立机制与内部运行机制与我国《公司法》规制的公司主体并无区别。也就是说,这其实是一个提供教育服务或生产教育产品的公司,出资方按照出资数量转化为公司股权,按照股权比例参与分红,以出资为限对外承担有限责任,公司具有独立的法人财产权。这时,新成立的机构应当按照我国《公司法》规定的程序注册成为企业法人。

如果该机构为非营利机构,则需要考察举办主体所代表的公私资本的数量。若国有资本占主体,则应当注册为事业单位法人,以充分体现其为社会提供更加丰富多样的教育资源,实现教育公平和教育大众化的"社会公益目的"。若私有资本占主体,则应当注册为民办非企业(法人)。这是为了尽可能地减少行政干预,保障民办教育主体的办学自主权,实现教育供给多样化。但无论是事业单位法人还是民办非企业(法人),在法律地位上应当是平等的,与公办教育机构的待遇应当是相同的。

四　税收政策法律

我国目前尚无专门针对混合所有制教育机构的税收法律,有关的税收政策和规定散见于其他相关的税收条文中。对教育机构征税存在着一点逻辑上的悖论,但从社会实际来看,征税的确广泛存在。应不应该征税、在何种范围内征税、征税的幅度应该怎样确定,这是一个需要稍做解释的问题。

(一)征税本身的几个问题

首先从教育本身说起。教育是一种非常特殊的社会活动。从世界主要国家的宪法规定来看,几乎所有的文明国家都规定了公民的受教育权,并把它作为了一项公民的基本权利。除了这是人类从愚昧走向文明的必经之路外,更重要的原因在于公民的受教育程度与国家的进步和发展密切相关。人力资源储备优势对国家的经济发展和科技进步的作用极为重大。从教育的性质上讲,教育具有公共性特征,这是毋庸置疑的。教育产品具有较强的公益性特征,主要表现在教育不仅能够使受教育者获益,还能够使其他成员及整个社会获益,这体现了教育产品的正外部性。但是,教育产品并不是纯公共产品,即在一定范围内,教育具备一种非排他性特点,一个人接受教育并不影响其他人也接受教育;但超过了一定范围,教育的竞争性就会显现,意即教育具有有限的非竞争性。人们会为了更加优质的教育资源而产生竞争,这使得教育产品成为一种准公共产品。准公共产品通常是由政府与市场联合提供的,由政府保证准公共产品的非排他性,而由市场对竞争性进行调节。

无论是政府提供的教育,还是社会资本系统的教育,教育本身的特性没有改变。因此,无论是谁提供了教育产品,对整个社会而言都是有益的。也就是说,虽然民办教育和公办教育是两种不同的教育提供方式,但教育本身并没有因为其举办主体和资金来源不同而改变了它的公益性特征;相反,只要有人提供了教育产品,则对于整个社会的福利而言都是一种增加。

根据一般的社会规则,公益性越强的产品,越应该由政府来提供或者提供支持。但教育作为一种准公共产品,通常是由政府与社会资本共同提供。政府直接供给源于政府的天然职能,意即,通过向社会征税获得资金而提供公共产品。社会力量供给教育产品的动机则并非出于义务承担,而是有各种复杂的需求。现阶段,社会资本投入教育越来越呈现出一种多元化的发展趋势,既有完全的公益性捐资办学,更有谋求现实利益的投资办学。新修订的《教育法》删除了关于"任何组织和个人不得以营利为目的举办学校及其他教育机构"的规定,《民办教育促进法》同时规定了"民办学校的举办者可以自主选择设立非营利性或者营利性民办学校。但是,不得设立实施义务教育的营利性民办学校。非营利性民办学校的举办者不得取得办学收益,学校的办学结余全部用于办学。营利性民办学校的举办者可以取得办学收益,学校的办学结余依照公司法等有关法律、行政法规的规定处理"。可见,我国现行法律规定已经区分了民办教育的营利与非营利性质,并且针对不同性质的民办教育给予不同的政策对待。

因此,根据教育产品本身的特点和我国的法律法规,对教育产品的征税应当首先从营利与非营利的性质上进行区分。也就是说,不管是公办教育还是民办教育,只要其从事了营利性经营活动,则必须对其营利活动所得进行征税。除此之外,在非营利的情况下,公办教育其本身由国家利用财政性经费提供,因而不应当再次征税;民办教育虽然由民间组织和个人利用非国家财政经费举办,但因其以公益性特征为主体,又不以营利为目的,在教育的实现效果上与公办教育并无二致,应当通过国家的减税或免税等税收优惠政策予以鼓励。在税收优惠的幅度上,应当与公办教育享受同等的税收待遇。

(二)目前我国法律对教育领域的税收规定

我国法律对教育业的收税种类大概有如下几种:增值税、城市维护建设税、教育费附加、企业所得税、房产税及城镇土地使用税、车船使用税、印花税、个人所得税等。

1. 增值税

从 2016 年 5 月 1 日起,国家在全国范围内全面推开营业税改征增值税的试点,在"生活服务"类应税行为中,"教育服务"被纳入了增值税征税范畴。但是,国家仍然延续了对教育行业的鼓励和支持政策,在相关的文件中仍然规定了教育领域的税收优惠政策。

《销售服务、无形资产或者不动产注释》规定:"教育服务,是指提供学历教育服务、非学历教育服务、教育辅助服务的业务活动。学历教育服务,是指根据教育行政管理部门确定或者认可的招生和教学计划组织教学,并颁发相应学历证书的业务活动。包括初等教育、初级中等教育、高级中等教育、高等教育等。非学历教育服务,包括学前教育、各类培训、演讲、讲座、报告会等。教育辅助服务,包括教育测评、考试、招生等服务。"我国教育领域的增值税征收范围几乎涵盖了整个教育领域,包括公办和民办,也包括学历教育、非学历教育和教育辅助服务。

《财政部　国家税务总局　关于全面推开营业税改征增值税试点的通知》(财税〔2016〕36 号)规定:"提供教育服务免征增值税的收入,是指对列入规定招生计划的在籍学生提供学历教育服务取得的收入,具体包括:经有关部门审核批准并按规定标准收取的学费、住宿费、课本费、作业本费、考试报名费收入,以及学校食堂提供餐饮服务取得的伙食费收入。除此之外的收入,包括学校以各种名义收取的赞助费、择校费等,不属于免征增值税的范围。学校食堂是指依照《学校食堂与学生集体用餐卫生管理规定》(教育部令第 14 号)管理的学校食堂。"

上述规定区分了学历教育和非学历教育,提供学历教育服务者可以享受在指定范围内享受免征增值税的待遇,而非学历教育举办者则不享受此待遇。同时,这一规定并没有区分公办或民办,体现了国家对公办教育和民办教育在此领域的一视同仁。

同样，上述财税〔2016〕36 号文件规定："公办托儿所、幼儿园免征增值税的收入是指，在省级财政部门和价格主管部门审核报省级人民政府批准的收费标准以内收取的教育费、保育费。民办托儿所、幼儿园免征增值税的收入是指，在报经当地有关部门备案并公示的收费标准范围内收取的教育费、保育费。超过规定收费标准的收费，以开办实验班、特色班和兴趣班等为由另外收取的费用以及与幼儿入园挂钩的赞助费、支教费等超过规定范围的收入，不属于免征增值税的收入。"

可见，对学前教育领域增值税征收，区分了公办和民办。公办学前教育免税的标准是"经省级部门批准的收费标准以内收取"的教育费、保育费；民办学前教育免税的标准是"当地部门备案并公示的收费标准范围内收取"的教育费、保育费。这其中的差别在于，此条目并未区分民办学前教育的营利与非营利性质，因此，即使是营利性民办学前教育，其教育费、保育费的征收标准适用市场调节、自主定价，只要去当地有关部门备案并公示了，则国家免收此定价范围内的增值税。这体现了国家对学前教育的扶持和对民办学前教育的鼓励。但是，无论是公办还是民办的学前教育，超出规定收费标准的其他费用收入，都应当征收增值税。

同样，根据上述财税〔2016〕36 号文件规定："政府举办的从事学历教育的高等、中等和初等学校（不含下属单位），举办进修班、培训班取得的全部归该学校所有的收入可以免征增值税。全部归该学校所有，是指举办进修班、培训班取得的全部收入进入该学校统一账户，并纳入预算全额上缴财政专户管理，同时由该学校对有关票据进行统一管理和开具。举办进修班、培训班取得的收入进入该学校下属部门自行开设账户的，不予免征增值税。"

《财政部　国家税务总局　关于教育税收政策的通知》（财税〔2004〕39 号）规定："对政府举办的职业学校设立的主要为在校学生提供实习场所、并由学校出资自办、由学校负责经营管理、经营收入归学校所有的企业，对其从事营业税暂行条例'服务业'税目规定的服务项目（广告业、桑拿、按摩、氧吧等除外）取得的收入，免征营业税和企业所得税。"

可见，在教育领域"举办进修班、培训班、校办企业"等获得的收入，要免收增值税必须具备以下条件：政府举办的教育机构；从事学历教育；收入归学校所有。即只有公立的从事学历教育的教育机构举办进修、培训、校办企业等获得的收入全部进入学校统一账户的情况下，才可以免收增值税。那么，对于民办的非营利的教育机构，如果也举办了进修、培训、校办企业等活动且获得的收入也纳入学校统一账户，是不是也应当免征增值税呢？显然，此项政策未考虑到民办非营利教育机构在此条件下的免税需求。

综合我国增值税征收办法在教育领域的规定可见，在教育收入最大比例的学费、住宿费、伙食费等方面，免征增值税的范围不区分公办和民办，但是区分学历教育和非学历教育，非学历教育不享受此项税收优惠；在学前教育领域，国家对公办和民办学前教育一视同仁；在进修、培训收费征税方面，除公办学历教育机构以外，其他教育机构的进修、培训收入都要征收增值税。这实际上基本符合了目前我国教育领域的从业现状：营利性民办教育机构主要从事的就是进修、培训等教育活动，几乎不涉及学历教育领域，因此，其获得的营业收入全部要征收增值税，这和对企业经营性收入征收增值税没有区别；政府仍然承担了大部分的教育供给，除了在政府设立的公办教育机构中利用资源优势举办的进修、培训以外，很少开设营利性培训机构，因此，对大部分的公办教育收入所得免征增值税；非营利性民办教育只享受提供教育服务获得的学费、住宿费、书本费、伙食费等收入的免征增值税优惠，其他进修、培训费用则应当征收增值税。

2. 企业所得税

根据我国《企业所得税法》"在中华人民共和国境内，企业和其他取得收入的组织（以下统称企业）为企业所得税的纳税人，依照本法的规定缴纳企业所得税"以及《企业所得税法实施条例》第 3 条"企业所得税法第二条所称依法在中国境内成立的企业，包括依照中国法律、行政法规在中国境内成立的企业、事业单位、社会团体以及其他取得收入的组织"的规定，企业所得税不仅仅有企业纳税人，还有其他取得收入的组织，包括事业单位。目前我国居民企业所得税的税率为 25%。

（1）营利性教育机构的企业所得税：从企业所得税设置的本身来看，《企业所得税法》第 6 条规定"企业以货币形式和非货币形式从各种来源取得的收入，为收入总额"；《企业所得税法实施条例》第 6 条规定"企业所得税法所称的所得，包括销售货物所得、提供劳务所得、转让财产所得、股息红利等权益性投资所得、利息所得、租金所得、特许权使用费所得、接受捐赠所得和其他所得"；《企业所得税法》第 26 条第 4 项所称符合条件的非营利组织的收入，不包括非营利组织从事营利性活动取得的收入，但国务院财政、税务主管部门另有规定的除外。营利性教育机构本身就具备了企业法人的性质，其机构设置主要以营利为目的，而公益性较为次要，因此不享受与非营利组织相同的税收优惠，其企业所得税的征税标准按照一般企业标准执行。

（2）非营利性教育机构的企业所得税：在有关教育机构的企业所得税的规定中，《企业所得税法》第 26 条规定"符合条件的非营利组织的收入免税"用一个条文涵盖了大多数非营利教育机构，既包括公办教育，也包括民办教育。

第一，什么是非营利组织。《财政部　国家税务总局　关于非营利组织免税资格认定管理有关问题的通知》财税〔2018〕13 号："依照本通知认定的符合条件的非营利组织，必须同时满足以下条件：

（一）依照国家有关法律法规设立或登记的事业单位、社会团体、基金会、社会服务机构、宗教活动场所、宗教院校以及财政部、税务总局认定的其他非营利组织；

（二）从事公益性或者非营利性活动；

（三）取得的收入除用于与该组织有关的、合理的支出外，全部用于登记核定或者章程规定的公益性或者非营利性事业；

（四）财产及其孳息不用于分配，但不包括合理的工资薪金支出；

（五）按照登记核定或者章程规定，该组织注销后的剩余财产用于公益性或者非营利性目的，或者由登记管理机关转赠给与该组织性质、宗旨相同的组织，并向社会公告；

（六）投入人对投入该组织的财产不保留或者享有任何财产权利，本款所称投入人是指除各级人民政府及其部门外的法人、自然人和其他组织；

（七）工作人员工资福利开支控制在规定的比例内，不变相分配该组织的财产，其中：工作人员平均工资薪金水平不得超过税务登记所在地的地市级（含地市级）以上地区的同行业同类组织平均工资水平的两倍，工作人员福利按照国家有关规定执行；

（八）对取得的应纳税收入及其有关的成本、费用、损失应与免税收入及其有关的成本、费用、损失分别核算。"

同时符合了上述条件的组织才能够被认定为非营利组织，免征企业所得税。

第二，在何种范围内免税。2009年，《财政部　国家税务总局　关于非营利组织企业所得税免税收入问题的通知》（财税〔2009〕122号）发布，明确了符合条件的非营利组织企业所得税免税收入范围为："非营利组织的下列收入为免税收入：（一）接受其他单位或者个人捐赠的收入；（二）除《中华人民共和国企业所得税法》第七条规定的财政拨款以外的其他政府补助收入，但不包括因政府购买服务取得的收入；（三）按照省级以上民政、财政部门规定收取的会费；（四）不征税收入和免税收入孳生的银行存款利息收入；（五）财政部、国家税务总局规定的其他收入。"

《财政部　国家税务总局　关于教育税收政策的通知》（财税〔2004〕39号）也对企业所得税的范围作出了规定："……5.对政府举办的高等、中等和初等学校（不含下属单位）举办进修班、培训班取得的收入，收入全部归学校所有的，免征营业税和企业所得税；6.对政府举办的职业学校设立的主要为在校学生提供实习场所、并由学校出资自办、由学校负责经营管理、经营收入归学校所有的企业，对其从事营业税暂行条例"服务业"税目规定的服务项目（广告业、桑拿、按摩、氧吧等除外）取得的收入，免征营业税和企业所得税；……9.对高等学校、各类职业学校服务于各业的技术转让、技术培训、技术咨询、技术服务、技术承包所取得的技术性服务收入，暂免征收企业所得税；10.对学校经批准收取并纳入财政预算管理的或财政预算外资金专户管理的收费不征收企业所得税；对学校取得的财政拨款，从主管部门和上级单位取得的用于事业发展的专项补助收入，不征收企业所得税。"

综上可见，对公办教育而言，除了财政性经费、国家拨款、行政事业性单位收费不征收企业所得税之外，对于其他的收入，只要能够保证将举办进修班、培训班、校办企业（高等学校和职业学校，下同）等取得的收入纳入学校账户统一管理，也可以免征企业所得税。因企业所得税税率较高，这体现了国家对公办教育的毫无保留地支持。

而对于民办教育而言，国家在企业所得税上的支持力度明显有所保留。非营利性民办教育机构收取的学费、住宿费、伙食费等不征收增值税，但并未规定不征收企业所得税，而这些收入符合了企业所得税的征税范围。这意味着，民办教育机构，无论是营利还是非营利，其所取得的学费收入都应当缴纳企业所得税。很明显，这对于民办教育而言是一个极大的负担。出于公益性和非营利性的基本性质，国家应当对非营利性民办教育机构加大税收优惠，学费、住宿费、伙食费等应当纳入企业所得税免税优惠清单，在进修、培训、校办企业等问题上，同等条件下也应当给予同样的税收优惠待遇。

第三，是否一定免税。《财政部　国家税务总局　关于非营利组织免税资格认定管理有关问题的通知》（财税〔2018〕13号）中，根据其之四"非营利组织免税优惠资格的有效期为五年。非营利组织应在期满后六个月内提出复审申请，不提出复审申请或复审不合格的，其享受免税优惠的资格到期自动失效"和之五"非营利组织必须按照《中华人民共和国税收征收管理法》（以下简称《税收征管法》）及《中华人民共和国税收征收管理法实施细则》（以下简称《实施细则》）等有关规定，办理税务登记，按期进行纳税申报。取得免税资格的非营利组织应按照规定向主管税务机关办理免税手续"的规定，可见无论是公办教育机构还是民办教育机构，只有经过法定的认证程序，进行纳税申报、取得免税优惠资格、办理免税手续后才可以享受免税政策。

总之，作为我国税率最高的两个税种（增值税和企业所得税）之一，国家对民办教育机构的税收优惠明显减弱。营利性民办教育机构因其资本的逐利性占主导，其组织性质上与企业并无二致，因此按照一般企业税收制度征税无可厚非；公办教育机构主要利用国家财政性经费运行，即使有提供服务、举办培训、校办产业等收入，只要一并纳入学校账户，归学校使用，即享受免征企业所得税待遇，这其实是国家履行服务职能的过程；非营利性民办教育机构则明显承担了与其功能不相称的高赋税，学费的企业所得税成为非营利民办教育机构发展的巨大负担。尽管有些地方政府针对本辖区内的非营利性民办教育机构作出了减免学费的企业所得税的规定，但政府应当在国家层面作出统一的指导。

3. 房产税、城镇土地使用税、印花税

对国家拨付事业经费和企业办的各类学校、托儿所、幼儿园自用的房产、土地，免征房产税、城镇土地使用税；对财产所有人将财产赠给学校所立的书据，免征印花税。

总之，未特别区分公办和民办、营利与非营利，一视同仁。

4. 耕地占用税、契税、农业税和农业特产税

对学校、幼儿园经批准征用的耕地，免征耕地占用税。享受免税的学校用地的具体范围是：全日制大、中、小学校（包括部门、企业办的学校）的教学用房、实验室、操场、图书馆、办公室及师生员工食堂宿舍用地。学校从事非农业生产经营占用的耕地，不予免税。职工夜校、学习班、培训中心、函授学校等不在免税之列。总之，区分

了全日制与非全日制、农业生产经营与非农业生产经营。非全日制学校和从事非农业生产经营占用的耕地，不予免除耕地占用税。

国家机关、事业单位、社会团体、军事单位承受土地房屋权属用于教学、科研的，免征契税。用于教学的，是指教室（教学楼）以及其他直接用于教学的土地、房屋。用于科研的，是指科学实验的场所以及其他直接用于科研的土地、房屋。对县级以上人民政府教育行政主管部门或劳动行政主管部门审批并颁发办学许可证，由企业事业组织、社会团体及其他社会和公民个人利用非国家财政性教育经费面向社会举办的学校及教育机构，其承受的土地、房屋权属用于教学的，免征契税。总之，区分了公办和民办教育机构。民办教育机构免征契税的范围仅限于其承受的土地、房屋权属于教学用地，未表示科研用地也可以免征契税。

对农业院校进行科学实验的土地免征农业税。对农业院校进行科学实验所取得的农业特产品收入，在实验期间免征农业特产税。

5. 关税

对境外捐赠人无偿捐赠的直接用于各类职业学校、高中、初中、小学、幼儿园教育的教学仪器、图书、资料和一般学习用品，免征进口关税和进口环节增值税。上述捐赠用品不包括国家明令不予减免进口税的 20 种商品。其他相关事宜按照国务院批准的《扶贫、慈善性捐赠物质免征进口税收暂行办法》办理。

对教育部承认学历的大专以上全日制高等院校以及财政部会同国务院有关部门批准的其他学校，不以营利为目的，在合理数量范围内的进口国内不能生产的科学研究和教学用品，直接用于科学研究或教学的，免征进口关税和进口环节增值税、消费税（不包括国家明令不予减免进口税的 20 种商品）。科学研究和教学用品的范围等有关具体规定，按照国务院批准的《科学研究和教学用品免征进口税收暂行规定》执行。

总之，区分了营利和非营利在关税优惠政策上的不同，对有偿捐赠、营利为目的进口限制更多。

（三）对民办教育捐赠的法律、税收政策

随着我国《民办教育促进法》的推进以及我国民间财富的逐步积累增加，捐资办学将成为未来民办教育办学的重要方式。但在目前我国的法律框架下，尚无对遗产税及赠与税的开征规定，这使得人们对遗产的处置更偏向于留给后代而不是捐赠给社会。除此之外，现有的关于捐资助学的法律规定也未能发挥鼓励捐赠的作用。

2001 年，《财政部 国家税务总局 关于纳税人向农村义务教育捐赠有关所得税政策的通知》（财税〔2001〕103 号）发布，规定："企事业单位、社会团体和个人等社会力量通过非营利的社会团体和国家机关向农村义务教育的捐赠，准予在缴纳企业所得税和个人所得税前的所得额中全额扣除。本通知所称农村义务教育的范围，是指政府和社会力量举办的农村乡镇（不含县和县级市政府所在地的镇）、村的小学和初中以及属于这一阶段的特殊教育学校。纳税人对农村义务教育与高中在一起的学校的捐赠，也享受本通知规定的所得税前扣除政策。"

2016 年，《财政部　国家税务总局　关于公益股权捐赠企业所得税政策问题的通知》（财税〔2016〕45 号）发布，规定："企业向公益性社会团体实施的股权捐赠，应按规定视同转让股权，股权转让收入额以企业所捐赠股权取得时的历史成本确定。企业实施股权捐赠后，以其股权历史成本为依据确定捐赠额，并依此按照企业所得税法有关规定在所得税前予以扣除。公益性社会团体接受股权捐赠后，应按照捐赠企业提供的股权历史成本开具捐赠票据。本通知所称公益性社会团体，是指注册在中华人民共和国境内，以发展公益事业为宗旨、且不以营利为目的，并经确定为具有接受捐赠税前扣除资格的基金会、慈善组织等公益性社会团体。本通知所称股权捐赠行为，是指企业向中华人民共和国境内公益性社会团体实施的股权捐赠行为。"

2016 年，《慈善法》修订并颁布实施，对慈善捐赠的方式、内容及税收优惠作出了规定。其第 35 条："捐赠人可以通过慈善组织捐赠，也可以直接向受益人捐赠"；第 36 条："捐赠人捐赠的财产应当是其有权处分的合法财产。捐赠财产包括货币、实物、房屋、有价证券、股权、知识产权等有形和无形财产"；第 80 条："自然人、法人和其他组织捐赠财产用于慈善活动的，依法享受税收优惠。企业慈善捐赠支出超过法律规定的准予在计算企业所得税应纳税所得额时当年扣除的部分，允许结转以后三年内在计算应纳税所得额时扣除。"

2017 年 2 月，全国人大常委会修订了《企业所得税法》第 9 条为"企业发生的公益性捐赠支出，在年度利润总额 12% 以内的部分，准予在计算应纳税所得额时扣除；超过年度利润总额 12% 的部分，准予结转以后三年内在计算应纳税所得额时扣除"。《企业所得税法实施条例》第 51 条："企业所得税法第九条所称公益性捐赠，是指企业通过公益性社会团体或者县级以上人民政府及其部门，用于符合法律规定的慈善活动、公益事业的捐赠"。

根据《个人所得税法实施条例》第 19 条的规定，此处所说的"个人将其所得对教育、扶贫、济困等公益慈善事业进行捐赠，是指个人将其所得通过中国境内的公益性社会组织、国家机关向教育、扶贫、济困等公益慈善事业的捐赠。

国务院、财政部和国家税务总局对于企业和个人对于某些特定非营利性组织和特定事项的捐赠，单独发文允许捐赠支出全额在企业所得税或个人所得税税前扣除。截至目前，允许捐赠支出全额扣除的文件已有 15 个（包括教育发展基金会等）。

总之，虽然我国政府在大力倡导对教育领域的捐赠，但从法律规定上来看，我国的捐赠效果不甚理想。首先，国家对企业和个人的捐赠额度虽然没有明确的绝对限制，但就税收规定而言，不鼓励超出应税额度的某个比例（企业年度总利润的 12%，个人应纳税额的 30%）。其次，国家对捐赠的渠道做了一定的限制，即捐赠只能通过中国境内的国家政府、机关、社会团体进行捐赠，在我国的慈善体系尚未完全建立，慈善等公益机构公信力不足的情况下,这其实是不能完全满足捐赠人的捐赠意愿的。国家限制捐赠的渠道,主要是防范出现通过假捐赠逃税的行为。这固然是国家严格控制捐赠行为的重要原因,但这种严格控制对教育经费的多元化来源十分不利。在这个问题上,严格控制并非最佳手段。

第六章 混合所有制背景下的教育融资问题

改革开放 40 多年来,我国经济社会持续高速发展,我国教育事业发展也取得了显著的成就。但由于我国人口规模巨大,尽管我国 GDP 达百万亿元,但人均 GDP 还较低,经费短缺仍然是制约我国教育事业发展的重大难题,教育投资规模还需不断扩大才能满足国家经济社会发展和人民群众接受教育(尤其是高质量教育)的需求。目前,我国教育事业的发展空间还很大,然而国家对教育的投资增长空间却是有限的。因此我国教育的发展除了依靠国家对教育的投资外,还应积极探索吸引民间资本的投入。随着经济社会的发展,我国民办教育取得了一些成绩,在缓解教育升学压力、促进教育大众化、满足社会发展对人才的需求、促进市场经济发展等方面作出了巨大贡献,对整个教育事业的发展起到了巨大的推动作用,已经成为我国教育体系不可或缺的组成部分。

改革开放以来,随着社会主义市场经济体制的建立和以公有制经济为主体、多种所有制经济的共同发展,在我国经济领域中,一种由公有资本(包括国有资本、集体资本)和非公有资本等多种经济成分并存、融合、重组而产生的新型混合经济发展模式已经形成,并对我国教育领域产生了深远的影响。近年来,各地通过公办院校引入社会资本、民办院校引入国有资本、不同资本合作兴办院校等多种途径,公办教育与民办教育相互融通,在教育办学体制上,逐步发展出一种新型体制的院校——混合所有制院校。

教育事业的规模化和高水平发展,有赖于充足的办学经费作支撑,卓有成效的资金筹措是实现教育事业可持续发展的关键所在。这里,将重点以"高等教育融资"作为研究对象,分析高等教育融资的现状,发现教育融资目前存在的主要问题,探讨在教育领域探索混合所有制对于教育融资的影响,并提出在混合所有制背景下应对教育融资难题的解决对策。

第一节 教育融资的理论基础

一 优序融资理论

关于融资的研究涉及很多方面,融资次序便是其中之一,而对其最先进行研究的便是戈登·唐纳森(Gerdon Donaldson)。他通过多年的观察得出,资本结构不是企业进行融资的决定性因素,企业更倾向于按照一定的偏好顺序进行融资:首先是内部融资,其次是外部融资,外部融资中先选择债务融资后选择发行股票。1984年,美国经济学家梅耶斯(Myers)和智利学者迈基里夫(Majiluf)对此进行了进一步的研究,他们在斯蒂芬·罗斯(Stephen Ross)研究的基础上,从信息不对称这一前提出发,根据信号传递假设创立了优序融资理论(Pecking Order Theory),也称啄食理论。

优序融资理论认为在信息不对称的前提下,经营者(内部人)比投资者(外部人)更了解企业投资和收益的实际情况。作为外部人,投资者只能根据经营者所传递的信息来重新评价他们的投资决策。企业的融资结构、股利政策等都是经营者传递信息的手段。假设企业为投资新项目必须寻找新的资金来源,为简化起见,这里只考虑举债融资和股票融资两种方式。由于经营者比潜在的投资者更了解投资项目的实际价值或者预期收益,如果项目的净现值为正数,说明项目具有较好的盈利能力,这时,发行新股就意味着要把新项目的投资收益转让给新股东,因此代表老股东利益的经营者更愿意选择举债融资的方式。投资者在知道经营者的这种行为模式后,自然会把发行新股当成一种坏消息,即认为发行新股意味着经营者对新投资的项目信心不足,在有效市场假设下,投资者会根据项目价值重新正确进行估价,从而影响投资者对新股的出价。总之,优序融资理论以非对称信息条件以及交易成本的存在为前提,认为企业的融资决策应根据成本最小化原则来依次选择不同的融资方式[①],即企业融资应首选内源融资,如果确实需要进行外源融资,也应首先选择债权融资而非股票融资。该理论考察了不对称信息对企业投资活动及融资方式的影响,有利于企业解决短期增量资金的融资问题,它对教育机构的融资行为也提供了一定的理论指导。

二 企业金融成长周期理论

20世纪70年代,韦斯顿(Weston)和布里格姆(Brigham)提出了企业金融成长周期理论;90年代,美国经济学家乔纳·伯杰(Jonah Berger)等人又对其进行了进一步的修正和补充。该理论认为,企业的发展通常会经历创立期、成长期、成熟期和衰退期四个阶段,在其发展历程中也普遍存在一个金融成长周期。随着企业资金的积累、规模的扩大以及信息透明度的提高,企业的融资需求和融资决策也会随之发生改变。在企业创立初期,由于规模小、缺乏业务记录和财务审计,企业信息是封闭的,因而外源融资的获得性很低,企业资金的来源主要是创业者的自有资金,资本化程度较低。当企业进入成长期,扩建厂房、引进设备、追求扩张使企业对资金的需求猛增,同时随着企业规模扩大,可用于抵押的资产增多,企业开始了初步的业务记录,信息透明程度有所提高,融资也开始由内源融资向外源融资过渡。在进入稳定增长的成熟期后,

---

① 鲁朝云:《我国民办高校融资方式研究》,硕士学位论文,暨南大学,2010。

企业的业务记录更加齐全,财务制度也趋于完善,逐渐具备进入公开市场发行有价证券的条件。由于通过公开市场可以获得可持续的资金来源,来自金融机构债务融资的比重下降,股权融资的比重上升,部分中小企业不断成长为大企业,投资回报也趋于平衡。总而言之,在企业成长的不同时期,随着财务信息透明度的不断提高、资产规模不断扩大,企业的融资方式和融资结构也随之发生变化。企业金融成长周期理论揭示了企业发展过程中资本结构的动态变化规律,教育机构可据此制定长期的融资规划,从而提高自身的融资效率。

第二节　我国教育融资的现状

所谓教育融资,是指一个教育机构筹集办学资金的行为与过程。在这个过程中,教育组织可以根据自身的发展状况、资金的拥有情形以及未来办学的发展需要,按照相应的方式和原则,从一定的渠道向投资者和债权人去筹集资金,组织资金的供应,以保证学校正常运行、科学发展需要的理财行为。教育融资的主要功能有教育资金筹措、融资渠道的选择、资本投资以及融资监管等,主要目的是用于学校长远发展、规模扩张、贷款偿还以及日常教学运行等。

一　我国教育融资的主要来源

我国教育融资的主要来源包括国家、社会和个人三个方面。国家来源主要包括国家财政性教育经费和除学杂费以外的事业收入投入;社会来源主要包括民办教育中的举办者投入和社会捐赠;个人来源主要是受教育者个人所交纳的学杂费。[①] 这几项融资来源之和占据了我国高等教育经费总收入的90%以上,相应统计数据较好地代表了国家、社会、个人对高等教育经费的分担比率(如表6-1所示)。

表6-1　2004—2011年我国高等教育融资的主要来源[②]

年份	国家		社会		个人	
	总额(百万元)	比率(%)	总额(百万元)	比率(%)	总额(百万元)	比率(%)
2004	124 263	59.08	2 163	1.03	71 031	33.77
2005	140 227	57.39	2 120	0.87	85 867	35.14
2006	165 360	59.41	1 949	0.70	90 607	32.55
2007	213 683	56.80	5 939	1.58	127 745	33.95

①② 王贤、李枭鹰:《中国高等教育经费来源的变化趋势》,《现代教育管理》,2014年第9期,第42-48页。

(续表)

年份	国家		社会		个人	
	总额(百万元)	比率(%)	总额(百万元)	比率(%)	总额(百万元)	比率(%)
2008	252 105	57.99	5 917	1.36	147 429	33.92
2009	281 713	58.90	5 949	1.24	159 391	33.33
2010	351 755	62.49	5 695	1.01	172 454	30.64
2011	469 597	66.89	7 675	1.09	186 236	26.53

二　我国教育融资的主要方式

我国教育融资的主要方式包括国家财政性教育经费、学费收入、民办学校中举办者投入、社会捐赠和银行贷款等。

(一)国家财政性教育经费

由于教育是典型的准公共产品,即它既具有个人产品的属性,又提高了全民整体的素质,为社会培养了人才,具有重要的社会效益,因此教育融资的核心方式应该是公共财政拨款。国家财政性教育经费主要包括公共财政预算安排的教育经费,政府性基金预算安排的教育经费,企业办学中的企业拨款,校办产业和社会服务收入用于教育的经费等项。《教育法》规定,国家财政性教育经费支出占国民生产总值的比例应当随着国民经济的发展和财政收入的增长逐步提高。各级人民政府教育财政拨款的增长应当高于财政经常性收入的增长,并按在校学生人数平均的教育费用逐步增长,保证教师工资和学生人均公用经费逐步增长。教育部、国家统计局、财政部发布的《2021年全国教育经费执行情况统计公告》显示,2021年全国教育经费总投入为57 873.67亿元,比上年增长9.13%。其中,国家财政性教育经费为45 835.31亿元,比上年增长6.82%。这是2012年实现4%目标以来,连续第九年超过4%。[①]

(二)学费收入

根据美国高等教育财政专家布鲁斯·约翰斯通提出的教育成本分担理论,教育成本应当遵循"利益获得原则"和"能力支付原则",由在教育中获得益处的各方分担,获得的益处越多,支付的费用越高,反之亦然。因此,受教育者缴纳学费就成为教育经费的重要来源。高校的学费主要指学校为学生提供教学服务所收取的款项和作为仪器和设备、图书资料、宿舍等一切物品使用补偿所收取的费用。自20世纪90年代末期以来,我国高校施行了向学生收费的培养机制。我国学费制度的产生源于成本分担理论,随着高等教育收费制度的快速推进,学费快速上涨,尤其是民办高校的学

[①] 见中国政府网站,《三部门发布2016年全国教育经费执行情况统计公告》,http://www.gov.cn/xinwen/2017-10/26/content_5234507.htm。

费标准,根据有关数据显示,以计算机科学与技术本科专业为例,同样专业的学费收取,民办高校平均高于公办高校 133%(如表 6-2 所示)。由于与公办院校相比,其无法获得较多的财政拨款,学费收入便成了民办教育最主要、最可靠的融资方式。

表 6-2　公办高校与民办高校"计算机科学与技术本科专业"学费数额比较①

高校信息	公办高校				
	北京理工大学	上海应用技术学院	南京邮电大学	西安电子科技大学	哈尔滨理工大学
学费(元/学年)	5 000	5 000	4 600	6 000	6 400
高校信息	民办高校				
	北京化工大学北方学院	上海杉达学院	南京正德学院	西安思源学院	黑龙江东方学院
学费(元/学年)	13 000	14 000	13 000	12 000	11 000

(三) 民办教育中的举办者投入

民办教育中的举办者投入,也就是所谓的民办企事业单位投资,是促进我国高等教育发展又一重要的经费来源。20 世纪 80 年代以来,伴随着我国私营企业的快速成长和发展,部分拥有卓识远见的实业家开始将投资的目光转向了民办高等教育领域,私营企业出资办学也成了一种重要的趋势。例如吉利集团于 2000 年在北京投资创办了北京吉利大学,并在 2001 年取得北京市人民政府和教育部正式批准的国家承认学历的普通高校的资质。随后这一发展模式被其他民办高校纷纷效仿。

事实上,一些民办高校直接由企业举办,所需的办学经费也全部或部分由企业提供。通常这类民办高校的起点较高,办学经费压力较小,企业还可为其提供部分必要的实验和实习条件,并具有吸纳部分毕业生就业等优势。通常企业投资办学模式的成功率较大,因此这种形式也成为目前发展高等教育的筹资形式之一。

(四) 社会捐赠

社会捐赠是指自然人、法人或其他社会团体自愿无偿地向某个群体或个人、公益性社会团体、公益性非营利单位等捐赠财产进行救助的活动,其中校友捐赠、基金会捐赠和商业捐赠是当前高校社会捐赠的主要来源。西方发达国家维持高等教育的发展普遍接受来自社会的民间资本,同样的,这种社会捐赠模式对促进我国高等教育的发展也具有十分重要的现实意义。改革开放以来,我国经济发展非常迅速,然而社会捐赠却十分匮乏。相比欧美发达国家的高等教育社会捐赠,我国高等教育捐赠形势不容乐观。高校主动积极争取社会捐赠的意识不强,社会上捐赠氛围也不浓厚,且社会捐赠数量少,并主要集中于知名高校(见表 6-3)。

---

① 嵇绍岭:《高等教育研究文库:中国民办高校社会营销研究》,上海交通大学出版社,2015。

表6-3　2016年中国大学社会捐赠排行榜前十名

名次	学校名称	所在地区	社会捐赠（亿元）	2016年办学类型、层次和等级		
				办学类型	星级排名	办学等级
1	清华大学	北京	101.82	中国研究型	7星级	世界知名高水平
2	北京大学	北京	67.65	中国研究型	7星级	世界知名高水平
3	汕头大学	广东	49.61	区域研究型	3星级	中国知名
4	上海交通大学	上海	44.83	中国研究型	6星级	中国顶尖
5	同济大学	上海	40.76	中国研究型	5星级	中国一流
6	湖南大学	湖南	28.32	中国研究型	4星级	中国高水平
7	浙江大学	浙江	27.67	中国研究型	6星级	中国顶尖
8	武汉理工大学	湖北	25.48	行业特色研究型	4星级	中国高水平
9	武汉大学	湖北	23.39	中国研究型	6星级	中国顶尖
10	南京大学	江苏	22.58	中国研究型	6星级	中国顶尖

（五）银行贷款

银行贷款也是高校筹集经费的途径之一。《教育法》规定："国家鼓励用金融、信贷手段,支持教育事业的发展。"因此,从银行系统贷款的方式筹集高校建设资金符合我国法律的规定。通过银行贷款,高校基础设施和教学科研设备等建设资金问题很大程度上得到了解决,高校教育建设资金短缺的压力得到了缓解。

自1999年开始,我国高校开始了连续且大规模的扩招,普通高校的招生人数年均增长约18.9%[①],高等院校的办学条件已经无法满足高等教育规模迅速扩张的需要,很多学校出现了设备不足、教室紧张和食宿条件拥挤等现象,有限的办学空间已经无法适应学生规模急剧扩大和学校现代化建设需要,而学费收入增长及财政拨款远远不能够支撑基础设施建设和投资。教育资源供需的严重失衡,迫使高校寻求通过银行系统贷款来弥补扩招和扩建过程中出现的资金缺口。在此前后形成的高校校园建设贷款的还款期限比较短,一般在3年或者5年,3年期贷款到期后,高校的还贷危机开始显露;5年期贷款还贷期的到来使得高校还贷危机表现得愈加明显。由于按期还贷困难,有的高校账户被银行冻结,有的高校卖地卖房用以还贷,甚至还有很多高校不得不采用继续贷款、以贷还贷的方式来维持学校的正常运行,这些都严重影响了学校的工作及其社会声誉。

此外,在实际操作中,银行贷款对高校差别对待。银行对公办高校有一定的政策倾斜,而民办高校想通过银行系统贷款却有很大的难度。国内只有少数几个省份的

---

① 蒋作斌:《理性认识和多方化解高校负债问题的思考》,《中国高等教育》2010年第2期,第25-28页。

民办高校可以向银行申请抵押贷款,且主要集中在陕西、江西、浙江等几个省份,而很多其他省份的民办高校靠贷款渠道获取的资金比例非常小,甚至不能直接向银行贷款。陕西、江西、浙江等几个省份之所以能够从银行获得更多的资金支持,与三省对民办高校的扶持政策以及民办高校与其所处区域的经济发展形成了良性互动有着很大关系。因此,在教育领域探索混合所有制,探索多元主体合作办学,有利于解决公办院校资金管理不善和民办高校贷款的困境。

(六) 学校经营创收

学校经营创收是在现代大学制度的基础上,通过资本经营等有效手段获取充足的办学资源、合理配置教育教学资源的系列活动,它的最终目标仍是提高教育质量和办学效率,满足社会对教育的需求。学校经营创收的主要形态包括学校合作经营、学校连锁经营、学校特色经营及学校租赁经营等。具体表现为学校可以充分利用人才、知识与技术的资源优势,充分发挥学校的社会服务职能,通过合作办学、人才培训、技术咨询、成果转让、资产租赁,以及创办校办企业等形式,运用市场机制和融资手段来筹集办学资金。

第三节 高等教育融资的国际比较

国际上较为成熟的高等教育融资模式主要有三种:美国模式、日本模式和英国模式[1],它们之间既拥有一定的共性,又存在一定的差异。

一 美国高等教育融资的特点

美国拥有开放的办学思想、健全的教育融资体制以及良好的服务意识,使得其拥有较完备的高等教育体系。

(一) 以政府为主体,多渠道融资

1958 年,美国为了取得在科学技术发展上的领先地位而颁布了《国防教育法》,法规采取各种措施以确保教育投入的增加,极大地推动了美国高校的建设和发展。因此,美国联邦政府在 20 世纪六七十年代对高等教育的投资出现了持续大幅度增加。70 年代末期,美国因为爆发了严重的经济危机,使得其对高等教育的财政支持力度开始减弱。但与此同时,美国社会各界开始参与到高校改革,并在财力、物力等各方面大力支援高校,逐渐形成了高等教育投融资主体多元化的局面。历经重大转变后,以政府为主体、多渠道融资的教育融资体制得以确立,主要的融资渠道包括政府投资、个人投资、捐赠基金收入及私人捐赠、学校自筹收入等,所筹资金维系了庞大的高等

---

[1] 王小兵:《教育发展中融资创新研究》,博士学位论文,中南大学,2011。

教育系统。

（二）高程度的市场化

20世纪末,世界各国高等教育领域出现了高等教育市场化的变革趋势。美国高等教育市场化的程度之高尤为显著。从美国大学的资金来源情况分析,学生的学费、社会的赞助和大学自筹的比例基本持平,且无论是公立学校还是私立学校,其资金的来源均有约22%来自销售和服务收入,这说明美国大学的科研成果转换能力非常强;无论是公立或私立,美国大学都可以得到财政资助;无论是私立还是公立,学生均需个人缴纳学费,只是比例有所不同而已。公立学校的融资中,各级政府提供了约51%的学校收入,约49%的份额为市场融资,其中仅19%为学费,而私立大学融资中,约17%为各级政府的投入,而市场融资高达约83%,其中高达42%是学费比例。这些数据足以说明美国高等教育市场化的高程度。

（三）以公办学校培养为主,公私互助

面向巨大的教育需求市场,美国公立、私立教育并举,相互促进,和谐发展。美国高等教育采取了政府与市场相结合的模式,推进以公为主,形成公立、私立、非营利和营利大学共同发展的办学格局,为公私发展的良性互动、良性竞争、共同提高教育质量奠定了制度基础。在美国高等教育发展中,美国综合研究型大学、州立大学及社区学院承担了高等教育普及的任务。公立大学,尤其是州立大学和社区学院在美国普及高等教育运动中发挥了极其重要的作用。而联邦政府和州政府在高校教育的责任主要表现在两个方面:一是做好教育的规划,制定相关政策以规范各类学校的办学行为;同时采取各种优惠政策,对国家有需要的专业以及贫困家庭进行资助,保障贫困生接受高等教育的平等权利。

二　日本高等教育融资的特点

日本大学主要可以分为三类:一类为国立大学,由国家直接投资管理,如东京大学;一类为公立大学,由地方自治体出资管理,如大阪市立大学;另一类为私立大学,由个人或者财团出资兴建并管理,如早稻田大学。[①]

（一）大学法人化

2005年,日本教职员工的权益保障法律由《公务员法》和《教育公务员特例法》转变为《劳动基准法》,出现了公立大学法人化、教职员工非公务员化的现象。稳定的公务员职业待遇及福利等诸多方面发生的改变,意味着公立大学在人员的聘任方面发生了深刻变化,公立大学也由此获得了独立的行政法人地位,无论是办学自主权还是裁量权都随之扩大。日本公立大学的法人化使大学管理层、科研层以及教学层的积极性和创造性得以充分激发,极大地增强了大学与社会的互动和联系,提高和改善了

---

① 王小兵:《教育发展中融资创新研究》,博士学位论文,中南大学,2011。

大学适应社会和市场的能力。

（二）注重大学的经营管理

大学的经营管理是日本公立大学办学的重要理念之一。大学经营管理并不是意味着乱收费，而是统筹并利用大学的各类资源，把大学教育作为一个产业来经营，通过增强大学的经营水平，避免人才教育中的浪费和盲目性，教职工的生活待遇得到改善，大学的凝聚力得到增强，培养学生对社会和市场需求的适应能力，使教育的社会效益和经济效益日益明显。

（三）强化政府责任

日本政府对高等教育的责任主要通过编制教育财政支出的国家预算以及根据不同的拨款标准对各类大学进行资助。国立大学教育融资渠道主要来源于国家税收，但要遵循《教育基本法》等有关法规，符合《大学设置标准》，才能获得政府拨发的日常经费资助，以维持学校正常运转。拨款标准视学校规模、办学质量及学术水平高低等因素而定。这样一来，政府的公共高等教育责任得以强化，也确保了地方公立大学教学经费财源。日本私立学校的融资主要靠学校法人提供的资产和学费收入，因此学费偏高。20 世纪 60 年代，日本私立学校数量迅速增加，规模不断扩大，导致私立学校办学经费严重短缺，财政上出现了巨大的困难，这也引起了日本国会和政府的高度重视，并于 1970 年成立了"私立学校振兴财团"计划，计划规定由政府注资，政策向私立学校倾斜，旨在提高和发展私立学校的待遇及私立教育的质量。目前，日本制定了很多振兴私学的国家政策，除了政府每年增加对私学的资助资金之外，通过振兴财团向私立学校提供长期的低利息的融资，另外，政府在税收上也对私立学校采取减免或优惠等待遇。这些政策旨在引导民办教育走向正规，加上整个社会、企业财团的大力赞助，日本私立教育得以健康发展。

三　英国高等教育融资的特点

（一）政府高度重视高等教育

英国政府高度重视高等教育并积极地参与到高等教育的每一次变革中。英国政府通过颁发相关法令提供良好稳定的社会环境以保障高等教育改革和发展。英国政府为高等教育的发展筹备了充足的资金，投入了大量的物资进行高等教育基础设施的建设，培养大批具有高素质的师资队伍，并对社会公众进行持久广泛的宣传活动，为英国高等教育的发展提供了良好的硬件和软件资源，促进了英国高等教育的顺利发展。英国的高等教育在学校自治、市场调节和国家政府干预的均衡状态下，实现了大学自主管理与国家政府调控的完美结合。英国政府高度重视高等教育是其发展的重要支持。

（二）市场竞争意识不断强化

20 世纪 80 年代后，随着社会和思想的进步，以市场化和私有化为特征的撒切尔主义开始进入英国高等教育这一社会公共事业领域。政府削减了大学的教育经费，降低了对英国高等教育的财政支出，市场化和私有化使英国高等教育暂时陷入财政困境。为了调动社会各阶层办高等教育的积极性，政府将市场机制引入到高等教育领域，具体的协商和订立合同取代了政府对高校的经费包干，政府把自己定位为高等教育的投资者，通过基金委员会与作为接受投资者的高等院校一起依据学生的数量、课程的设置、教学的质量以及科研水平等参数，就各院校应取得的投资数量进行协商和均衡。各院校为了获得更多的政府经费，学校之间也不得不展开激烈的竞争，由此也调动了各院校的教育积极性。20世纪90年代，英国政府更是将市场意识灌输到各高等院校，突出高校运作的市场化，强化了高等院校之间的良性竞争。[1]

（三）校企合作共同发展

随着科技的进步和社会的发展，高等院校逐渐意识到自身的发展必须依靠企业，两者可以实现优势互补，合作共赢。因此，各高校主动寻找与企业联手合作的渠道，充分利用企业的资金优势，与企业合作共建"创新开发"组织，推动高校科研的发展，提高高校的科研水平，加快基础理论研究成果和专利技术的转化，与此同时，给企业带来了丰厚的利润，这样就实现了双方优势互补、合作共赢的目的。高校还通过向企业提供理论培训、技术咨询等多种服务，获取相应的报酬，从而增加学校的收入。例如，从20世纪60年代开始的"CAD城"到20世纪80年代以来兴起的"剑桥通讯""剑桥药物""剑桥网络"等，都显示了剑桥大学在科技产业革命中的非凡成绩。[2] 这些不仅体现了校企合作共同发展的成果，也使高校明确了为企业和地方经济发展服务的职能，更为关键的是它还突出了科技创新对生命科学技术、生物医学技术、电子与计算机技术等领域科技产业革命的推动作用。

第四节　我国教育融资存在的主要问题

一　不同教育主体教育融资方式不平衡

我国高等教育基本形成了多渠道筹资办学的机制，办学经费来源主要有国家财政性教育经费、学费收入、民办学校中举办者投入、社会捐赠、银行贷款和学校经营创收等。多渠道筹资办学经费机制的初步形成、大量社会资金的引入，在一定程度上缓解了当前我国教育经费供给有限与教育需求扩大的突出矛盾，从而大大促进了我国高等教育的发展。与此同时，我们也应看到，高校的投融资形式多样，但实际上不同

---

① 薛晓燕、张向前：《英国高等教育发展及其启示》，《唐山学院学报》2009年第2期，第90－94页。
② 许青云：《英国高等教育的特点与启示》，《经济研究导刊》2012年第10期，第292－295页。

教育主体教育融资方式发展不平衡,公办教育经费过于依赖政府财政,而民办教育则过于依赖学费收入。尽管目前高等教育经费的主要来源是国家财政性教育经费,但是这笔经费主要投入的是公办院校,民办院校筹集来源仍以学费收入为主(如表6-4所示)。

表6-4 我国民办高校融资渠道(2008—2012年)[①]

年份	数据类别	杂费	举办方投入	捐赠	政府拨款	学校自营	其他	合计
2008	数值(亿元)	273.11	31.92	1.25	8.64	0.72	8.99	324.63
	百分比(%)	84.13	9.83	0.39	2.66	0.22	2.77	100
2009	数值(亿元)	362.65	30.17	0.96	16.54	1.41	7.22	418.95
	百分比(%)	86.56	7.20	0.23	3.95	0.34	1.72	100
2010	数值(亿元)	425.69	33.10	1.69	18.97	0.86	7.76	488.07
	百分比(%)	87.23	6.78	0.35	3.89	0.18	1.59	100
2011	数值(亿元)	481.60	26.96	1.23	26.74	0.85	8.42	545.8
	百分比(%)	88.24	4.94	0.23	4.90	0.15	1.54	100
2012	数值(亿元)	522.48	33.29	1.65	43.18	0.74	17.08	618.42
	百分比(%)	84.49	5.38	0.27	6.98	0.12	2.76	100

单纯依靠学费收入,以学养学的生存方式,势必会极大程度地限制民办高校的发展。办学经费是否充裕随招生情况的好坏而波动。当生源充足、招生情况好时,办学经费就相对充裕;一旦生源不足、招生形势严峻,学校就没有充足的资金,其发展就会变得举步维艰。学校为了维系发展,一方面会放松对学生的素质要求从而多招学生,一方面降低办学经费投入,从而导致办学条件得不到有效改善。因此民办高校在发展过程中,往往会陷入生源质量降低、办学经费短缺、办学条件不佳、办学质量下降的恶性循环之中。

二 教育融资方式落后

我国高校的融资渠道和融资方式一直处于传统和落后的状态,尤其是民办高校,办学资金主要来源于学费,即主要依靠收取学生的学费,通过以学养学、低成本扩张,也有学校借鉴企业发展经验,向银行贷款举债办学,一部分学费还贷滚动发展,这些极大地限制了民办高校融资的渠道。

近年来,虽然我们在努力实现融资渠道多元化发展,如在学费和信贷的基础上,有了企业投资、海外资本介入、社会和个人捐赠等渠道,但是有的渠道或方式筹集到

---

① 黄藤:《中国民办教育研究2016》,华东师范大学出版社2016年版。

的资金几乎为零,没有起到真正意义上运用这些融资渠道的效果。

融资方式是在现有的融资渠道基础上,采取各自不同的手段和方式,把不同渠道的资金筹集到学校来的一个过程。因此,融资方式本身具有非常灵活的特点,不同融资主体可以采取不同的融资方式从同一融资渠道取得资金。融资方式只是一种融资的手段和过程,完全可以利用一切可以利用的方式进行融资,比如美国营利性私立高校采取发行教育彩票、教育基金等市场化方式来筹集资金是非常成功的。近几年来,虽然很多学者大力呼吁融资渠道和融资方式多元化发展,也呼吁民办高校与资本市场以联姻的方式筹集资金,但实际上没有取得多大的成效。因此利用一切合法的手段进行灵活的融资是非常有必要的。相对来讲,在固有融资渠道的前提下,融资方式的灵活大胆创新是影响融资效果的关键所在。

三　学校内部缺乏有效的融资管理机制

高校的融资行为是一种复杂的活动,它需要基于一定的融资理论、运用科学的方法、选择适当的融资渠道、以合理的方式,科学地筹集高校发展所需要的资金。例如,为了使得融资活动能够健康有序地开展,美国的高校往往都设有专门的融资机构,专门负责学校的融资活动。美国高校筹集办学资金的行为具有较强的专业性,很多学者在此方面都有所研究,主要涉及高校如何建立信用、如何选择有效的融资运作模式、如何确定融资战略、如何聘用融资专家等。国内高校应结合自身的实际情况以及融资需求,认真分析融资方式的结构、各融资方式的特点、增减变化以及成本费用等,从而扩大融资渠道,提高融资能力。

第五节　混合所有制对于教育融资的意义

在教育事业快速发展、财政收入有限的情况下,探索混合所有制,有利于积极拓宽资金来源渠道,改革资金投入模式,创新资金管理理念,突破教育快速发展、财政资金投入不足的瓶颈,更好地满足社会多层次、多形式、多样化的教育需求,保障教育事业健康、持续发展。

一　有利于平衡教育融资结构

自从 2013 年《中共中央关于全面深化改革若干重大问题的决定》提出"积极发展混合所有制经济"、2014 年《国务院关于加快发展现代职业教育的决定》提出"探索发展股份制、混合所有制职业院校"以来,混合所有制办学体制改革就成为全国教育界热烈关注的问题之一。《民办教育促进法》第 2 条做出如此界定:"国家机构以外的社会组织或者个人,利用非国家财政性经费,面向社会举办学校及其他教育机构的活动,适用本法。本法未做规定的,依照教育法和其他有关教育法律执行。"混合所有制办学作为一种新的办学类型,有别于单纯的公办、民办院校。它的这种属性就注定了混合制教育组织的融资结构不会像单纯的公办院校、民办院校一样,集中于某一种融资渠道,而是实现国家、社会、个人资金来源的平衡。

▌二 有利于充分发挥财政资金的杠杆作用,撬动社会资本支持教育发展

在教育领域探索混合所有制,有利于改变政府包揽办学的单一模式,由直接买单变为间接引导,吸引更多社会资本支持教育事业的发展。教育领域探索混合所有制的形式多种多样,例如,截至 2016 年年底,青岛市已设立高等教育发展基金 100 亿元[①],以教育投资基金为切入点,引进国内外优质高等教育资源,并根据地区经济发展的需要和高校建设的要求,对驻青高校"市校共建"给予支持。教育领域对于资金的需求是多方面的,实验室、图书馆、新校区的建设都离不开资金的支持。近几年,很多学校都开始采用 PPP 模式吸引社会资本推进学校的发展建设。例如,台州第一技师学院 PPP 项目采用的是 BOT(建设—运营—移交)运作方式,即温岭市政府授权浙江省基础建设投资集团股份有限公司成立专门的项目公司负责浙江省台州第一技师学院的投资、建设及运营维护。政府方仅支付政府可用性付费和年度运营维护费,不另行支付其他费用。社会资本的全部投资及合理回报,均且仅通过政府付费(包括政府可用性付费和运营维护费)予以支付。12 年合作期满后,该公司应无条件将学校移交给政府。

▌三 有利于进一步拓宽融资渠道,使更多的社会资金流入教育系统

在教育领域探索混合所有制,可以使社会各界更好地了解我国教育事业的发展现状,引导、鼓励社会资本抓住政策机遇,为我国教育事业的发展提供各种支持,满足社会对各种教育资源的需求;与此同时,拓宽视野,在政策允许的范围内,创新融资方式,拓宽融资渠道,不断提高学校的融资能力和资金管理水平,突破我国教育融资难的瓶颈,促进教育事业健康快速发展。此外,教育领域发展混合所有制的同时,必须强化监管和风险防范,加强相关制度建设,最终实现公有资本和社会资本的互利共赢。

第六节　混合所有制背景下教育融资的对策

▌一 完善财政拨款机制,鼓励社会力量办学

鼓励和支持社会力量参与办学是改革开放以来国家发展教育事业的一项重大举

---

① 见青岛市教育局网站,《青岛市教育局举办融资讲座》,http://edu. qingdao. gov. cn/zfxxgkml/gzxx/202203/t20220311_4718342. shtml。

措,体现了国家办好社会主义教育事业的坚强决心。它不仅有利于调动社会各界参与办学的积极性,增加教育投入,扩大教育规模,提高教育质量,培养国家和地区经济建设急需的人才,而且还有利于改变政府包揽教育的单一模式,深化教育教学改革,形成以政府办学为主体、公办学校和民办学校共同发展的格局,不断满足社会各界对于各级各类教育的需求。然而目前政府财政拨款机制不合理,财政支持明显倾向于公办院校,导致民办教育融资渠道单一,严重影响了社会力量参与办学的积极性,不利于民办教育的可持续发展。

政府是否应该对民办高校进行财政支持,并非只是一个是非判断的问题,而是直接反映了政府对民办高等教育所持的观念态度问题。政府对民办高等教育进行支持,意味着国家对民办教育承担了应有的责任,也说明国家是站在整个教育发展战略的高度一视同仁地对待公办教育和民办教育的发展。

在教育领域探索混合所有制对于民办高校而言是前所未有的机遇,政府应该通过政策引导和扶持,使我国一大批民办高校在快速发展中走向成熟。现有政策的内容过于笼统,需进一步细化,使之具有可操作性和强制性,进而在实际执行中有据可依。此外,还应明确规定各级政府对于民办教育的资助力度和责任分工,避免在执行中出现各级政府职责不明、权限不清的现象。

二 发展教育集团,提高融资管理整体效益

教育集团是政府机构、相关院校、企事业单位、行业组织、研究机构等组织为实现资源共享、优势互补、合作发展,在自愿的基础上建立的教育团体,是教育领域探索混合所有制的一种形式。教育集团通过大规模管理,能够提高教育组织管理的标准化水平和专业化程度;通过大量采购,可以节约交易费用和供给成本;通过大规模推广,营建品牌号召力,从而克服市场准入难度。

教育集团在教育资金融集上的作用主要体现在使闲散或多余资金获取利息,避免和防止资金沉淀或浪费,发挥资金的整体效益,促进教育事业的发展。教育集团内部的资金融通,主要体现在灵活调度资金,提高资金的使用效益,促进教育事业的发展;教育集团外部的资金融通,主要体现在确保教育投资渠道的畅通,促进社会资金及时、合理、有效地向相关院校流动。

三 借鉴国内外成功案例,利用资本市场进行教育融资

资本市场是融资期限在 1 年以上的长期资金交易市场,包括股票市场、债券市场和长期信贷市场。资本市场的本源职能便是资金融通,它作为直接融资的手段,能有效地筹集资金,并直接转化为投资。当前高等教育介入资本市场融资,已成为世界高

等教育缓解资金短缺、促进高等教育发展的一种趋势。[①] 在国家财政性教育经费有限,社会捐资办学空间有限,学费上涨空间有限,高校还贷压力大的背景下,高效利用资本市场融资,不失为化解我国高校融资困境的有效手段。

(一) 发行教育股票

投资者购买股票是一种投资行为,投资对象为经济效益好的企业,这些企业受《公司法》制约,归工商部门管理,具有企业法人资格。我国公办高校和非营利性民办高校的办学,法律规定不得以营利为目的,对照股份公司的基本特点是不可以发行股票的。但是,在目前的政策环境下,高校的校办产业很大部分是独立核算、自主经营的企业法人,根据有关规定,可以通过发行股票向社会募集资金。在混合所有制背景下,我国高校可以借鉴北京大学的方正科技、清华大学的同方股份、天津大学的天大天财、同济大学的同济科技等校办产业发行股票上市的经验,对校办或后勤产业进行股份制改造,并积极进行发行上市的工作,最终形成"你中有我,我中有你"的局面。

北大方正集团由北京大学于 1986 年投资创办,北京大学持股 70%,北京招润投资管理有限公司持股 30%。依托北京大学,王选教授发明了计算机汉字激光照排技术,引发了中国新闻出版业"告别铅与火、迎来光与电"的第一次革命,领导了中国乃至世界华文出版业的技术潮流。方正拥有并创造对中国 IT、医疗医药产业发展至关重要的核心技术,已快速成长为综合实力与华为、海尔同列中国信息产业前三强的大型控股集团公司。集团拥有多家在上海、深圳、香港及马来西亚交易所上市的公众公司以及方正证券,下设遍布海内外的独资、合资企业 80 多家。

(二) 发行教育债券

发行教育债券是一种兼顾或依靠财政、社会两方面,解决教育经费短缺的良好选择之一。通过发行教育债券,有利于进一步盘活教育资源,同时增加了资本市场的投资品种,使得有部分特殊需要的投资人能够寻到更多的投资工具,加速我国债券市场的繁荣。教育债券的发行主要可以考虑两种形式:一是具有国债性质的教育债券,即由教育部面向全社会发行的用于教育支出的专项债券。在将中央发行的教育国债转贷给学校的过程中,应淡化公办和民办的界限,平等对待各类非营利性高校,要本着"效率优先、兼顾公平"的原则,做到优中选优、避免资金使用的低效率或无效率。二是企业债券性质的教育债券,即高校凭借自己的信誉向社会公众发行债券募集资金。目前,我国还没有专门针对教育领域的教育债券,但我国一直在利用国债资金支持高等教育的发展,改善高校办学条件。1999 年,为确保高校扩招工作平稳顺利进行,加强教学、实验和学生生活基础设施建设,改善办学条件,从当年起,国家利用国债资金支持高校,中央动用国债的基建投资 14.7 亿元,带动部门和地方投资 37.7 亿元,至 2004 年,累计安排国债投资 85 亿元。2011 年深圳市发行 22 亿元地方债券,用以建

[①] 张剑波:《对民办高校拓宽筹资方式的思考》,《大学教育科学》2007 年第 3 期,第 38－42 页。

设教育等民生重点项目,加快教育领域各项重点工程项目建设,推进了南方科技大学、深圳大学西丽校区、清华大学深圳研究生院创新基地等教育项目的建设。国债资金的投入,在一定程度上缓解了高校办学条件的巨大压力,促进了高等教育多渠道筹措资金局面的形成。目前我国在发行普通国债时并没有明确国债的目的和用途,投资者在购买国债时也无法知道它的具体使用方向,所筹集的国债资金最终都是由中央政府统一安排和分配使用。因此,国债资金中用于高等教育的比例就很难得到充分保证。为了防止国债资金被挪用和挤占,确保用于高等教育的国债资金的稳定,建议中央政府发行高等教育专项国债。对于高等教育机构发行的具有企业性质的教育债券,我们可以借鉴美国的经验。学校在持续发展的过程中,阶段性会需要大量的资金投入,为了解决这种燃眉之急,美国各高校往往凭借自身建立的声誉,依照商业界的习惯做法,发行一定数量的债券。例如,为了周转资金、偿还债务以及用于学校大型项目的建设,耶鲁大学于1996年发行了跨世纪债券,100年到期。为了完成学院的楼房改造工程,哈佛大学弗德学院曾经于1996年发行了总额达2 400万美元的债券。通过发行债券,该学院很快募集到项目资金,工程得以及时竣工。借鉴美国高校的经验,我国那些已有多年办学积累,形成一定办学规模,具有良好社会地位和信誉知名高校,可通过发行此类债券以解其燃眉之急。

(三) 成立高等教育发展投资基金

高等教育投资基金可采用公募与私募结合的发行方式,公募部分针对养老基金、企业等机构投资者,私募部分针对社会上的个人投资者,这样可以吸引尽可能多的投资者来持有基金股份,尽可能扩大高校筹资范围。该基金的发行和教育债券相同,主要有两种形式,即可由政府教育主管部门充当发起人,也可由若干高校联合充当发起人。组建的基金针对若干所高校进行投资经营,在基金稳定运行一段时间后,政府主管部门可以向社会转让基金公司股票的方式退出。在基金封闭期内,所投资的高校在每年的盈利中按事先约定的比例提取资金作为基金收益进行分配,其余的盈利可以用于学校的再投资。成立高等教育发展投资基金有利于激发社会资本投资高校的积极性,使更多的社会资本流入教育系统。

(四) 建立教育发展投资公司

教育发展投资公司是以学校为主体,负责学校校产经营管理,并面向社会和市场融资后投资学校的,比如美国的阿波罗教育集团、斯特亚教育公司等教育投资公司,以及我国浙江万里集团、黑龙江东亚集团等公司均属于此类。由于很多条件的制约,国内的教育发展公司还不能进入资本市场进行直接融资。教育投资公司下设教育事业和教育产业两部分,拥有最高管理权,公司和学校之间签订相应的授权合同,将校办产业通过法律的形式授权给投资公司进行开发经营。学校经费的来源主要是学费和集团投资,学费上缴财政专户,办学资金部分在安排预算时给予保证,学校收入的其他资金由投资公司进行产业化运作,或与公司自有资金一起投入学校,进行基础设施的建设和教学设备的改善,提高学校教育供给能力。这样,可以明确地区分学校与企业的关系、校产运作与学校运行的关系,并且以董事会的组织形式管理学校资产,并进行重大决策。教育事业部分能够遵循教育公益和非营利的原则,又能通过衍生产业品牌授权开发的方式,不断获得教育发展的投资;教育产业部分利用通过授权获得的教育品牌进行教育产业的经营和拓展,依据市场原则实现股东利益最大化;社会投资者通过投资公司进行教育投资,同时分享教育产业给予的合理利润回报。[①]

四　采用 PPP 模式开展教育项目融资

《国务院关于鼓励社会力量兴办教育促进民办教育健康发展的若干意见》提出,"探索多元主体合作办学。推广政府和社会资本合作(PPP)模式,鼓励社会资本参与教育基础设施建设和运营管理、提供专业化服务"。国务院办公厅转发《关于在公共服务领域推广运用政府和社会资本合作模式指导意见的通知》明确将教育作为鼓励采用 PPP 模式的 13 个公共服务领域之一。

(一) 采用 PPP 模式开展教育项目融资的重要性

PPP 模式,全称 Public-Private Partnership,即政府和社会资本合作模式,是指政府和社会投资者为建设基础设施及提供公共服务而建立的一种长期合作关系和制度安排。教育领域公私合作伙伴关系是政府公共部门和社会资本建立合作关系,提供教育服务以促进教育发展的一种新模式。[②] 当前发展混合所有制院校,可以借鉴 PPP 模式,学校和社会资本联合开展高校图书馆、体育馆、实验室等校园项目建设,实现资源共享。哈尔滨市职业技术学院实训基地则是公私合作共建的典型,由政府提供土地和师资,由企业投入资金和设施,收取学费收入,既缓解了政府财政压力,又为企业开辟了一条投资公共服务事业、获取稳定收益的新渠道。四川工业科技学院初迁到德阳市罗江县时,当地县政府以拆迁成本四分之一的低价提供学校建设用地 650 余亩(43.33 公顷),还投入 2 450 万元在校园内共建图书馆、体育馆、体育场、军训基地等,这些场馆设施既为师生所用,又向市民开放。根据全国政府和社会资本合作(PPP)综合信息平台项目管理库[③]的数据显示,2018 年第二季度,管理库新增教育 PPP 项目 20 个,新增投资额 8 亿元,累计教育 PPP 项目数 378 个,投资额 2 150 亿元。

教育 PPP 模式的推广将产生多方面的效果。一是通过现有资源带动社会资本投入,放大教育投入规模,加快教育"补短板、提质量";二是提高教育投资效果、效益,加强基础设施建设和运营中的预算因素和成本因素;三是推动高校增强科技创新、成果转化和社会服务的能力,更多地通过创新的方式,运用市场化、社会化的机制筹集发

① 张剑波:《对民办高校拓宽筹资方式的思考》,《大学教育科学》2007 年第 3 期,第 38－42 页。
② 阙明坤:《职业院校探索混合所有制的有效形式》,《中国教育报》2015 年 3 月 26 日第 9 版。
③ 全国政府和社会资本合作(PPP)综合信息平台项目管理库由财政部政府和社会资本合作中心建立,目的在于完善全国 PPP 项目统计,加强对 PPP 项目的监督管理。

展资源;四是鼓励具有专业特长的教育服务机构进入教育体系,发展专业化教育服务,解决现有教育机构的能力短板;五是支持创新联合体、混合所有制、特许经营、专业化服务外包等教育体制创新。

(二) PPP 模式的具体运作方式

政府和社会资本合作模式具体运作方式包括 BOT、BT、TOT、BOO 等,区别在于政府和社会资本各自承担的责任风险不同,在实施方法上也有差异。

1. BOT(建设—经营—转让)方式

BOT 是指融资者和投资者就某个项目签订合同,由投资者设计承建具体项目,并在双方协定的一段时间内,由投资者经营该项目偿还债务,并收取一定的投资回报。协议期满后,项目无偿转让给融资者。①

我国 BOT 项目融资在教育领域的运用,主要是在学校新校区后勤设施的建设上,由高校为项目的建设和经营提供一种特许协议作为项目融资的基础,由校外公司作为项目的投资者和经营者安排融资,开发建设项目,在有限的期限内经营项目并获取必要的投资回报,最后根据协议将该项目转让给高校。在实践中,高校通常将学校的食堂、招待所、学术厅、医院、体育场等用 BOT 的模式建设。例如湖南教育投资公司以 BOT 方式投资 6 000 万元用于中南大学学生宿舍、食堂等综合项目,学校提供土地,公司注入资金,项目建成后所有权归学校,但公司享有 15 年的使用权。再如南开大学深圳金融工程学院也用这种方式获得了 3.3 亿元的资金,项目建成运营 30 年后,项目公司无偿把学院资产转移给南开大学。

2. BT(建设—转让)方式

BT 投资是 BOT 的一种变换形式,政府通过特许协议,引入国外资金或民间资金进行专属于政府的基础设施建设,基础设施建设完工后,该项目设施的有关权利按协议由政府赎回。通俗地说,BT 投资也是一种"交钥匙工程",社会投资人投资、建设,建设完成以后"交钥匙",政府再回购,回购时考虑投资人的合理收益。标准意义的BOT 项目较多,但类似 BOT 项目的 BT 却并不多见。

3. TOT(转让—经营—转让)方式

TOT 是融资者将已建成的项目移交给投资者,经营若干年,以此为代价,向投资者一次性无偿获取一笔资金,并将这笔资金用于新项目的建设,经营期满后,投资者将原项目交还给融资者。②

利用 TOT 项目融资方式,高校可以把现有学生生活设施转让给投资方经营若干年,在转让之初由投资方一次性支付给高校一笔资金,高校可将这笔资金用于兴建教室、图书馆、实验室或添置各种大型仪器设备。这种操作可以与高校后勤社会化改革

① 谢婉荣:《我国民办院校融资多元化探析》,《现代商业》2011 年第 3 期,第 180 页,第 179 页。
② 王雪峰:《论高等教育的项目融资》,《南京农业大学学报(社会科学版)》2002 年第 2 期,第 71 - 75 页。

结合进行,部分后勤人员可以参与到投资方的经营管理活动中去,投资方经营期满后,可再将这些设施转交到从高校剥离出去的后勤企业来经营。因此,TOT方式是高校利用存量资产引进民间资本的有效途径。

4. BOO(建设—拥有—经营)方式

BOO是指社会投资者根据政府赋予的特许权,建设并经营基础设施项目,但是并不将此项基础设施项目移交给政府或其授权的业主。简单来说,BOO模式就是承包商根据政府赋予的特许权,建设并经营某项产业项目,但是并不将此项基础产业项目移交给公共部门。

五 加强混合制院校的内部管理,提高自身融资能力

教育融资,无论是直接性的,还是间接性的,成功的关键在于高校本身的运营。只有高校本身的经营管理和资产规模达到相应的水平,才能获得金融机构以及有关监管机构的认可,最终才能实现相应的融资目标。因此,加强自身的内部管理,就成为高校拓宽筹资渠道的关键。

(一) 加强自身制度建设,推进管理的科学化

创新教育融资,建立多元化的融资渠道离不开科学、规范、有效的内部管理体制。当前各高校应完善法人治理结构,建立现代大学制度,提高财务管理透明度,增强高校发展的后劲。只有当学校具有科学、高效的管理体制和良好的发展前景后,才能解决制约高校发展的众多融资瓶颈。

(二) 树立质量意识,不断提高自身的办学质量

事实证明,质量越好的学校,筹集到的资金也就越多,这就是高校融资中的"马太效应"。当前,我国高校在扩大规模的同时,更应注重质量提升,走内涵式发展道路。那种盲目追求办学规模而忽视质量提升的行为无异于"杀鸡取卵",是不可取的。提高教学质量,保证高校教育目标,关键是要建设一支既有理论基础又有实践技能的师资队伍。在日常教学工作中,应大胆任用青年教师,激励教师的积极性和创新性,利用学术交流、进修等途径,培养青年教师,使其快速成为教学和科研骨干。此外高校还应加强师德师风建设,教师应严谨治学,自觉履行教书育人的职责,不断完善知识结构,积极参与科研和教研活动,将科研成果运用于教学,努力提高教学质量。

(三) 加强高校的资金管理

为确保资金正常周转和合理使用,提高资金使用效益,各高校应建立健全预算制度,减少资金管理漏洞,避免和减少资金损失与浪费,积极开源节流,增强高校竞争实力。

首先,加强预算管理。预算管理贯穿学校预算编制和执行的全过程,是学校财务管理的一个重要组成部分,是学校进行各项财务活动的前提和依据。预算经费主要包括人员经费、公用经费、专项经费。在预算时,应注重资金的事前规划,要考虑学校

事业发展、建设需要以及现有资金量,科学预测资金的需要量,在公用经费中要向教学和科研倾斜。

其次,合理使用资金,完善学校事业资金、基本建设资金的使用和管理。学校应加强对各项支出的内控,开支范围和标准应符合有关财务制度,各项支出需按实际数列支,不得虚报,加强资金使用管理,从制度上规范学校资金的使用。

再次,加强信贷资金的管理和使用。合理运用信贷资金,可以促进高等教育迅速发展,但在资金的使用与管理上,高校还必须注重对资金成本和风险的控制。高校应当尽可能准确地预测现金需要量,以确定现金最佳持有量,避免不必要的资金成本。在风险控制方面,应注意高校毕竟不像企业那样可以用利润来归还借款,因此在贷款时,高校应考虑学校本身的还款能力和承受能力,避免出现因贷款额度过大,还本付息负担过高。一般来说,高校资产负债率的警戒线为 40%—60%,超过 60% 就会影响正常的教学科研工作。

(四) 开展富有成效的社会营销活动

开展富有成效的社会营销活动,加强公共关系管理,可以征得社会对混合所有制院校的肯定和支持,对于拓宽高校资金来源渠道具有积极意义。其主要表现在以下几个方面:

1. 从学生和家长的角度开展社会营销,保障学费收入

混合所有制院校通过有效的社会营销活动,取得学生及其家长的理解和支持,对做好学费的收取、管理和使用工作至关重要。混合所有制院校应从社会营销的角度重视学费收入工作,不断提高办学质量,并依据自身的实际情况制定合理的学费标准。对于知名度高、办学条件好的院校,学费标准可以相应提高。与此同时,加大社会营销力度,把办学质量信息、合理的收费理念、支出情况等传递给学生及其家长。学生及其家长的理解和支持有利于确保资金及时甚或是提前到账,这对保证资金正常运转,具有重要意义。

2. 从政府的角度开展社会营销,促进政府对高校的经费投入

混合所有制院校积极开展社会营销活动,引起政府对混合所有制院校的重视,有利于争取政府对于院校的经费支持。政府对于高校的经费投入,主要有两种途径:一是直接方式即财政拨款,二是间接方式即政策优惠,包括法律政策、税收优惠及贷款优惠等。

3. 从银行的角度开展社会营销,提升银行投资信心

长期以来,由于信用风险、法律风险、政策风险等方面不利因素的影响,民办高校一直备受质疑,因此与公办院校在取得贷款条件方面存在诸多不公平的待遇。发展混合所有制,在民办高校中引入公有资本,有利于提高高校的办学实力和发展潜力,从而成为民办高校争取银行贷款的重要"砝码"。因此,混合所有制院校应该开展积极的社会营销实践,加强与银行的沟通和协调,详细地告知银行此类学院的性质、产

权归属和税收政策等信息,激发银行投资混合所有制院校的兴趣,树立银行投资的信心,这不仅解决了高校筹集办学资金的问题,还为银行资金开辟了新的投资渠道,对高校和银行实现双赢有积极的作用。

4. 从企业的角度开展社会营销,促进校企合作

深入开展校企合作,学校与企业共建实习基地、实验室等,也是教育领域探索混合所有制的一种形式。高校积极面对企业开展社会营销活动,增强与企业的联系,加强高校与企业之间的合作,适时调整自身的人才培养结构和模式,有针对性地为企业培养人才,注重人才的实用性与实效性。学校利用企业提供设备,企业也不必为培养人才担心场地问题,实现了让学生所学专业知识与企业实践有机结合,让学校和企业实现优势互补,节约了教育与企业成本,最终实现双赢。

5. 从社会的角度开展社会营销,争取社会资本支持

高校通过积极的社会营销活动,搞好公共关系,树立良好的社会形象,有利于争取社会资本的支持,激发社会力量参与办学。历届毕业生中不乏成功人士,高校可以通过建立优秀毕业生的档案跟踪制度、成立校友会等形式,随时与他们取得联系,加强校友之间的沟通与交流,为学校争取更多的社会资源和资本支持。高校应通过富有成效的社会营销活动提高自身的公众形象,增强社会影响力,这有助于拓宽高校的筹资渠道,最大限度地吸收社会和个人的支持和帮助。

第七章　混合所有制背景下的教育领域分类管理

第一节　营利性组织与非营利性组织理论界定

当前经济社会中的组织主要有两种形式：一种是以营利为目标的社会组织，另一种是以社会服务为主要目标的非营利性组织。营利性的社会组织与非营利性的社会组织是既相互联系又有区别的两种组织形式。在研究这两种社会组织形式之前，有必要区分几个概念，即营利、盈利与赢利。从现代汉语的基本含义上看，营利的"营"字，有谋求的意思，营利相应地是指以谋求利润为目的；盈利的"盈"字意为充满、多余，"盈利"指利润，或者较多的利润；赢利的关键在于"赢"字，意为"赚取"，相对于"亏损"而言，所以赢利指赚得利润。营利是要获取利润，但也并不是经济学意义上的一定要有利润，只要其经营、运作行为的目的是获取利润，即可视为营利。正确区分营利、盈利以及赢利的概念之后再来研究营利性组织和非营利性组织的具体区分。

一　营利性组织

营利性组织，作为一种数量最多的社会组织，自商业活动出现的那一刻便存在于社会之中。相传原始社会就有神农氏日中为市，这就是古代商业活动的起源，但是此时的商业只是满足于人类生存的基本需求，也就是我们通常所说的物物交换，并没有真正的营利性活动或者说营利性行为。古代商业发展始于原始社会、历经先秦的商业产生、秦汉时期商业活动的初步发展、隋唐时期进一步的发展以及两宋时期商业活动的繁荣直至明清等阶段。我国商业起源很早，并且在不断发展中，《商鞅变法》中曾记载"制止弃农经商，未经允许从商者罚做奴隶，国家控制山泽之利，实行盐铁专卖，限制商人的经营范围"。由此可以看出，受重农抑商政策的制约，古代商业的发展障碍重重，朝廷政策的限制、社会观点的偏见、政局动荡的影响、天灾人祸等导致古代商业发展缓慢，甚至出现倒退，且始终处于从属地位。长时期的重农抑商的封建时代抑制了商业活动发展的同时，也抑制了营利性组织的发展，直至明清时期，商人群体活跃，出现了很多实力雄厚的大商帮，如晋商、徽商等。此时，营利性组织雏形便出现了。

随着经济社会的发展,如今的营利性组织,从字面上理解是具有营利性质的组织,该类组织的目的依旧是为了获取利润,但最终结果并不是一定有利润,只要社会团体满足其经营、运作目的是赚取利润,都可以认定为营利性质的组织。按照国家政府部门对"营利性组织"的定义来看,是指经工商行政管理机构核准登记注册的以营利为目的,自主经营并且自负盈亏的具有独立法人资格的社会组织,包括各种经营性事业单位及公司、企业等①。营利性组织涉及社会的工业、农业、商业、医疗、交通运输业、旅游业、环境保护以及其他社会主要行业。虽然营利性组织和非营利性组织的主要目标不同,但是涉及领域更加广泛,涉及民生的衣食住行各个方面。

如今,营利性组织除了获取相关利润之外,为了获得自身的发展必须同组织内外部的公众建立良好的关系,为社会大众服务,也为营利性组织的生存与发展创造和谐的社会环境。

二 非营利性组织

非营利性组织这一名称本身就反映出它是以先它而存在营利性组织为前提的,它在中国是一个外来词汇,即国际上通常所说的 NPO,类似的组织还有"非政府组织""志愿组织""免税组织"等。

相对于营利性的组织而言,非营利性的组织是以社会服务为主要目的,而并非以赚取利润为目的的组织结构。这一类组织的营运目标是不以赚取利润为目的,而是追求该社会组织拟定的目标,但是非营利性的组织不等于没有利润②;非营利性组织是指本身以为社会大众服务为宗旨,不以营利为目的,组织所得不为任何个人谋取私利,组织具有合法的免税资格并可为捐赠人减免税的组织③,一般指营利组织和政府组织之外的公益组织,是以执行公共事务为目的而成立的组织。

非营利的组织同样涉及社会的各个领域,例如政治、教育、科研、艺术、慈善事业、宗教、环境保护等。所谓非营利性运营,其主要目的不是为了产生利润,而是为了维持该组织的正常运转,这一点通常被视为这种社会组织的主要特征。

欧美国家的专家学者对非营利性的社会组织的研究比亚洲国家对其研究要早很多,并且也在该领域取得了很大的进展和大量的理论研究成果。比说,美国的学者认为非营利性组织应该具有非营利性、自治性、组织性以及自愿性和私有性等五大特征④。而在英法国家的学者指出非营利性组织可以概括为包括合作社互助会在内的

① 易治新、李雪:《远程教育课程的市场化属性及其运作》,《中国电力教育》2012 年第 19 期,第 82 - 83 页,第 85 页。
② 田翼强、罗洁:《效用、交易费用与类非营利性组织》,《商场现代化》,2012 年第 20 期,第 163 - 164 页。
③ 邹津宁:《论非营利性组织的法律界定》,《学术论坛》2011 年第 10 期,第 36 - 39 页。
④ 彼得·F.德鲁克:《非营利性组织的经营》,日本经济评论社,1997,第 5 页。

社会经济组织。亚洲的一些学者根据亚洲的实际国情,将非营利性组织的特征归纳为非营利性、利他性、慈善性、非政府性以及自发性和持续性,并且认为只有满足以上6个特征方可称为非营利性组织①。即便如此,国际上各组织对非营利性组织始终没有统一的定义,通常根据各自的需要各自侧重不同方面,比如在强调是否赚取利润时,称之为"非营利性组织";在强调其独立性时,称之为"独立部门";在强调其社会服务性质时,称之为"志愿组织"或"慈善组织";在强调税收问题时,称之为"免税部门";等等。每一种对非营利性组织的称呼都会使人们迷惑,但与此同时,每一种对非营利性组织的称呼又恰恰反映了该组织的某一方面的特性。同样,在中国当前的法制与社会实践中,也没有一个概念可以完整定义非营利性组织,去和国际上的称呼相对应。相比之下非政府组织和非营利性组织是我们比较能认同的概念,即使如此,两者之间也存在明显差别。

从 20 世纪 70 年代开始,非营利性组织作为重要的社会力量,在全球范围内得到了迅猛发展②,无论是从经济发达的欧美国家,还是从正处在发展中的亚洲国家,非营利组织都在以迅猛的态势快速增长③;同时,无论在发达国家还是在发展中国家,非营利组织都致力于各种社会问题的解决,积极参与包括社区建设、地方自治、公共政策制定和执行等区域性公共事务,还积极参与国际决策,解决各种全球性问题。

三　营利性组织与非营利性组织的比较

现如今国内外组织机构及专家学者关于营利性组织和非营利性组织的界定都没有一个准确的定义及标准,仅仅依靠以投资者的主观意愿进行区分营利性组织和非营利性组织已经成为部分专家学者的主要判别依据,而大多数国家官方也仅仅是通过法律对非营利性组织提出的要求和限定条件进行不同的划分而已。

在美国,法律上对非营利性组织的定义是通过认定该社会组织是否具有免税资格,换言之,如果该组织满足免税条件,在法律上就会被认定为非营利性组织④,如果该组织不具备免税条件,则会被认定为营利性组织。虽然美国法律对营利性组织与非营利性组织的这种认定较为简单,但是也从根本上区分了营利性组织与非营利性组织本质上的区别。

在英国,如果该组织是为私人利益设立的,雇佣有偿服务人员,为公司或企业获取利润,并且若有盈余也将分配给组织成员,则该组织便被认定为营利性组织。除此之外,法律上对非营利性组织的定义则是通过认定该组织是为公众服务,而非为私人利益设立的,并且该组织应该雇佣一些志愿服务、无偿服务的人员,如有偿服务人员

① 邹津宁:《论非营利性组织的法律界定》,《学术论坛》2011 年第 10 期,第 36 - 39 页。
② 郑振宇:《闽台非营利组织发展状况比较》,《台湾研究集刊》2011 年第 5 期,第 75 - 84 页。
③ 李颖:《非营利组织对构建和谐社会的作用》,《甘肃农业》2006 年第 2 期,第 21 - 22 页。
④ 李晓明:《国内外非营利组织研究述评》,《西北大学学报(哲学社会科学版)》2007 年第 5 期,第 147 - 153 页。

也应该放弃应有的薪酬(如接受比一般行情低的薪水),并且若有盈余也不得分配给组织成员,不支薪会员的理事负责管理该组织事务,其资金来自不同的组织等标准来界定非营利性组织。[①]

在日本,其法律规定,非营利性的社会组织是不以营利为目的进行生产运营,不但如此,其收入不得用于分发给其成员的社会组织。但是非营利并不意味着非营利性的社会组织不能参加各种营利性活动,而是必须把参与营利性活动而得到的各种收入用于社会公益事业。营利性组织的各种收入则可以根据实际需要来进行分配,既可以分发给其组织成员,同样可以进行投资经营,也可以用于社会公益事业。

联合国对非营利组织的界定是根据非营利性组织的资金来源来定义的。即如果一个组织一半以上的收入不是来自以市场价格出售的商品和服务,而是来自其他成员缴纳的会费和支持者的捐赠则是非营利性组织。如果该组织的主要收入来自以市场价格出售的商品或服务,则认为该组织为营利性组织。但是由于各个国家对此类组织在资金来源结构上存在较大的差异,所以此标准并不具备普遍的适用性。[②]

虽然许多国家对非营利性组织的界定都是通过该组织是否谋求利润来界定,但是非营利性组织进行营利性运营的现象也日益普遍,并且这种运作方式也成为非营利性组织获得收益的重要方式。但是非营利性组织的营利行为对于非营利性组织而言也是一把双刃剑,太弱将会影响整个组织的正常运作,甚至无法实现目标,还有可能威胁到组织的生存;太强则容易偏离非营利目标,改变非营利性组织的性质,甚至损害社会公共利益。所以,即使非营利性组织进行营利行为也要保证三个方面:首先,非营利性组织必须明确自己的目标,即非营利性组织任何情况下都不得以赚取利润为其主要目标;其次,非营利性组织进行经营活动所获得盈余不能在组织成员之间进行利润分配;最后,非营利性组织不能将营利行为所获得的资产转化为私有财产,剩余利润也不能用来分配,而是应将所有的剩余利润留在非营利性组织的内部,用于支持非营利性组织实现其主要目标。

所以,当前的营利性组织和非营利性组织不能仅仅依靠某一方面进行简单的分类,而需要从其组织目标、资金来源、收入分配、税收、审核认定、财政政策、价格政策、社会责任、财务会计制度以及财产归属等多方面综合考究从而进行分类。

第一,从社会组织的目标来看,营利性的社会组织以赚取利润为主要目标,追求利润最大化,从而追求投资报酬最大化;而非营利性的社会组织是以促进社会公益事业发展为宗旨而不是以赚取利润为主要目标,不刻意追求投资的经济回报。虽然每个国家对于营利性组织和非营利性组织的界定不尽相同,但是总体来说非营利性组织不追求经济回报却是每个国家公认不变的。

---

① 李晓明:《国内外非营利组织研究述评》,《西北大学学报(哲学社会科学版)》2007年第5期,第147-153页。
② 邹津宁:《论非营利性组织的法律界定》,《学术论坛》2011年第10期,第36-39页。

第二，从社会组织的资金来源来看，营利性组织的资金来源主要是由出资人直接投资、并且根据市场情况自主经营、为顾客提供商品或服务而获得的收入以及其他投资类收入；而非营利性组织的资金来源主要是或来自政府出资或资助、或来自社会的捐赠、或承担政府和企业以及其他社会组织和个人委托的项目而收取的费用、以及经过管理部门的批准而为社会提供的有偿服务及其他合法收入。

第三，从社会组织的收入分配角度来看，营利性的组织可以自主决定收入的使用方向，既可以用于分配，也可以用于自身的发展和对外投资；而非营利性组织的收入只能用于自身的发展，不能用于分配，换言之，非营利性组织不应为所有者、管理者或者组织其他成员营利，而应当为该组织营利，所获利润只能用于社会公益事业和组织发展，任何个人也没有剩余索取权。再者，对内部职工工资的自主调整是在国家核定的工资总额不变的前提下，具体来说，非营利性组织的内部职工的薪酬分配必须遵循"非分配约束"规则（"非分配约束"是非营利性组织区别于营利性组织最重要的特征之一）。

第四，从社会组织的税收政策方面来看，营利性的组织要根据国家法律法规进行纳税活动，而非营利性的组织因其公益性和非营利的目的，享有合法的免税地位。但是，非营利性组织也不是全部免税，世界各国对此的规定也有所不同。例如，在美国对符合《国内收入法典》规定的非营利性组织，经美国国内收入局核准认定后享受免税资格，其从事与非营利目标相关的事业取得的收入，包括政府拨款，社会捐赠和服务型收入免交公司所得税。但是美国联邦税法又有明文规定非营利性组织如若开展与自身免税事业不相关的经营所得不能享受免税优惠。但是我国并没有针对非营利性组织颁布专门的所得税法，我国非营利性组织依照《企业所得税法》进行交税，可能享有的税收优惠也散见于相关法规政策中。由此可以看出，社会组织的税收政策随每个国家法律法规的不同而有所不同。

第五，从社会组织的审核认定程序来看，营利性的组织只要注册登记就可以，不需要专门的营利性质认定；而非营利性的组织应由专门的管理部门经过审核认定，按上级有关规定收取一定的规费或有偿提供服务收取费用，纳入财政预算管理的单位，确认其非营利的性质，而且必须具备依法成立、有必要的财产和经费、有自己的名称及组织机构和场所等条件方可申请审核认定。并且从已审核认定的非营利性组织所涉及的领域来看，主要分布在教育、医疗、科研等方面。但是，在我国，非营利性组织的审核认定却有一定的困难。在法律意义上，只有在民政部门登记注册的社会团体、民办非企业单位和基金会才是被承认的非营利性组织，之所以有大部分的非营利性组织不能顺利在民政部门进行登记注册的原因，主要是受限于双重管理体制，致使多数非营利性组织是以工商登记、挂靠机构和草根团队（不注册）等形式存在。

第六，从社会组织执行的财政政策方面进行梳理，营利性的组织一般不能享受政府的财政补助，主要是因为政府的财政补助其实是一把"双刃剑"。如果对财政补助实施有效的监管,才能发挥其积极作用,例如增加就业、提高社会整体复利水平等。然而,如若监管不当,就会使营利性组织的权力者在使用财政补助的过程中出现挪用、挤占、转移甚至是私分财政资金等现象出现,这就使财政补助失去原有的意义。而非营利性的组织大多(主要是政府举办的)享受政府的财政补助。西方的一些国家虽然对非营利性组织的研究较早,但是关于非营利性组织税收优惠政策的研究却不多,而中国学者近年来却对此领域展开了研究,我国大部分学者认为非营利性组织在政府财政补助的支持下,能够向社会提供公共物品及共享物品的同时,也是为我国政府减轻了负担。但同时,政府为避免非营利性组织的过度依赖,应该建立完善的会计制度和严格的审计制度,确保政府对非营利性组织财政补助的透明使用。

第七,从社会组织执行的价格政策来看,营利性的组织由于其主要目标是追求利润收入,所以营利性组织的收费价格可以根据市场情况依法自主决定,但也有特殊情况,例如在中国,由于我国国情的不同,并非所有的营利性组织都可以根据市场情况自主决定,部分垄断行业的营利性组织的收费也执行政府定价或政府指导价。而非营利性的组织由于受到政府的财政补助,所以基本均执行政府定价或政府规定的指导价格。

第八,从社会组织所承担社会责任的角度来看,营利性的组织根据市场需求可以自主确定经营的项目以谋取利润,但是随着社会的发展,越来越多的经营者逐渐明白公司的营利性与社会责任之间是一种唇亡齿寒的关系,所以很多的营利性组织在以最大限度地为股东们营利作为主要目标的同时也最大限度地增进股东利益之外的其他所有社会利益。而非营利性的组织只能承担社会公益性、政府指定或交办的特定任务。换言之,非营利性组织可以发挥自身优势,对整个社会履行社会责任进行有效的、广泛的、多种途径的合作与监督。

第九,从社会组织执行的财务会计制度角度来看,营利性的组织按照法律法规及其会计准则执行企业财务会计制度;而非营利性的组织则根据行业不同来执行各自行业的财务会计制度,除了行业不同之外,由于注册身份的不同也会执行不同的会计制度。

第十,从社会组织清算后财产归属不同方面来看,营利性的组织清算后财产归出资人所有;而非营利性的组织清算后财产归其管理机关(或审批机关)支配,用于继续发展该行业非营利性组织。

需要指出的是,以上十条标准在分析该组织为营利性组织还是非营利性组织时,并不一定全部适用,但其中的几个标准必定适用,这就需要具体问题具体分析。

第二节　国外营利性组织与非营利性组织在教育领域的体现

随着科技的发展与经济水平的提高,近年来,在美国、英国等发达国家,迅速涌现并崛起了大批营利性大学,美国、英国等发达国家的营利性大学的繁荣虽说是众多原因引起的,但是背后的真正原因则是营利性大学作为整体在迎合整个社会发展和市场机制过程中所形成的独特的组织结构、运作方式和文化,同时也证明了营利性大学在特定的教育市场中确有存在的必要性。研究发现,不管是大陆法系(指欧洲大陆上源于罗马法、以 1804 年《法国民法典》为代表的相关国家法律,也称罗马法系或民法法系)国家或是英美法系(指以英国普通法为基础发展起来的法律的总称)国家的学校,其法人分类情况既受到学校所在国家法律传统的影响,也受到其教育发展历史传统的影响,以此决定着学校是受公法、私法约束还是由契约法规制,以及学校受公权利影响的程度和自身所拥有的自主权大小。①

大学办学营利性与非营利性的争论伴随着我国民办高校成长的全过程。我国民办高校因其法律界定与现实状况的不一致、公益性法人性质与合理回报要求权的自相矛盾、营利性与非营利性未得到合乎法律的界定等原因,而产生了营利性与非营利性的法律冲突,这导致了互相"搭便车"的机会主义行为蔓延。② 首先从其他几个国家的情况入手,了解各国对大学的分类管理,来分析整理我国大学的现状。

一 美国

在美国,美国税法的法律条文规定了营利性社会组织和非营利性社会组织的纳税资格。营利性学校根据美国律法要求需要在工商部门注册为企业,按照企业的运作进行管理,并依法纳税;而非营利性学校可以看作是非营利性的社会组织,根据税法的第 501 条,可以免缴税款。

大学按照举办性质可以分为公立大学和私立大学,公立学校为国家政府举办,私立学校又可分为营利性私立学校和非营利性私立学校,而私立学校的举办者在注册时就必须明确学校的属性。美国是私立高等教育最发达的国家之一,私立高等院校在国家教育体系中占有举足轻重的地位。美国高等院校总数为 4 009 所,其中私立大学 2 307 所,占高等院校总数的 58%。③以纽约为例,公立大学约为 80 所,营利性私立大学为 44 所,而非营利性私立大学为 180 多所。当然美国每个州的情况根据州政府的法律和实际情况都有所不同,从平均数来看,每个州约有大学 90 几所,在这90 多所大学中,私立大学的数量往往高于公办大学的数量。无论是从纽约单个城市还是从平均数来看,在美国私立大学的比例远远高于公办大学,因为政府的财政支持是由该州政府对教育的支持程度和当地教育的发展状况而决定的。

---

① 董圣足:《民办学校分类管理的制度构架:国际比较视角》,《教育发展研究》2013 年第 9 期,第 14 - 20 页。
② 石邦宏、王孙禹:《民办高校营利性与非营利性的制度思考》,《中国高校思考》2009 年第 3 期,第 55 - 57 页。
③ 潘东明:《美国私立高校经费筹措渠道及其启示》,《交通高校研究》2001 年第 4 期,第 42 - 43 页,第 45 页。

二 澳大利亚

澳大利亚的公立大学不收取任何的学费。由于公立学校是州政府设立的,所有的基本办学资金都由州政府预算拨款,公办学校的学生数越多,学校便越能从州政府和教育部得到更多的资金支持。而从澳大利亚的私立教育发展的现状来看,已经没有传统意义上的自给自足的私立学校了,绝大多数的私立学校会通过教会提供资金,或者通过财团、基金会提供的资金,或者接受政府的财政补贴,由此可以看出民办公助将会成为澳大利亚私立学校的发展方向。[1] 这里尤其需要注意的是澳洲的私立学校中很多都是宗教团体举办的,因为澳大利亚和许多国家一样都有明文规定,公办院校里面不得传播宗教,这一点对西方国家人民而言是不能接受的,所以出于宗教文化选择的需要就诞生了许多教会学校,所以在澳大利亚的很多私立学校都有宗教背景,在办学经费上受教会的资助,这和我国有很大区别。而在澳大利亚全部的 40 几所大学中,其中只有两所为私立大学,"大学(University)"一词在澳大利亚受联邦法律严格保护,须经专家学者及政府针对相关学术、财务等方面进行评价,且由国会立法通过,方准设立。通过以后,无论是公立大学或私立大学,均授权允许开设课程以及颁发证书、文凭和学位证并由澳大利亚教育部统一管理。

三 韩国

在韩国,学校分为国立大学、公立学校和私立学校三种类型。其中,国立学校是由国家出资举办的学校,公立学校是由各级道、市政府出资资助的学校,这两类学校均是学校法人,属于非营利性学校;私立学校在韩国是举办公益事业的公司法人,属于营利性组织,虽说是举办公益性教育事业,但仍然可以给学校自身带来可观的利润。营利性学校和非营利性学校除在法人属性上不同之外,在设立程序以及税收政策上也是不同的。例如,设立程序上,营利性的学校需要在工商部门注册登记,而非营利性的学校则由教育行政部门审批注册。在税收政策上,营利性学校的社会捐赠不能为捐助人抵税[2],非营利性学校的社会捐赠则可抵税[3]。具体来说,韩国的私立大学基本上就是企业财团在背后支撑的,企业对教育支持不仅仅单纯地表现在短期内可以为企业盈利多少,而是企业自身发展到一定程度,就自然而然地想为社会投入一份力量来促进整体人员素质的提高,而国民素质提高最基本最有效的手段便是高等教育,因此韩国的财团以资金支持学校的运营,同时也为私立学校培养大量的师资力量,这也是韩国私立学校多具有良好的师资力量以及优越的硬件

---

① 王小兵:《教育发展中融资创新研究》,博士学位论文,中献学,2011。
② 董圣足:《民办学校分类管理的制度构架:国际比较的视角》,《教育发展研究》2013 年第 9 期,第 14-20 页。
③ 董圣足:《关于民办高校法人财产权的思考:基于 45 所民办院校法人财产状况的调查分析》,《教育发展研究》2007 年第 22 期,第 1-5 页。

设施的根本原因。另外,在韩国私立学校的学费也多于公立大学,但收益并不是按照出资比例与企业进行划分,而是把所有的收益留存于学校内部进行教育投资。从经营上来看,企业并没有从学校的经营上获得多少实质性的盈利,但是在整体国民素质的提高之后,企业在雇佣职员以及公益事业上将会获得比实际收益更多的实惠。在韩国综合排名前 20 的高校中,除了 3 所是国立大学之外,其余的均是私立大学。

四　日本

日本高等教育的发展主要是私立大学的发展,早在 20 世纪 70 年代,日本的私立大学的在校大学生的人数已达到全日本大学在校大学生总数的 80%。纵观全世界高等教育,日本是全世界私立高等教育比重最大的国家之一,日本私立高校的财源或收入是学费、捐助、财产收入和附带的事业收入,其中,学生的学费是其私立学校的主要收入来源,占其总收入的 70%。而实际上,只依靠学费是难以维持私立学校正常的管理和教学研究活动的,因此,日本政府根据《私立学校法》以及相关法律,对私立学校采取了一系列的支持措施。同时,根据《私立学校法》的规定,私立学校必须由依法设立的学校法人来设立。学校法人是财团法人的一种,属于非营利性的组织,不得从事法律规定以外的营利性活动。[①]

综上所述,国际上主要是根据举办者的办学目的以及办学行为来进行分类的。凡是学校的举办者要求获得一定商业报酬的学校,都会被认定为营利性的私立学校,要遵循民商法,到工商部门注册为企业法人,照章纳税,不能享有免税政策,而且不能接受政府财政直接资助以及其他社会资金捐赠;而学校的举办者不要求获得商业利润的私立学校,都会被认定为非营利性学校,而非营利性学校在多数大陆法系国家被视为财团法人或独立的学校法人(如日本、韩国),举办者(出资人)不享有其投入学校资产的剩余索取权及剩余控制权,但学校法人一般都可享受国家的免税政策,接受政府财政资助及社会资金捐赠。[②]

第三节　国内营利性组织与非营利性组织在教育领域的体现

国际上各专家学者对于营利性学校和非营利性学校的划分标准始终没有统一,我国亦出现了同样的情况。虽然我国的专家学者曾尝试将营利性学校和非营利性学校进行划分,却也终究没有一个准确的界定标准。在此,将从我国学校的分类入手,

---

①②　惠向红:《民办院校营利性与非营利性的法律界定》,http://www.xzbu.com/9/view-5198665.html。

以期找出我国营利性学校和非营利性学校的分类标准。[①]

在我国,是从 20 世纪 90 年代初出现了营利性教育组织和营利性教育机构。因为当时我国并没有明确的政策文件,所以营利性的教育组织一出现便引起了社会各界的强烈反应与争论,支持者、反对者均有,这就使营利性的教育组织一直处于比较尴尬的地位。直到"积极探索营利性和非营利性民办学校分类管理"的政策被写进《国家中长期教育改革与发展规划纲要(2010—2020 年)》,并把营利性教育组织管理纳入深化教育体制改革的试点,营利性教育组织的地位最终获得认同。[②]

有学者认为,大学是现代混合的一种教育机构,同时具有公共属性和私属性质。一所完全意义的公办院校应该是公有(产权)公办(经营)的,相对于公办大学而言,一所完全意义上的民办大学也应该是民有民办的。随着我国教育的不断进步与发展,在公办大学和民办大学之间出现了一些"混合型"的院校,许多类型的院校中,都是"公中有私""私中有公",即我们现在提到的"混合所有制院校"。

我国高等院校根据其组织形式和出资方式的不同可以具体分为公办院校、民办院校和混合所有制院校。根据国家统计局 2022 年统计数据,我国普通教育高等学校数 2 759 所,本科院校学校数 1 270 所,高职(专升本)院校数 1 489 所,成人高等学校254 所。由此可见,我国民办高等教育学校占有一定的比例。本节主要介绍公办院校和民办院校的具体情况。

一 公办院校

在我国,大学分类经过几次变换,演变为现在人们所说的公办和民办私立的形式,这是由举办者的性质而决定的。在 20 世纪八九十年代,我国在公办大学中,又可以分为国立、省立、市立等,但是,如果从发展过程、政策基础、外部环境、办学目标和管理体制来看,国立、省立、市立、民办大学之间也存在许多差异。国立大学,作为"国家投资设立的"大学,属于公办性质的大学,又具有特殊性,它在高等教育发展的历程中,受政治、经济、文化等因素影响,几经变革。[③] 但是目前我国并没有具体的"国立大学"的定义,通常将由国家政府提供资金建设的大学通称为"公办大学"。我国的公办大学组建历史悠久,文化底蕴浓厚,有较好的学风,学校的发展策略相对稳定,办学经费主要来自国家财政拨款。公办大学为国家事业单位,加之教师编制及教育经费均有国家保障,教学设施相对较好。但是虽然公办大学有国家政府保障其教学设施及师资力量,但是其专业设置相对滞后。

① 沈剑光:《中国公共经济管理转型对民办教育影响研究》,博士学位论文,武汉大学,2011。
② 李成明:《美国营利性高等教育组织的发展与争论研究》,《重庆高教研究》2015 年第 1 期,第 101 - 105 页。
③ 夏兰:《民国时期现代大学制度演变研究》,博士学位论文,复旦大学,2012。

二　民办院校

民办学校虽然是民间资本建立的,但并不意味着所有的民办大学均为营利性组织,而应该根据举办者是否要求回报来决定。如果民办大学的举办者仅仅追求的是合理回报,那么这所学校就应该定义为非营利性的学校[①](非营利性的组织),而举办者为了谋求利润而建立学校则可以定义为营利性学校(营利性的组织),依照此标准进行划分,我国的民办大学可分为营利性的民办学校和非营利性的民办学校两大类。

首先,作为营利性组织的教育机构,提供的产品或服务基本上属于私人产品,从属性上来说,与营利性组织的工商企业没有本质区别,两者最终目的都是赚取利润或追求最大回报,而其提供的教育服务是手段。其次,营利性的教育机构资源配置的基本机制是市场供求与价格,服务的成本最终由消费者(即受教育者)负担,这类民办学校的供给与需求本质上是市场交换关系。再者,作为营利性组织的教育机构,应该按照我国法律实行照章纳税、自主经营、自负盈亏的经营管理制度。最后,营利性的民办学校所赚取的利润由投资者和举办者自由支配,可以用于学校教育支出,也可以归于投资者和举办者所有,不存在所谓的"合理回报"和使用去向等问题。由于提供的教育服务具有正的外部性,成本和收益不完全对称,公共财政应给予一定的支持,这种财政支持只是其服务成本的一种补充。[②]

作为非营利性组织的民办学校,从制度规范来说,同公办学校一样,其功能是传承文明和知识技能以培养学生,收取学费和营利是其自身生存与发展的必要手段。由于这类学校属于非公共服务机构,经费来源和服务成本的主要负担者是享受其服务的消费者,即受教育者及其家庭。学校收入大于支出的部分(即赚取的利润部分),都应该用于学校教育支出,而不应该归举办者或出资者所有。由于其性质为非营利性的机构组织,公共财政应给予比营利性的民办学校更大的支持。[③]

2017年9月1日起施行的《民办教育促进法》第五章"学校资产与财务管理"第35条规定:"民办学校应当依法建立财务、会计制度和资产管理制度,并按照国家有关规定设置会计账簿";第36条"民办学校对举办者投入民办学校的资产、国有资产、受赠的财产以及办学积累,享有法人财产权";第37条"民办学校存续期间,所有资产由民办学校依法管理和使用,任何组织和个人不得侵占。任何组织和个人都不得违反法律、法规向民办教育机构收取任何费用";第38条"民办学校收取费用的项目和标准根据办学成本、市场需求等因素确定,向社会公示,并接受有关主管部门的监督。

---

① 惠向红:《民办院校营利性与非营利性的法律界定》,http://www.xzbu.com/9/view-5198665.htm。
② 方芳、王善迈:《我国公共财政支持民办高等教育研究》,《北京师范大学学报(社会科学版)》2011年第5期,第23-29页。
③ 王善迈:《我国民办学校如何进行分类管理》,《西北职教》2012年第5期,第2页。

非营利性民办学校收费的具体办法,由省、自治区、直辖市人民政府制定,营利性民办学校的收费标准,实行市场调节,由学校自主决定。民办学校收取的费用应当主要用于教育教学活动、改善办学条件和保障教职工待遇"的实施。《民办教育促进法》在很大程度上明确了民办院校的资产管理方法以及财务管理方法,促进了民办院校的发展。

另外,2018 年 8 月《民办教育促进法实施条例(修订草案)(送审稿)》(简称《送审稿》)中对于民办学校的扶持与奖励也体现了"分类管理"的原则。例如,在税收政策方面非营利性民办学校使用国务院财务部门、税务部门发布的关于公办学校的税收政策,减免相应的税负,而对营利性民办学校使用国家鼓励发展的相关产业政策,享受相应的税收优惠。在土地资源使用方面,针对非营利性民办学校特别指出,新建、扩建非营利性民办学校,地方人民政府应当按照与公办学校同等原则,以划拨等方式给予用地优惠。在教工福利方面,县级以上地方人民政府应当将分担非营利性民办学校教职工社会保障的资金纳入预算,依法采取财政补贴、基金奖励、费用优惠等方式,支持、奖励民办学校为教职工建立职业年金制度,并可以采取政府补贴、以奖代补等方式鼓励、支持民办学校保障教师待遇。由此种种,可以看出《送审稿》披露之后对民办教育的发展又是一巨大推动力。

第四节　混合所有制学校营利性与非营利性分类管理选择困境

一　混合所有制学校

自我国实施改革开放以来,尤其是进入 21 世纪之后,高等教育发生了巨大的变化。随着人民日益富裕、生活水平普遍提高,人们要求接受高等教育、提高自身素质的愿望越来越强烈。

混合所有制已经不是新鲜事物,早在 1993 年,党的十四届三中全会《决定》提到了"混合所有"的概念;1997 年,党的十五大报告中也曾出现"混合所有制"的提法;2003 年,党的十六届三中全会报告提出"大力发展国有资本、集体资本和非公有资本等参股的混合所有制经济,实现投资主体多元化,使股份制成为公有制的主要实现形式"。[①]2014 年,党的十八届三中全会《中共中央关于全面深化改革若干重大问题的决定》指出:"积极发展混合所有制经济。国有资本、集体资本、非公有资本等交叉持股、相互融合的混合所有制经济,是基本经济制度的重要实现形式。允许更多国

---

① 庞庆明、郭志伟:《中国特色社会主义资本观:历史溯源、当代发展与新时代阐释》,《西北大学学报(哲学社会科学版)》2018 年第 1 期,第 33－45 页。

有经济和其他所有制经济发展成为混合所有制经济。国有资本投资项目允许非国有资本参股。允许混合所有制经济实行企业员工持股,形成资本所有者和劳动者利益共同体。"而"所有制"这个概念则是注重宏观层面,特别强调生产资料归谁所有的问题,典型的所有制包括公有制和私有制两种。就我国而言,公有制包括国有制(全民所有制)和集体所有制两种;私有制包括各种其他非国有的企业、个人和外资所有的形式。所有制问题在西方一般称之为产权问题,侧重微观层面。"混合所有制"概念尝试可概括为:多种不同所有制成分的生产资料并存、相互渗透、融合和共同发展而形成的经济形式,反映的是发生在经济单位内部的所有制结构状态。从混合所有制延伸至混合所有制办学,是以政府推动市场机制理念为指导,吸收了经济领域的混合所有制经济理论和实践,利用全新的投融资形式吸引社会资金,以合同或契约的形式,将不同产权主体的资金有效地运用到办学中,以此带动学校办学理念、经营管理、教育教学的改革。[①]

《国家中长期教育改革和发展规划纲要(2010—2020年)》(简称《纲要》)提出建立"政府主导、社会参与、主体多元、办学形式多样"的办学体制。《纲要》的出台实际上是鼓励社会各方人士均能参与混合所有制办学来发展高等教育。而混合所有制在教育领域的实现基本上是以国有资本和社会力量(主要指企业)两大类型进行混合,涉及企业必然涉及营利问题,通过参照促进法的规定,国有资本和企业资本相互混合之后可以让各出资方分别派出代表组建董事会和监事会,来署理学校的一切教学活动和行政管理工作,但是通过教学活动或者是通过组织一些活动获得收益,应该按照规定对学校教育事业进行再投资,而不是因为社会力量的参与将收益再次返还社会力量。这样,学校产生的收益是用于对教育的再投资,从而可以合理避税。

经济领域中混合所有制的改革经验对教育领域具有一定的借鉴意义。混合所有制学校本质特征应该是产权结构、治理主体多元化,应该是国有资本、集体资本、非公有资本等不同所有制中的两个及以上主体共同出资举办的新型教育模式。[②] 现在在本科院校中以混合所有制形式存在的学校不多,但是以混合所有制存在的职业学院却有不同的实现方式。通过图7-1所示的混合所有制办学倾向类型调查结果可以看出,到目前为止,参与调查的62所学校中,11所学校(约17.74%)选择营利性运营学校发展,35所学校(约56.45%)倾向于非营利性办学,而剩余16所学校(约占25.81)暂时尚未考虑学校的运营类型。从以上结果不难看出,参与调查的学校中,虽然是混合所有制办学,但是大部分学校仍然倾向于以非营利性运营促其发展。

公办院校引入民营资本模式的混合所有制学校主要是引入社会力量,通过引入

---

① 黄群群、张颖:《混合所有制办学:高职教育发展的新探索》,《湖北经济学院学报》2015年第10期,第126-128页。

② 阚明坤、潘奇:《发展混合所有制职业院校初探》,《职业技术教育》2015年第4期,第40-44页。

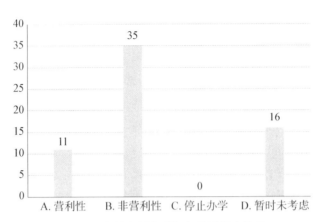

图 7-1 混合所有制办学倾向类型调查结果

数据来源：调查问卷。

社会力量来引入社会资本，并且以国家为主体，政府既是举办者又是管理者，还是评价者，但是这种以政府为主体的院校缺乏活力，难以适应市场的需求[①]，因此尝试引入社会力量，比如沈阳职业技术学院引入民营资本企业投资 6500 万元，共建国家示范性软件学院。

民办院校引入国有资本模式的混合所有制学校是在民办高校中引入国家资本，其主要优势是办学机制灵活高效，并且对市场反应灵敏，但是民办院校自身虽然适应市场，但是资金短缺，没有政府的财政补贴，主要依靠较高的学费来维持经营，融资渠道相对单一，这便是民办院校其自身的劣势所在，所以引入国家资本可以保障学校资金充沛的同时，也提高了学校的声誉。例如 2012 年，民办高校紫琅职业技术学院引入江苏省发展投资中心（江苏省教育厅直属事业单位）的投资，占股 5%，成为有国资参与的"混合所有制"学校，并按照江苏省 2010 年出台的《关于进一步促进民办教育发展的意见》，于 2013 年变更登记为事业单位法人，使学校声誉大增。

国有资本与民营资本共同出资组建混合所有制学校模式是指公办院校与集体资本、民营资本、外资共同投资新办学校，这是利用非国家财政资金而举办的一种新型办学模式，其中最具代表性的便是独立学院，充分利用公办高校的资源优势和师资优势的同时又充分发挥了民间资本的资金优势、机制优势等。例如，烟台大学文经学院便是由烟台大学和山东祥隆集团共同举办的独立学院，烟台大学文经学院既利用了母体院校（烟台大学）的教育资源优势，又发挥了社会资本（山东祥隆集团）的资金优势和灵活的机制优势。

混合举办的学校二级学院模式是在校企合作的基础上，加强产教融合，共同建立二级学院，该类二级学院与目前高校内部的专业性二级学院不同，虽然它也可能是一

---

① 阙明坤、潘奇：《发展混合所有制职业院校初探》，《职业技术教育》2015 年第 4 期，第 40-44 页。

个专业性学院,但并不因为其是专业学院而成为二级学院,即它不受学科专业限制,以办学、管理和筹资体制等区别于传统的二级学院,即混合举办的学校二级学院一般具有引入多元化的办学投入资本、企业化的管理运营模式以及员工化的育人模式等特征。

公私合作伙伴关系 PPP 模式是最早由英国率先提出并采用的一种模式,之后该模式在其他国家也得以推广,而教育领域的 PPP 模式主要是指政府公共部门和社会资本建立合作关系,提供教育服务以促进教育发展的一种新模式。典型 PPP 模式有英国的私人融资计划、美国的特许学校和契约学校等。当前我国发展混合所有制学校,可以借鉴 PPP 模式,公私联合开展学校图书馆、体育馆、实验室等校园项目建设,实现资源共享。①

混合所有制学校委托代理模式是指受托学校将学校管理权力交给委托学校或机构,由更具专业能力的委托学校来管理受托学校,以此来提高受托学校的管理效率,而受委托管理的学校,其办学体制、教师编制、经费投入、收费标准不变。例如 2004 年上海浦东新区将濒临倒闭的公办学校委托给独立的社会教育管理机构管理,取得了显著的效果。

虽然上述模式对于研究混合所有制学校具有一定的意义,但在当前机制下,为了更好地发展我国高等教育,高等院校应以创新体制机制为突破口,开拓办学思路,大胆创新办学理念,尝试新的办学模式,面向市场办教育,积极地探索校企联合办学的路径,进行公办与民办共同发展的混合办学新模式。总结起来,混合所有制办学具有以下的优势:

第一,成功开辟了校企合作新模式,有利于体制机制创新。混合所有制办学不仅成功地将企业引入校园,与此同时也把新形成的共同体安置于学校,从而将校园文化与企业文化很好地融为一体,把公益事业与市场竞争合二为一,进一步深化合作办学体制机制改革。

第二,有效利用各种资源,获得经济效益和社会效益的双丰收。混合所有制办学互补了事业管理和企业管理的两种管理思想和方法,使企业运营与教学实践更加协调②,我国目前的混合所有制办学模式不是简单的参与办学,而是在市场经济体制下形成的利益共同体,因此,校企双方在人才培养、专业建设、顶岗实习、学生就业等方面有着广泛的利益共同点,实现了"你中有我,我中有你"的深度融合,"人才共育、过程共管、成果共享、责任共担"得以充分体现。

第三,规范了学校的法人治理。学校由校董事会作为学校的决策机构,实行董事

---

① 阙明坤、潘奇:《发展混合所有制职业院校初探》,《职业技术教育》2015 年第 10 期,第 40－44 页。
② 黄群群、张颖:《混合所有制办学:高职教育发展的新探索》,《湖北经济学院学报(人文社会科学版)》2015 年第
　 10 期,第 126－128 页。

会领导下的校长负责制。由于多种利益主体存在,股权多样化迫使决策时,不是由一个股东说了算或是一个主体做出最终决定,风险被降到最低。学校应该在做出重要决定前征询多主体的意见,进行广泛调研,多主体进行了质询后,才能做出最终决策。

二 混合所有制办学面临的困境

虽然混合所有制办学具有以上的优势,并且其优势可以使混合所有制办学有一定程度的发展,但是也同样面临着以下的困境,限制着混合所有制办学的发展。

第一,理念冲突与身份认证的问题。应当看到,当前,人们对于高等教育仍然倾向于国家的公办院校,而对民办学校和混合所有制学校仍抱有迟疑态度。首先,合作治理在非营利性的大学(这里多指国家公办院校以及民办非营利性学校)中根深蒂固,而营利性学校的治理结构植根于传统的公司治理模式,使雇主和雇员之间的界限非常清晰[①],这也就意味着营利性大学的教职员没有永久性职位,且教职员的薪资水平也将与绩效挂钩,其管理方式类似于传统的公司管理方式。其次,国家公办院校教职工的编制一般均属于事业编制,因为其资金主要来源于国家财政拨款,其管理方式为合作治理,并且遵循我国法律法规,所以国家公办院校基本没有企业编制,而混合所有制学校的教职工编制则兼有事业编制和企业编制。从图 7-2 所示的学校教职工编制调查结果可以看出,参与调查的 63 所院校中 31 所院校的教职工编制为事业编制,7 所院校的编制为企业编制,而剩余 25 所院校的教职工编制兼具事业编制和企业编制两种。

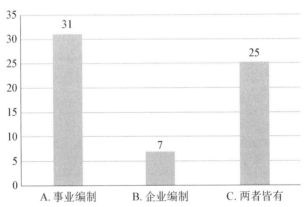

图 7-2　学校教职工编制调查结果

数据来源:调查问卷。

学校教职员工的编制不同,除了社会身份的认定之外,还存在学校教职工的待遇问题,从图 7-3 所示的学校教师是否可以享受公办教师同等待遇调查结果中可以看

---

① 吴益群、杨泽宇:《国际化校企共同体:混合所有制办学实践新模式》,《职教论坛》2016 年第 8 期,第 52-55 页。

出,参与调查的 63 所院校中,仅 27 所院校(约占 42.8%)的教职工享受了和公办院校同等的待遇,15 所院校(约占 23.81%)的教职工部分享受公办院校教职工的待遇,9 所院校(约占 14.29%)的教职工并未享受公办院校教职工待遇,剩余 12 所院校(约占 19.1%)暂不清楚。从这个结果来看,虽然部分院校享受公办教师的待遇,但是大部分院校的教职工待遇并未真正达到公办院校教职工待遇。虽然目前我国大力促进民办教育和混合所有制办学,但是人们对于新兴的教育体制还是存在一定的怀疑。

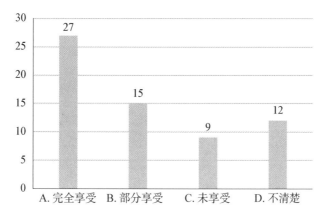

图 7-3　学校教师是否可以享受公办教师同等待遇调查结果

数据来源:调查问卷。

第二,追求利润的盈利性与教育办学的公益性之间的矛盾。教育办学是为国家、为社会发展奠定基础的基本方法,其公益性不言而喻。但同时赚取利润又是每一家公司及企业其经营发展的基本目标及巨大驱动力。这两者之间的矛盾,也是造成私有资本和公有资本在办学思路上相左的最主要原因。[①] 如何协调营利性与公益性之间的矛盾,是急需解决的问题。对于营利性的教育,应该摈弃教育公益性原则对混合所有制教育发展所带来的种种束缚,原则上应将其视同于基本的商业公司,对于举办者追求投资回报的权利进行保护。

第三,混合所有制办学的财务管理问题。传统意义上的高等教育应该是财务独立核算,但是面临多主体混合的情况下,学校财务也应该是独立核算。因混合所有制办学的"共同体"设在学校,所以学校既是投资者,也是组织者,更是遇到问题时的决策者与解决者,所以混合所有制学校的财务是独立核算。对于非营利性教育而言,应坚持禁止利润分配,借鉴大陆法系财团法人组织形式,给予免税在内的一系列政策优惠。[②] 无论是哪种情况,学校都应该不断加强自身的财务制度设计,推进管理的科学化,并且要树立质量意识,不断提高自身的办学质量来加强院校自身的资金管理。

[①] 吴益群、杨泽宇:《国际化校企共同体:混合所有制办学实践新模式》,《职教论坛》2016 年第 8 期,第 52-55 页。

[②] 魏建国:《教育公益性、非营利性教育与营利性教育》,《教育经济评论》2016 年第 2 期,第 23-38 页。

第四，混合所有制办学的教育创新问题。从目前我国教育培养人才的过程来看存在诸多问题，特别是在高等教育的人才培养以及科学研究等方面，整体创新不足，缺乏竞争力，缺乏活力。在以公办院校为主的高等教育体制中，民办教育以及混合所有制办学的发展受到一定限制，传统的教育理念以及管理方式使混合所有制办学的发展受到限制，因此，应该将支持混合所有制办学作为重要的教育改革创新来对待。为了提高整个高教系统的活力，应该通过一系列的措施鼓励民办教育的发展，并扶持一批民办高等院校，让这批院校给国家的公办高校带来一定的竞争压力，促使公办高等院校不断地进行探索和创新。《国家中长期教育改革和发展规划纲要（2010—2020年）》提出：对具备学士、硕士和博士学位授予条件的民办学校，按规定程序予以审批。这一规定为提高整个高教系统的活力以及为培养人才和科学研究等方面铺平了道路。

第五，政策法律保障问题。虽然我国目前大力发展职业教育和混合所有制办学，但对于混合所有制办学并未制定相应的具体实施条例来规范，也没有从法律层面上建立混合制校企合作的有效保障机制，特别是民有资本的利益难以得到有效的保障。我国于2017年9月1日施行的《民办教育促进法》第二章第19条提出，"民办学校的举办者可以自主选择设立非营利性或营利性民办学校。但是，不得设立实施义务教育的营利性民办学校。非营利性民办学校的举办者不得取得办学收益，学校的办学结余全部用于办学。营利性民办学校的举办者可以取得办学收益，学校的办学结余依照公司法等有关法律、行政法规的规定处理。民办学校取得办学许可证后，进行法人登记，登记机关应当依法予以办理。"[①]根据混合所有制办学法律规范不完善是否影响学校发展的调查结果所示（如图7-4所示），参与调查的学校中有61所学校认为混合所有制办学法律规范不完善会影响到学校的未来发展，而只有1所学校认为没有影响。

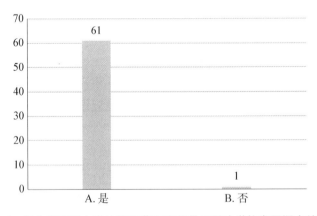

图7-4　混合所有制办学法律规范不完善是否影响学校发展调查结果

数据来源：调查问卷。

---

① 谭细龙：《教育法治建设存在的八大问题分析》，《湖北第二师范学院学报》2017年第12期，第1-6页。

第八章 教育领域探索和发展混合所有制的内部治理机制

混合办学教育组织的正常运行,其多元办学主体相关责权利理应得到准确分割和界定。研究发现,由于教育活动难以度量、难以考核、难以监督等方面的特殊性,加之相关法规不完善等因素,准确监督和度量其各种属性的交易费用高昂,混合办学呈现契约各方履行率不高的教育组织特点。混合办学契约大多没有也不可能完全准确界定和执行相关各方的责权利,由此凸显出的内外部各种矛盾得不到合理界定和约束,进而影响着混合办学的健康可持续发展。简而言之,混合办学由于办学主体多元化,目标函数复杂多样,冲突多发,其内部治理成为理论和实践中的难题之一。

第一节 董事会与董事会领导下的校长负责制

一 法人治理与混合所有制学校董事会

(一) 法人治理与混合所有制学校法人治理

法人治理是由国外引入,称为"corporate governance",也叫公司治理。国外学者认为公司治理是规范公司利益相关者在权、责、利三方面的正式与非正式的治理安排,是用来解决股东、董事会、管理层以及公司其他利益相关者相互作用等问题。混合所有制学校由多方投资主体投资,形成独立法人的实体,其创建及发展过程遵循市场机制,因此在学校治理方面借鉴公司治理结构。混合所有制学校法人治理是指混合所有制学校作为独立法人实体,在投资者、董事会、学校管理层、教师、学生等各方之间做出权、责、利的正式与非正式的治理安排。建立起"董事会决策领导、学校管理层依规依章程管理学校日常事务、监事会监督监管"为特征的混合所有制学校法人治理结构。混合所有制学校与公司有较大区别,主要在于公司遵循逐利性原则,以营利为目的;混合所有制学校从事培养人才的教育事业,体现非营利性的特征,追求社会效益。

(二) 混合所有制学校董事会的产生与定义

混合所有制学校的社会资金投资方通常对教育规律了解少,不具备专业知识直接经营管理学校,需要聘请专业人士负责学校的经营管理。因此,学校的财产所有权与经营权发生分离,投资方拥有所有权,聘请校长管理学校。投资方与校长存在信息不对称性,投资方难以准确做出决策。在这种背景下,投资方需要一个组织代表投资方对学校重大事务做出决策,董事会便应运而生。

《民办教育促进法》第 19 条明确指出:"民办学校要设立理事会、董事会或者其他形式的决策机构。"混合所有制学校建立人治理结构,参照《民办教育促进法》,按学校章程设立董事会,董事会由全体董事组成,是学校的决策机构。[①] 混合所有制学校实现形式可采用股份制,学校投资者持有学校股份,并组建董事会,作为学校的最高决策机构,董事会聘任校长,实行董事会领导下的校长负责制。[②] 校长组建学校管理层,作为执行机构,形成完整的学校运行体系,负责学校教学、财务、人事等日常事项。

(三) 混合所有制学校董事会的结构与职能

混合所有制学校有多元的产权主体,在治理结构上采用董事会领导下的校长负责制,要求董事会的结构能够体现多元的产权主体利益,各方主体通过董事会决策机构切合学校办学理念,达到各方主体的行为与学校的办学目标一致。对于混合所有制学校,缺乏董事会的组成和设置方面相关的法律法规,但可以从独立学院相关的法律法规得到启示。独立学院属于混合所有制学校,《独立学院设置与管理办法》第 25条规定,独立学院设立理事会或者董事会,作为独立学院的决策机构,其人员组成一般包括以下几个层面:参与举办独立学院的普通高等学校代表;社会组织或个人代表;独立学院院长;教职工代表等。这里需要强调,混合所有制董事会人员组成可参考《独立学院设置与管理办法》对董事会人员组成的要求。但其中独立学院院长拥有学校经营权,负责学校日常事务管理,学校校长进入董事会,一人多职,校长既是监督者(董事)又是执行者(校长),容易造成董事会错位、越位行为,或者造成校长自我定位不明确、不能专心管理学校事务的情形。因此,校长不担任董事,可列席董事会或者加强与董事会沟通,使得董事会与校长管理层的信息渠道畅通,提高董事会效率,对学校重大事务做出正确决策。《独立学院设置与管理办法》指出,董事会应由 5 人以上组成,设立董事长 1 人。混合所有制学校董事会成员主要由公有制和私有制投资方、学校教职工代表、党组织负责人、社会组织代表组成。学校党组织要参与学校决策机构,加强学校思想政治教育工作。[③]

混合所有制学校董事会应体现教育事业的公益性特征,这与企业董事会追求利益最大化有所区别:第一,从董事会成员产生过程看,企业董事会董事由股东大会选举产生,混合所有制学校董事会由各投资方协商选聘;第二,从董事会成员组成来看,

① 李敏:《新时期加强民办高校党建工作研究》,《经济师》2018 年第 1 期,第 222 - 223 页,第 225 页。
② 林婧:《我国民办基础教育发展面临的困境和出路》,硕士学位论文,湘潭大学,2017。
③ 曹振国:《教育股份发展的矛盾性困境与突破》,《教育与职业》2018 年第 12 期,第 106 - 109 页。

学校董事会董事不一定是学校投资者,可能是学校投资者选派懂教育规律的代表,也可能是教育专家、政府官员、党组织负责人、教师代表等,因此混合所有制学校董事不必持有学校股份;第三,从法人性质看,企业设置主体是营利法人,而混合所有制学校可以选择非营利性质,也可选择营利性质,但都具有公益性;第四,从董事会体制看,企业董事会对股东大会负责,而学校董事会领导下的校长负责制,虽然校长执行董事会的重大决策,但是校长行使经营管理权时,要明确学校从事教育事业,校长既要对学校董事会负责,也要对国家教育事业负责,学校董事会要给予校长充分权限,由校长独立地行使学校教育教学工作和行政管理工作。[①]

如图8-1所示,在调查的63所混合所有制学校中,有50所学校的党组织进入学校的决策机构,占有董事会成员席位,13所学校的党组织尚未进入学校决策机构,参与学校重要决策。

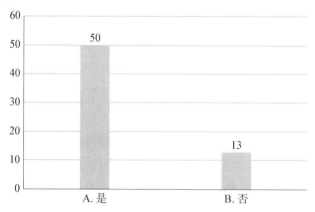

图8-1　党组织是否进入混合所有制学校决策机构

数据来源:调查问卷。

《独立学院设置与管理办法》第28条指出,独立学院董事会会议做出的决议,须经全体董事过半数成员通过生效。但是讨论下列重大事项,须经理事会或者董事会2/3以上组成人员同意方可通过:聘任、解聘独立学院院长;修改独立学院章程;制定发展规划;审核预算、决算;决定独立学院的合并、终止;独立学院章程规定的其他重大事项。通过调查,混合所有制学校董事会的职能应包括下面几点:制定学校章程;制定学校目标与发展规划;负责学校办学经费的预算、决算、审核;聘任、解聘混合所有制学校校长;审核学校重要财政决策;审核并通过校长推荐的学校各部门主要负责人员;评价校长工作,审议校长的年度工作计划、工作总结;协调学校对外关系;其他涉及学校章程规定的重要事项。

---

① 王凤玲、罗建国:《建立现代大学制度促进民办高校发展》,《浙江树人大学学报》2010年第6期,第5页。

二 混合所有制学校董事会存在的主要问题

(一)董事会指导思想不明确

因所有制的差异导致董事会成员思想认识差异较大,使得混合所有制学校的思想政治方向不如公办学校明确。有的学校忽视党建工作,党组织规模较小,党建工作流于形式,学校思想政治工作不明确。由于党组织的建设工作在混合所有制学校不被重视,导致学校办学不规范。[①]《民办教育促进法》没有明确要求董事会成员要有党组织负责人,使得混合所有制学校党建问题缺乏相关法律法规的支持。

2000 年 6 月,中共中央组织部和教育部联合发布的《关于加强社会力量组织学校党的建设工作》对混合所有制学校党的建设给出指导意见,但其是党内文件,不具有法律约束力。

2017 年 1 月,国务院发布《关于鼓励社会力量兴办教育 促进民办教育健康发展的若干意见》指出,全面加强党的思想建设、组织建设、作风建设。要完善民办学校党组织建设,明确民办学校党组织的隶属关系,完善党组织工作的保障机制,选好配强民办学校党组织负责人。要求完善学校的法人治理结构,董事会成员应由投资者或者其代表、校长、党组织负责人、教职工代表等共同组成。强调党组织领导及相关成员通过法定程序进入学校的决策结构(董事会)和执行机构。

实行董事会领导下的校长负责制,不排斥党组织在学校行政管理的地位和作用,不论是混合所有制学校,还是私有制民办学校,不论哪种体制,都应该坚持党对教育工作的重要指导地位,加强党的思想政治工作,加强党组织在学校的建设,支持董事会履行职权,保证党的各项方针政策在学校的顺利执行,保证教育目标的顺利实现。

(二)董事会缺位

董事会的职责之一是负责学校办学经费的预算、决算、审核,但有的混合所有制学校董事会不履行其职责,办学经费投入不到位、学校固定资产投入不到位等现象普遍发生,严重影响学校正常运转。董事会的筹资功能得不到保障,董事会形同虚设,出现缺位行为。[②]

(三)董事会越位

有的混合所有制学校的投资方控制学校董事会,通过董事会直接干涉学校的日常行政管理工作,董事会由决策机构变成管理执行机构,有的学校的董事会单独设立财务部,干涉学校财务运行,有的学校董事会越校长职权,直接任命学校的中层干部,用管理企业的办法来管理学校,不遵循教育规律,甚至随意抽走学校的办学经费,出

---

① 柯盈盈:《民营高职院校董事会治理结构优化研究——以杭州万向职业技术学院为例》,硕士学位论文,湘潭大学,2014。

② 王晓琛:《我国民办高校董事会内部管理体制研究》,硕士学位论文,山东财经大学,2013。

现各种董事会职权越位行为。

（四）董事会成员结构缺乏合理性

一是混合所有制学校董事会成员偏向家族化。出资者的单一性，使得部分混合所有制学校董事会成员多数源自出资方家族之中，这容易导致学校管理出现封闭性、排他性和非民主性，学校发展方向和办学方针容易受董事会家族化左右，进而出现违规办学、违背教育规律等不合理办学行为，影响学校可持续发展。

二是混合所有制学校董事会成员偏向门面化。董事会通常将个人社会名望作为其外聘董事的重要考量指标，名人效应在为学校带来便利的同时，也会带来一定负面影响。

三是混合所有制学校董事会成员来源偏向单一化。参见《独立学院设置与管理办法》的规定，独立学院董事会成员应包括"参与举办独立学院的普通高校的学校代表、社会组织或个人、独立学院院长、教职工代表等"，混合所有制学校董事会成员可包括公有制资本代表（通常是公办学校）、私有制资本代表（社会投资方）、混合所有制学校校长、教职工代表。然而在实际中，混合所有制学校的董事会成员往往由投资人组成，构成简单，来源单一。

四是混合所有制学校董事长权利偏向集中化。部分混合所有制学校董事长独揽大权，集管理与教学等权力于一身，甚至拥有或干预校长职权，董事会流于形式化、工具化，成了满足办学条件、应对监督检查的形式，难以发挥其应有的作用。

（五）董事会缺乏内部管理制度

一是内部管理制度能够保证混合所有制学校董事会具有实质性意义。国无法不立。同样，若不存在相应规章制度，董事会就会形同虚设，如同散沙。董事会作为混合所有制学校的决策机构，应当具备较强的自我管理理念，有效的内部管理制度，能够为董事会提供管理依据，解除董事会的后顾之忧。

二是内部管理制度经董事会全体会议表决通过，可视为全体董事共同遵守的约定，对董事会全体成员具有普遍约束性，董事会有权对违反制度的董事进行处理。

三是内部管理制度对董事会工作效率提供保障。目前，董事会功能难以得到扩充，地位难以得到提升，提高工作效率成为董事会谋求机遇的必要手段。严格且完善的内部管理制能够保证董事会的高效、稳定运转，起到提高工作效率的作用。

由此不难看出，内部管理制度对于混合所有制学校董事会具有不容忽视的作用。但就目前情况而言，我国多数混合所有制学校并未制定董事会内部管理制度，也无相应条例明确指出董事会的管理方法。

三　健全混合所有制学校董事会制度

（一）明确董事会治理理念

明确治理理念是做好工作的必要条件，思想指导行动，明确思想就是明确行动。

明确董事会治理理念是我国混合所有制学校董事会提高思想觉悟、保证未来工作顺利进行的第一步,也是核心的一步。加强党建工作,提高董事会成员政治觉悟,能够缩小董事会成员政治觉悟差异,保证国家教育方针的有效落实,保证学校目标的顺利实现。

(二) 加强董事会责任意识

责任意识是指清楚地知道自己应该做什么,并能够认真地履行责任,并将其转化为一种自觉的行为。混合所有制学校董事会的缺位行为是其责任意识淡薄的表现,采取措施加强董事会责任意识,对于改善董事会缺位现象具有重要意义。例如,基于学校发展战略,建立科学的指标考评体系,并通过搜集的信息对董事会以往的职责履行情况进行定性与定量评价,最后将评价结果用于董事会未来工作的督促与引导;可以将董事会责任具体落实到董事个人身上,形成责任体系,采取以"不落实之责"倒查"不落实之人"的方式,将责任履行情况与董事个人奖惩相结合,以提高董事会整体责任意识,有效避免缺位现象。

(三) 建立监督制衡机制

有效的监督制衡机制能够保证董事会决策合理、科学,在一定程度上避免董事会出现越位行为。[1] 一方面学校可以设置监事会组织,形成董事会与监事会双重运行的治理模式。监事会是混合所有制学校的监督机构,对学校的财务运行和董事会职责履行情况具有监督和稽查的权力,在董事会出现严重越位等违规行为时,可追究董事会的法律责任,对其提起诉讼,保证学校财产的安全完整和运行的合理合法。另一方面可以聘请校外董事,分散投资方权力,避免投资方控制董事会,使董事会决策能够反映多方需求,体现多方利益。校外董事通常可以客观、公正的参与学院事务管理,一定程度上规避混合所有制学校投资方因自身利益而损害院校利益的非合理性决策。

(四) 建立董事会成员准入机制

虽然混合所有制学校董事会成员可以参考由公有制资本代表、私有制资本代表(社会投资方)、混合所有制学校校长、教职工代表、学生代表等构成的方案,但对董事会成员的构成比例及投票规则并无具体规定,这在一定程度上导致董事会成员结构缺乏合理性,出现董事会成员呈现家族化、门面化、来源单一化等特性。因此,从长远角度出发,为保证董事会成员结构的合理性,应加强立法建设,建立完善的董事会成员准入机制,使得混合所有制学校董事会成员在来源、遴选机制、投票规则等方面都能够有法可依,尽可能保证董事会成员包括学校投资方、社会组织或个人、学校校长、学校职工代表及学生代表五方面。[2] 这样,在具体运作过程中,才能确保混合所有制学校的制衡及分权功效得到充分发挥。

---

[1][2] 周建、罗肖依、余耀东:《董事会与 CEO 的战略决策权配置研究》,《外国经济与管理》2015 年第 1 期,第 10页。

如图 8-2 所示,我们调查了 63 所混合所有制学校,其中 37 所混合所有制学校有明确的董事会成员遴选办法,而 26 所学校缺失董事会成员准入机制。

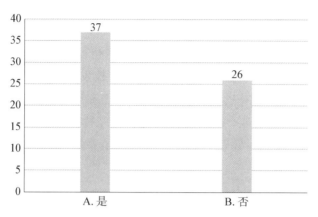

图 8-2　混合所有制学校是否具有董事会成员遴选办法

数据来源:调查问卷。

(五) 建立健全董事会内部管理制度

有效的内部管理制度能够增强混合所有制学校董事会的内部管理,改善董事会内部的"混乱"局面,增强董事会对自身的控制能力,提高董事会的工作效率,加强董事会的品牌影响力。建立健全董事会内部管理制度是维持董事会内部秩序、改进董事会内部管理的必然举措。在管理制度上,混合所有制学校董事会可以制定侧重于工作程序、方法、范围、内容等的规章制度和侧重于规范职权、责任与利益界限及关系的责任制度。对董事进行管理是目前董事会内部管理的重点,因此,董事会应将责任制度作为其重点谈论和建设部分。混合所有制学校董事会只有拥有一套完整而科学的内部管理制度,才能确保董事会的实质性意义,才能为董事会管理提供依据,才能提升董事工作效率。

混合所有制学校董事会内部管理制度的制定不能偏向个别重要董事,更不能凭空而定。首先,制定董事会内部管理制度应尽可能保障董事会全体董事的权力与利益,保证制度的可执行性,保证院校、董事会和董事的利益不受侵害。其次,董事会内部管理制度的制定应建立在充分调查分析的基础上,董事会的运行状况、角色定位、工作效率、成员结构等都是调查分析的重要内容,只有对董事会有充分的了解,才能做出合适的判断,制定出有效的内部管理制度。最后,董事会内部管理制度应在董事会全体会议上进行宣读,取得半数以上董事支持。

四　校长负责制

(一) 校长负责制的内涵

董事会领导下的校长负责制表明董事会是领导地位,董事会对学校重大事项作出决策后,委托校长独立地安排学校管理层实施学校的一切教育教学与行政管理工作。董事会不得干涉学校日常管理工作,否则就会出现取代校长的越位行为,董事会要允许校长在其授权范围内独立地履行校长职责。

(二) 校长职责与权力

混合所有制学校校长负责学校的教育教学工作和行政管理工作,具体的职责有:①执行学校董事会的决策;②实施董事会制定的学校发展规划,制定年度工作计划,修订学校的规章制度;③具有人事权和奖罚权,聘任和解聘学校工作人员,对教职工实行奖罚;④具有财务管理权,编制财务预算;⑤管理教育教学工作,管理科学研究工作,保证学校教育教学质量;⑥管理学校日常行政工作;⑦执行学校董事会的其他决策授权。[①]

校长负责制下校长的权力包括以下几点:

(1)决策权。学校行政管理层面最高的权力机构是校长办公会或者校务委员会。校长主持校务委员会,对学校的教学、科研、行政管理工作、预算经费开支等日常事务具有行政管理层面的决策权。

(2)执行权。混合所有制学校实行董事会领导下的校长负责制,董事会对学校重要事务进行决策,由校长安排校长管理层对学校日常事务工作负责组织实施,最终达到学校目标。

(3)调控权。在执行董事会的决策过程中,根据事情的发展和出现的新情况,在人员、时间、方法等具体安排上进行调整和控制,达到学校目标。

(4)人事任命和赏罚权。校长可选聘上报董事会批准学校中层负责人,对学校教职工进行考核,并根据绩效分配薪酬待遇,实行赏罚权。

(5)建议权。对学校的发展规划、财务预算、决算等向董事会报告并提出建议或方案,促进学校的发展。

(三) 校长负责制运行机制策略

1. 制度保障董事会与校长的关系

董事会领导下的校长负责制实施要点是处理好董事会与校长之间的关系。[②] 制订确切可行的董事会领导下的校长负责制实施细则,明确董事会职责和校长的职责,明确董事会给予校长的授权范围,在授权范围内,董事会不得干涉校长独立地行使经营管理权;明确董事会和校长在人事、财务、事务方面的权限和程序。

2. 聘任具有学校管理经验的校长

混合所有制学校董事会选聘有学校管理经验的校长。混合所有制学校的投资方大都缺乏教育规律知识,缺乏学校内涵建设和规范管理经验。因此,校长需要具备学

---

① 王义宁:《民办高校董事会领导下的校长负责制探析》,《湖北广播电视大学学报》2014年第4期。
② 高峰:《民办高中的学校领导体制研究——以浙江省A中学为例》,硕士学位论文,南京师范大学,2011。

校发展理念、学校专业设置、学科建设、课程建设、学校行政管理等各方面的经验,才能统筹校务委员会,执行董事会决策,指挥学校中层管理干部完成学校日常管理工作,实现学校发展目标。

3. 建立校长目标制度和激励制度

董事会对校长设立目标任务,定期对校长进行考核评价。校长在任期内无正当理由不得中途辞职变更,从而对校长进行目标和任期两方面的约束。根据校长的考核评价,对校长进行工资、奖金等经济利益奖励和荣誉等精神奖励。

五　董事会与校长之间的委托代理问题

混合所有制学校普遍实行董事会领导下的校长负责制,构成委托代理关系。学校董事会是委托人,委托校长行使学校的经营管理权,实现学校举办方的出资权与经营管理权的分离。而学校董事会与校长之间的委托代理制度在实际运作过程中出现了一些问题。

(一) 两者追求目标不同

混合所有制学校的董事会往往由投资方操控,而我国大部分民营资本进入教育领域追求逐利,属于投资办学,而非捐资办学。这导致代表投资方利益的董事会追求利益最大化,比如资本增值、缩减办学成本等。董事会往往聘请有社会名望的教育人士作为校长,校长作为代理人,往往反对教育投资的逐利性,强调教育本质的公益性。在董事会与校长目标不一致的情况下,委托代理矛盾得不到有效解决。此外,举办者之间的矛盾也影响到学校的正常运转,如图 8-3 所示,举办者之间追求目标的不同,在董事会内部产生矛盾,从而使得董事会的决策权杂乱无序,影响学校正常运转。

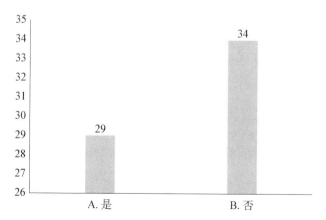

图 8-3　举办者之间存在矛盾影响学校正常运行

数据来源:调查问卷。

（二）出资权与经营管理权的矛盾

由投资方控制的学校董事会存在越权的风险,不遵循委托代理关系。学校董事会越权干涉校长的经营管理权主要体现在干涉学校的日常行政管理工作、干涉学校教职工人事任命工作、干涉学校财务运行、任意抽离学校的办学经费等行为。这些越权行为,削弱了校长的权力,激化了学校董事会与校长之间的矛盾。在教学管理方面,董事会并不专业,因此越权行为导致混合所有制学校无法正常运转,不利于学校稳定发展。如图8-4所示,笔者调查63所混合所有制学校,发现34所学校的重大决策是由董事会或理事会做出;22所学校是由校长做出重大决策决定;而7所是由混合所有制学校举办者做出重大决策决定。

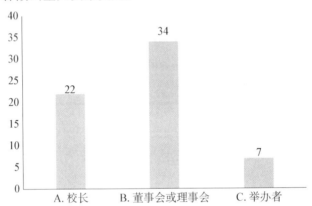

图8-4 混合所有制学校重大决策负责机构

数据来源:调查问卷。

（三）董事会与校长之间的合约不健全

与企业契约相比,董事会与校长之间的契约不健全。企业以利润最大化为目标,与企业不同,混合所有制学校以培养人才为目标,体现了教育的公益性,不是以学校利润为目标。这导致学校董事会无法与校长签订量化的合约,合同内容不完整,无法对校长工作努力程度做出准确规定,甚至无法签订合约。这种不健全的合约凸显了董事会与校长之间的委托代理矛盾。

六 校长负责制下校长应具备的角色

（一）引导角色

1. 引导学校发展目标

混合所有制学校校长是学校改革发展的领航人,校长要正确规划学校战略定位和发展目标,提出学校发展方向和发展规划,提交董事会审议批准,把握学校经营管理方向,引导学校在正确的发展道路上前进。[1] 在把握学校发展方向上,校长要清楚

---

[1] 潘留仙、陈文联:《民办高校内部治理中校长应有的角色》,《中国高教研究》,2016年第8期,第5页。

混合所有制学校办学宗旨是培养社会需要的人才,而不是以营利为目的。虽然引入社会力量办学,投资方看重经济利益,但教育事业具有公益性,校长经营学校要淡化营利性质,须遵循教育教学规律,确保学校治理方向正确,实现学校治理目标。此外,校长既要关注政府政策导向,正确解读政府宏观规划,又要尊重市场规律,把握市场脉搏,使得学校培养出的学生符合社会需求。

2. 引导学校文化建设

混合所有制学校校长要注重学校文化建设。学校文化对学校发展至关重要,学校文化能凝聚人心,充分展示学校形象。学校文化对教师和学生的人生观、价值观有潜移默化的影响,对提高教师和学生的人文道德素养有重要意义。混合所有制学校有部分私有制成分引导的营利性质,校长更要注重和引导校园文化建设,引导教师和学生在正确的方向前行,淡化营利性质,强化教育的公益性和学术的严谨性。

3. 引导教师发展

校长要促进学校发展,就需要促进教师发展,提高教师的幸福指数。当前,混合所有制学校教师的薪酬、福利待遇、社会保障与公办学校教师相比有较大差距,混合所有制学校教师流动性相对较高,不利于学校发展。校长要善于与教师沟通,了解教师需求,及时与董事会沟通,解决教师困难。要为中青年教师提供深造提高教学科研水平的机会;要提高教师薪酬和福利待遇,缩小与公办学校教师待遇差距;要健全教师考核机制和奖励机制;打造一支优秀的教师队伍,对混合所有制学校发展至关重要。

4. 引导学生发展

校长要以学生为本。教育的本质是培养满足社会需求的人才,培养的优质学生是学校品牌最好的代言人。校长要深入了解学生、关心学生、激励学生,根据学生的特点,推动教学改革,促进学生全面发展,做学生的领航人。

(二) 经营管理角色

1. 经营学校品牌,提高学校知名度

社会大众对学校评价的高低直接影响到学校的生存与发展,尤其是中国教育生源现状,生源数量减少,学生对优质教育资源的需求相对提高,学校竞争日益剧烈。在这种背景下,学校校长作为学校领航人,要围绕学校办学理念,打造学校品牌。学校品牌含金量的提高要依靠正确的办学理念和学校定位,打造优势学科和特色专业,培养优质人才,提高学校竞争力,是校长中长期的目标规划。

2. 管理人才,培养优秀管理队伍

校长对学校发展规划的落实需要学校中层管理干部及教师的认真执行。校长只有营造健康和谐的学校人际环境、提高教师的工作积极性、增强教师的学校归属感,才能将自己的治校方案很好地加以落实。

(三) 协调关系角色

混合所有制学校是多元投资主体举办的学校,投资方的多元性导致各方利益的不一致。学校资本的性质既有公有制成分,又有私有制成分;投资主体的身份有政府、私有制企业、学校等;学校投资方存在营业性倾向,但学校具有教育公益性。这些原因的存在使各方利益相关者存在矛盾,使治理机制呈现复杂性。校长在学校治理过程中要善于协调各方利益相关者之间的矛盾,协调董事会与校长管理层之间的矛盾,协调学校与政府、社会、学生家长等外部关系,协调投资方、教师、学生等内部关系。

1. 协调与董事会之间的关系

混合所有制学校治理机制为董事会领导下的校长负责制。处理好董事会和校长之间的关系是学校治理机制顺利运转的关键。[①] "董事会领导"指董事会在学校处于领导地位,"校长负责"指由校长独立地组织学校管理层负责学校教学、行政管理工作。董事会是决策层,校长是执行层。有的学校董事会存在越位行为,董事会和校长之间职权划分不清,或者因办学理念和治理结构方法不同而产生分歧,导致董事会与校长之间存在矛盾,学校无法健康运转。混合所有制校长要遵循教育教学规律,在办学理念、办学目标等学校重大战略方向问题上与董事会达成一致,既要保障办学方法和办学质量,又要在此基础上照顾到投资方的利益。

2. 协调董事会与党委的关系

公办学校的治理机制是党委领导下的校长负责制,混合所有制学校的权力机构是董事会,实行董事会领导下的校长负责制。党委在混合所有制学校的地位和在学校治理机制中如何发挥作用是治理结构要厘清的重要问题。国务院 2017 年 1 月颁布《关于鼓励社会力量兴办教育 促进民办教育健康发展的若干意见》指出,要完善民办学校党组织设置,理顺民办学校中党组织隶属关系,完善学校党组织工作保障机制,选好配强民办学校党组织负责人;要求完善学校法人治理,董事会成员中要有党组织负责人,明确指出党组织负责人要进学校董事会,参与董事会重大事务的决策,从制度层面保证党委对混合所有制学校的政治领导地位。校长要协调处理好学校管理层与学校党组织之间的关系,自觉接受党组织的政治指导和监督,完善董事会、校长与党组织的沟通机制,形成董事会领导、校长负责、党组织参与决策、负责监督的混合所有制学校治理机制。[②]

3. 协调与政府部门的关系

政府部门是混合所有制学校重要的外部利益相关者。政府部门出台的政策对混

---

① 于会永:《民办高校校长素质论》,硕士学位论文,吉林财经大学,2012。
② 刘包产、岳佩麟、石艳文:《民办高校党组织与董事会关系探究》,《萍乡高等专科学校学报》2014 年第 4 期,第 5 页。

合所有制学校至关重要。校长要协调好与政府相关部门的关系,善于扩展与教育部门的沟通渠道,正确解读相关政策方针,争取在经费、招生、办学层次、教学质量等各方面得到政府相关部门的支持,争取各项优惠政策,为学校的发展创造良好的政府关系环境。

第二节　建立监督机构监事会

一　混合所有制学校监事会的必要性

(一) 完善混合所有制学校法人治理结构的需要

混合所有制学校的法人治理结构是指学校由举办者等组建董事会,实行董事会领导下的校长负责制。[①] 董事会是决策机构,校长管理层是执行机构。完整的混合所有制学校法人治理结构应该包括决策机构、执行机构、监督机构。三个机构之间形成学校权力运营与权力配置的相互制约关系,从而保证混合所有制学校顺利发展。董事会领导下的校长负责制没有强调监督机构,相关法律法规只对学校的决策机构和执行机构作出要求,建立相应的法律规范,但是对监督机构,没有给予法律支持。由此可知,混合所有制学校的法人治理结构需要监事会行使监督作用,使得学校内部形成决策、执行、监督三者相互制衡的混合所有制学校现代法人治理结构。[②]

(二) 加强混合所有制学校自我监督的需要

混合所有制学校监督管理主要包括外部监督管理和内部监督管理。外部监督管理是由政府监督和社会舆论监督;内部的监督主要由党组织、教代会、学代会等学校内部组织承担。但是这些监督主体有其自身组织要求承担的其他重要职能,并不是专门从事监督职能的组织。党组织主要负责混合所有制学校的思想政治工作和纪律监督;教代会主要行使关系到广大教职工切身利益的民主管理职能,监督职能的作用不明显;学代会通过学生代表行使民主管理和监督,而学生的监督意识和监督能力不强,难以有效发挥监督作用。因此,混合所有制学校需要成立专门的监督机构监事会,协调和监督各组织的运转,建立良好的学校内部监督机制,使得决策权、执行权、监督权相互制衡,发挥学校现代治理结构的优势。

(三) 保持混合所有制学校公益性的需要

在我国,公立学校的法人属性是事业单位法人;民办学校的法人属性是民办非企

---

① 黄群群、张颖:《混合所有制办学:高职教育发展的新探索》,《湖北经济学院学报》2015 年第 10 期,第 3 页。
② 何学侠:《公办转制学校治理结构的研究——以 S 县某公办转制学校为个案》,硕士学位论文,南京师范大学,2010。

业单位。《民办非企业单位登记管理条例》规定，民办非企业单位是指企事业单位、社会团体和其他社会力量以及公民个人利用非国有资产举办的，从事非营利性社会服务活动的组织。混合所有制学校有公有制成分和私有制成分，虽然学校从事教育事业，具有公益性，但从所有制看，学校举办方存在社会力量，甚至以私有制的社会力量为筹资主体，私有制具有营利性冲动。在这种情况下，监事会监督董事会的决策权和校长管理层的执行权，有利于保证学校从事教育的公益性，保证学校办学的规范性。

（四）维护混合所有制学校利益相关者利益的需要

混合所有制学校利益相关者包括投资方、教职工、学生、政府等。投资方组建董事会作为学校最高决策机构，其行为要受到监事会的监督，以保证董事会不侵犯其他利益相关者的权益；教职工是学校内部教学和行政管理的主要主体，监事会监督保障教职工的切身利益；学生是混合所有制学校提供的教育服务的购买方，监事会监督学校治理与学校办学理念、办学目标的一致性，保障学生接受高质量的教育服务；政府为混合所有制学校提供相关政策法规和财政支持，是学校重要的外部利益相关者，监事会监督学校行为符合国家法律法规。由此可见，混合所有制学校成立监事会，负责对内监督学校各组织机构行为，有利于保证学校各方利益相关者的权益不受侵犯。

如图8-5所示，在调查的63所混合所有制学校中，所有学校都设立了监督机构。其中设立监事会的有38所，设立教代会的有25所，设立工会的有14所。

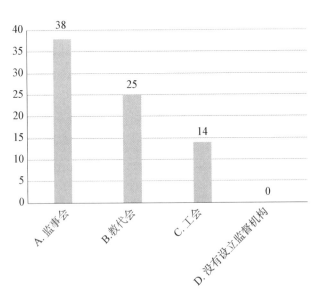

图8-5　混合所有制学校设立监督机构情况

数据来源：调查问卷。

二　混合所有制学校监事会的人员组成和职责

混合所有制学校监事会的建立缺乏政府的相关法律法规,可以参照《公司法》的规定。学校监事会人数以 5—7 人为宜。监督的对象主要是决策机构董事会和执行机构校长管理层,因此董事会成员及校长不适合进入监事会,否则会出现自己监督自己的情况。监事会成员可从以下几个方面产生:教育部门指派的熟悉教育管理的代表、党委指派的代表、投资方(非董事)、教职工代表、学生家长代表、其他社会热心人士等。监事会的任期与董事会的任期相同。

混合所有制学校监事会的职责主要包括:监督学校决策机构和执行机构,即监督董事会和校长履行职务情况;监督学校财务状况,财务风险是混合所有制学校的主要风险之一。因此,对学校财务状况进行监督,对学校存在的违规行为提出警告,并监督具体执行部门执行改正。

三　监事会与董事会及校长之间的矛盾

(一)监事会负责对象出现偏差

在企业,监事会是由董事会聘任,对董事会负责,监督企业管理者正常行使管理权。但混合所有制学校的监事会不能对学校董事会负责。目前,有些混合所有制学校举办方通过董事会控制学校,如果学校监事会向董事会负责,那么监事会将成为董事会加强对学校控制的重要途径,助长董事会越权行为的发生,不能起到协调董事会与校长之间矛盾的作用。因此,学校监事会要从董事会中独立出来,对整个学校负责。学校监事会既要监督校长正常行使对学校的经营管理权,又要监督董事会正常行使学校决策权,监督各方不出现越权行为,各司其职,促进学校良性发展。

(二)监事会成员组成不合理

监事会监督的主要对象是董事会和校长。有的混合所有制学校监事会是由董事会成员、校长、教职工代表等构成,这是不合适的,董事会和校长不能既行使决策权、管理权,又行使监督权,这种成员构成使得监事会形同虚设,起不到监督董事会和校长的作用。学校教职工是由校长聘任,他们关心的工资待遇、职称晋升等方面的问题,使得教职工直接或间接受制于董事会和校长,这种受制于人的关系使得监事会中的教职工代表无法行使监督权力。学校监事会人员构成应该尽可能独立于董事会与校长的管辖范围,聘请独立的第三方组织、党组织代表、学生家长代表等进入监事会,监督董事会的决议权和校长经营管理权正确使用,对违规行为责令改正,必要时向省教育主管部门报告,维护学校教职工和学生的权利。

(三)混合所有制学校实现三权制衡的困难

混合所有制学校既有公有制资本又有私有制资本,产权结构的多元化,要求学校的治理机构也要体现多元化,混合所有制学校由投资方组建董事会,是学校的最高权力决策机构,实行董事会领导下的校长负责制,监事会对董事会与校长履行职责进行监管。董事会、校长、监事会掌握学校决策权、执行权、监督权,通过三权制衡机制,建立现代学校治理结构制度,达到对教育资源的优化配置。

如果是公办学校、社会力量、政府等投资主体举办混合所有制学校,其治理结构可以按照现代学校治理结构制度,实现三权制衡。但如果是在已有院校基础上进行混合所有制办学改革,比如在公办院校基础上注入社会力量,或者在民办学校基础上注入公有制成分,需要在原有学校的治理体制下,完成学校治理结构的重新调整,难度就非常大。尤其是公办学校实行的是党委领导下的校长负责制,其决策机制与混合所有制学校的董事会完全不同,其治理结构调整必然是一个艰难过程。混合所有制教育改革只是粗略地提出学校产权结构调整探索的大概方向,学校财产的占有权、支配权、使用权、收益权、处置权等一系列学校产权问题并不明确,而这些问题对学校投资方至关重要,在这种背景下,混合所有制学校治理结构调整难以取得进展。

四 加强混合所有制学校监事会建设的建议

(一)加强混合所有制学校监事会法律制度建设

现行法律对民办学校设立决策机构、执行机构有明文规定,《民办教育促进法》要求设立董事会,对校长选聘、职权等都有规定,但是对学校设立监事会没有相关的上位法。民政部于2007年颁布《关于进一步做好民办高校登记管理工作的通知》,其中指出:"推动民办高校按照其章程规定,建立健全内部管理制度,加强内部制度建设,完善法人治理机构,建立和完善董(理)事会、监事会制度。"这一规定只是提出对学校设立监事会制度的倡导,缺少法律依据,缺乏强制性。日本《私立学校法》,要求私立学校设立监事会或监察人员,要求两名以上。我国政府可以借鉴其他国家私立高校治理结构法律制度,完善混合所有自学校设立监事会的相关法律法规,为学校健康发展提供法律支持。[①]

(二)完善学校规章制度建设

在学校层面上完善对监事会的规章制度建设,监事会成员要能够代表学校各利益相关者的利益;制定监事会规章制度,明确监事会成员的任职条件、解聘规定、任职期限;规定监事会的工作内容、义务和职能,监管董事会和校长管理层的职能履行情况,防止决策机构和执行机构滥用职权,侵犯学校其他利益相关者的权益;建立监事会的约束和激励机制,要对监事会的工作效果进行评价,给予相应的物质保障,避免监事会的工作流于形式。如图8-6所示,我们调查的63所混合所有制学校,其中15所的监督结构通过学校领导任命产生;48所学校的监督结构通过学校民主选举产生。

---

① 王英、金保华:《民办高等学校监事会制度研究》,《北京教育(高教版)》2013年第12期,第48-50页。

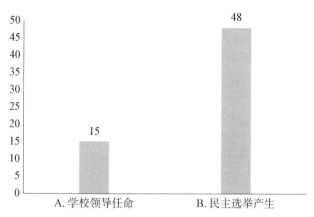

图 8-6　混合所有制学校监督机构产生办法

数据来源:调查问卷。

(三) 理顺监事会与学校其他治理机构的关系

理顺混合所有制学校董事会、校长、监事会三者之间的关系。混合所有制学校实行董事会领导下的校长负责制,董事会是学校的决策机构,负责学校重大事务的决策工作;校长在董事会领导下负责学校教学、行政管理工作,属于执行机构;监事会是学校的监督机构,负责监督董事会的决策是否符合国家法律法规及方针政策、校长的学校事务执行程序是否规范、有无违规行为等。混合所有制学校要理顺三者之间的关系,明确各自的职责范围,分工合作,对学校资源进行合理配置,学校治理权力相互制衡。

加强混合所有制学校监督管理工作,还要注意学校监事会制度与学校其他组织机构监督职能的划分与协调工作。学校监事会、党组织、教代会、学代会都负有对学校的监督管理职责。其中,监事会主要职责是对混合所有制学校董事会决策监管、对校长学校教学和行政管理工作履行情况监管、学校财务审计,监事会的监督重点偏重于学校宏观工作方面;党组织负责引导学校思想政治工作,监督主要部门的违纪行为,其监督重点偏重思想政治和纪律方面。如图 8-7 所示,在调查 63 所混合所有制学校中,发现 61 所学校设有党组织,只有 2 所学校尚未设立党组织,可见党组织在混合所有制学校的重要地位;教代会监督重点在于关系到教职工切身利益的事项的监督,教代会提案的执行监督等方面;学代会监督重点在于与学生利益密切相关的学校事务。学校这些监督机构中,监事会是专职负责监督职责,应该承担混合所有制学校监督工作的主体,以监事会为主体,其他各治理机构根据各自监督的侧重点,协调好与监事会之间的关系,建立好完善的学校监督体系。

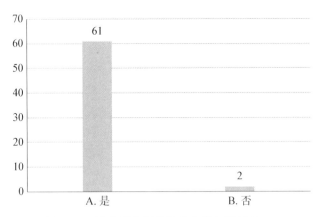

图 8-7　混合所有制学校设立党组织情况

数据来源：问卷调查。

五　混合所有制学校外部监督机制

（一）健全政府外部监督机制

混合所有制学校部分办学经费是由社会力量筹集，但政府要承担对学校的监管职责，明确监管方向，升级监管理念，创新监管手段，在不干涉学校自主性的情况下，确保混合所有制学校规范办学。

1. 升级监管理念

教育具有公益性，不管是公办学校、民办学校，还是混合所有制学校都是为社会提供教育公益产品，只是提供这种教育公益产品的方式具有多样性，有的通过公有制教育体系实现，有的通过混合所有制教育体系来实现。政府相关部门对学校的监管不应局限在所有制具体形式，而应该超越公、私二元体制，以教育的公益性作为评价标准，以是否能够促进社会公益发展来作为政府监管工作的基本标准。

2. 以营利性和非营利性为原则对两类学校分类监管

国务院于 2016 年出台《关于鼓励社会力量兴办教育　促进民办教育健康发展的若干意见》，要求：建立分类管理制度；对民办学校（含其他民办教育机构）实行非营利性和营利性分类管理；非营利性民办学校举办者不取得办学收益，办学结余全部用于办学；营利性民办学校举办者可以取得办学收益，办学结余依据国家有关规定进行分配。

建立差别化政策体系。国家积极鼓励和大力支持社会力量举办非营利性民办学校。各级人民政府要完善制度政策，在政府补贴、政府购买服务、基金奖励、捐资激励、土地划拨、税费减免等方面对非营利性民办学校给予扶持。各级人民政府可根据经济社会发展需要和公共服务需求，通过政府购买服务及税收优惠等方式对营利性民办学校给予支持。

可见,政府将按照营利性和非营利性对两类性质不同的学校分类管理,在产权制度、评估制度、土地政策、税费优惠、学校治理制度等方面分别对不同性质的两类学校区别监督管理。[①]

3. 创新监管方式

政府相关部门要以促进教育的公益性为目标,强化监管力度,推进监管方式创新,将过去单一的行政控制监管方式转变为经济市场方式、法律制度方式、评估方式等多样式的监管形式。改变行政控制监管方式对学校的粗暴干涉,通过市场引导方式、评估方式等创新方式,在混合所有制学校办学方向、财产分配制度、教学质量、招生政策等重要环节加强政府监管,对学校挪用办学经费、违规招生、欺骗学生等违法行为及时发现并给予处罚,使得混合所有制学校既能保证办学的规范性,又能保护学校在专业设置、办学特色等方面的自主性。

(二) 创新政府购买公共服务方式,加强混合所有制学校监督管理

政府购买公共服务(Government's Purchase Public Service,GPPS)是指政府在社会上通过公开招标、定向委托、邀标等程序将由政府自身承担的公共服务打包给社会组织、企事业单位完成,目的是提高公共服务供给的质量,改善混合所有制学校治理结构,提高对学校的监督管理。

混合所有制学校资本的逐利性和学校教育的公益性存在矛盾,为避免混合所有制学校以提供劣质教育服务来达到追求高利润的目的,政府可创新监管方式,将政府监督不到位的混合所有制学校具体监管问题,比如学校评估、财务审计等,通过政府购买公共服务的方式交由专门的社会中介组织来执行,政府给社会公共中介组织提供资金支持。为创新政府购买公共服务监管方式,政府应明确社会中介机构的性质、地位、职责和职业规范等,使得社会中介机构在参与学校监管过程中,有法可依,保证监管工作在社会中介机构独立自主的情况下执行,保证社会中介机构的监督工作质量,帮助政府加强对学校的监管力度,并进一步提高政府财政的使用效率。

(三) 建立信息披露制度,加强社会公众对混合所有制学校监管

完善信息披露制度是对混合所有制学校监管的重要方式。政府对学校的外部监管、政府通过创新政府购买公共服务方式对学校的外部监管、学校通过监事会、教代会、学代会等组织对学校的内部监管都需要建立完善的信息披露制度。信息披露的途径是向政府、社会大众、投资方、董事会、教职工、学生等学校各利益相关者公开披露学校信息,通过这种信息披露制度加强对学校的监管力度,从而使混合所有制学校规范办学,使学校治理中不规范的问题及时得以改正。混合所有制学校应该结合自身实际,加强信息披露制度建设,详细规定学校公开范围和内容、公开程序和要求,保

[①] 阮梦娇:《基础教育改革与发展中的民办教育投入风险研究》,硕士学位论文,南京师范大学,2014。

护学校各利益相关者的权益。

此外,通过媒体监督和公众监督,加强对学校的监管约束。媒体监督是指通过网络、广播电台、报纸杂志等新闻媒体对混合所有制学校进行监督。公众监督是指混合所有制学校所在地的社区大众对学校的评价与看法所形成的道德监督约束。通过媒体渠道和社区大众渠道,对学校信息披露,能够有效地约束混合所有制学校的决策者(董事会)和执行者(校长)的行为,达到监管目的。

第三节　建立教师代表大会制度和学生代表大会制度

一　教师代表大会制度的法律依据

我国《教师法》明确规定:"教师通过教职工代表大会或者其他形式,参与学校的民主管理。"混合所有制学校应该建立和完善教职工代表大会,通过以教师为主体的教职工代表大会等组织形式,依法保障教职工参与民主管理和监督,维护教职工合法权益。可见教师通过教职工代表大会(教代会)组织形式参与学校民主管理和监督受法律保护。混合所有制学校教职工代表大会是教职工群众行使民主权利,民主管理学校的重要形式。教职工代表大会的四项职权包括讨论建议权、讨论通过权、讨论决定权和评议监督权。其中,讨论建议权、讨论通过权和讨论决定权体现教职工通过教代会参与到学校管理的决策职能;评议监督权体现教代会对学校权力机构的监督职能。如图8-8所示,我们调查的63所混合所有制学校,其中54所设有教师代表大会;9所学校尚未设立教师代表大会。

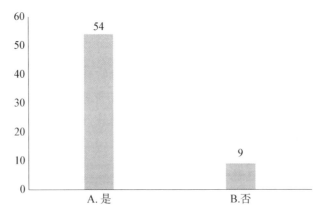

图8-8　混合所有制学校是否设有教代会

数据来源:问卷调查。

二　教代会在混合所有制学校内部治理的作用

（一）教代会参与学校内部管理决策

在混合所有制学校的治理机制中,董事会是学校的最高决策机构,在学校规划、学校基本制度、校长聘用等重大事项上具有决策权。教代会是在董事会领导下,独立行使法律法规规定的权力,参与学校的民主管理和监督。在混合所有制学校内部管理决策中,教代会行使的职权:一是讨论建议权,听取校长工作规划报告,讨论学校的办理理念、办学定位、办学思路、重大教学改革方案、教师队伍建设等学校重大问题,提出相应建议。二是讨论通过权,审议并通过学校教职工聘任、奖罚办法,以及其他与教职工利益密切相关的学校措施及办法。三是讨论决定权,讨论决定涉及教职工切身利益的事务。但教代会对学校事务只有民主参与权力,董事会享有最终决定权。①

教代会组织是学校广大教职工表达意见和建议的组织,对混合所有制学校内部管理决策发挥民主参与作用,推进学校决策的民主化和科学化。

（二）教代会对混合所有制学校具有监督权

教代会监督行政权力和学术权力,是以权利制约权力的模式。这种权力制约模式是基于社会契约理论的"权利优于权力"的观点,防止权力滥用,达到维持行政权力和学术权力有效配置的治理目标。

三　完善教代会制度建设

（一）加强教代会法律建设

建设以教代会为组织形式的民主管理和监督机制必须有相关法律法规提供保障。加强教代会制度的法律建设,尤其是对教代会的组织机构职责及义务、教代会的运转模式、教代会人员组建规定及办法等细节问题在法律层面上给予指引,在学校微观层面上完善教代会内部管理机制,提高教代会在学校内部治理中的地位,促进教代会制度的健全,有助于加强教代会的民主管理和监督的有效性。②

教代会在参与学校民主管理和监督时,学校缺乏对教代会的约束力。即教代会如不按照法律规范行使权力时,学校缺乏对教代会违反法律规范行为的制裁。国家从宏观层面应制定相关制度,使得教代会既能充分发挥民主管理和监督职责,又能对其违规行为形成法律制约。要提高广大教职工以及教代会代表的法制观念,组织教职工学习相关法律规范,引导教职工正确维护自身权利。

---

① 谢冰松:《基于高校内部治理的教代会制度建设——教代会与现代大学制度关系研究》,《南阳师范学院学报》2010年第11期,第90-92页。
② 朱玉双:《教师权利视野下大学教代会民主监督权研究》,硕士学位论文,江西师范大学,2014。

(二) 加强校务办理透明化

知情权是权力监督的关键。学校教职工只有获得知情权,才能深入参与民主管理和监督。校务办理透明化是将校务在平台上对广大教职工公开化、透明化,扩大校务公开内容的广泛性,建立和完善校务公开制度,加强教职工知情权,从而进一步强化广大教职工对教代会的重视程度,深入教代会对学校关系到教职工切身利益的各项事务的讨论权、建议权、决策权,有效地强化教代会对学校内部治理民主监督的职责。

(三) 加强教代会自身制度建设

1. 教代会提案制度

教代会要加强提案制度建设。在拟定提案方面,教代会要建立提案工作调研机制,做好提案工作培训,保证提案的质量,使得提案具有民主性、规范性和可行性;立案方面,在深入广大教职工、广泛征集提案的基础上,通过评选优秀提案活动,把反映广大教职工切身利益的提案评选出来;在落实提案方面,教代会代表要督促学校相关部门认真执行提案内容,跟进提案执行进度,并将提案的落实工作反馈给教代会。

2. 完善教代会会议制度

教代会运行中,要注重对教代会议题的控制。有的学校教代会会议议题空泛,关系到广大教职工切身利益的事项没有被纳入教代会议程中。教代会应该由教代会代表在深入教职工调研基础上确定教代会议题,是广大教职工在充分讨论的基础上做出的自由选择。[①] 在表决制度上,要充分体现民主管理,采用不记名投票表决方式,而不是公开表决或者"只审议不表决"的方式。

3. 教代会常设机构

教代会制度不是经常性会议制度,教代会要充分发挥民主管理和监督的作用,需要设立教代会常设机构,在教代会闭会期间,由教代会常设机构组织教代会代表对学校工作进行跟进和监督,督促学校相关行政部门认真落实教代会通过的提案,同时教代会常设机构也要通过平台、座谈等方式定期与广大教职工沟通联系,了解教职工的需求和对学校的意见,从而找到重要提案。

四 学代会制度现状

学生代表大会(简称学代会)是混合所有制学校开展民主管理和监督的基本组织之一。随着混合所有制学校内部治理机制的深入发展,学代会在培养大学生民主素质和能力、提高大学生质量等方面起着重要作用。目前,学代会在民主管理和监督职能上存在缺位现象。如图8-9所示,在调查的63所混合所有制学校中,51所学校设有学生代表大会,12所学校尚未设立学生代表大会。

---

① 陈光军:《现代学校制度框架下教职工代表大会思考》,《齐鲁师范学院学报》2012年第6期,第67-71页。

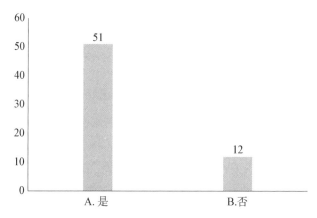

图 8-9　混合所有制学校是否设有学代会

数据来源：问卷调查。

（一）缺乏学代会相关法律规范

首先，《高等教育法》《教师法》《民办教育促进法》等相关条款均要求学校建立教职工代表大会，明确规定教代会的性质和职责。但是在学代会制度方面，找不到相关法律依据。学代会没有法律支持很难实行民主管理和监督职能。其次，2010 年国务院出台《关于开展国家教育体制改革试点的通知》，提出教学改革试点任务之一的建立现代大学制度。在各高校制定的学校章程中规定了建立学代会制度，明确了学代会制度的民主管理和监督功能，但在学校章程中缺乏学代会制度的结构体系、运作机制等方面的具体架构。

（二）缺乏二级学代会

在院系的教学工作中缺失学代会的民主管理职能。关系到学生切身利益的人才培养方案设置、课程体系构建、教学计划安排、学生评价等事项中，学生没有知情权、建议权和审议决策权。需要给广大学生提供一个二级学代会平台，通过平台提高学生知情权，加强学生参与民主教育教学管理。

（三）学代会代表缺乏严谨性和代表性

有的学校的学代会流于形式，学生们对学代会参与学校民主管理与监督持有怀疑态度，对学生代表身份不重视，在选举学生代表时，相互推诿，态度不端正，最后选出来的学生代表大都是班干部，或者学习成绩好的学生，使得学生代表层次单一，导致学代会只代表一部分学生的部分意愿，不能体现广大学生的共同意愿。

五　完善学代会制度

（一）加强学代会法律制度建设

首先，学代会法律建设是学代会发挥民主管理和监督的法律保障。教育部 2011年发布《高等学校章程制定暂行办法》，规定学校章程要明确规定教职工代表大会、学生代表大会的地位和作用、职责和权限、教代会与学代会的组成及负责人产生规则，以及议事程序等，维护师生员工通过教代会、学代会参与学校相关事项的民主决策、实施监督的权利。政府应继续加强学代会法律建设，提供法律支持。[①] 其次，学校章程是学校依法治校的根本，在学校章程中应加强对学代会制度建设，尤其目前学代会尚无更高上位法的条件下，学校更应该在学校章程中详细规定学代会的职权、义务、代表选举以及运行机制、会议召开时间、设置二级学代会等内容，在一定程度上补充学代会法律缺位问题。

（二）加强对学代会代表的选举工作和培训工作

学代会制度目标是让学生参与学校民主管理和监督，加强学校领导、教师与学生的沟通，使学校各项教学工作和行政管理工作决策更民主、更准确、更切合学生利益，从而推动学校持续稳定发展。要求学生代表具有严谨性和代表性，认真做好学代会代表的选举工作和培训工作。

首先，要制定学代会制度中学生代表选举条件、程序等，在广大学生中认真组织好学生代表的选举工作，选出的学生代表政治素质过硬，民主意识强，能够表达广大学生的意愿要求。保证学生代表的严谨性和代表性，要求学生代表的结构和人员组成要兼顾到各个层次的学生，确保学生代表的广泛性，在具体人员组成中，要考虑按照要求的比例选举出不同层次的学生代表，比如男女比例、党员与非党员比例、各专业学生比例、贫困生与非贫困生比例等。

其次，对选出的学代会代表进行多种方式的学代会相关培训工作，要求学生代表能够认识到学代会民主管理与监督的重要性，准确理解学代会的性质、职能、义务以及运行机制等内容，加强学生代表的责任感，进而提高学生代表通过学代会组织参与学校民主管理与监督，充分发挥学代会的重要作用。

（三）建设学代会提案制度

学代会提案是广大学生参与到学校民主管理和监督的主要方式，因此要保障学生的切身权益，需要加强学代会提案制度建设。

首先，学代会要组织学生代表做好学代会提案的征集工作。提案质量是做好学代会提案工作的前提要求。学代会要对学生代表进行提案工作培训，培训如何沟通学生、调查研究、发现问题、提出方案、可行性研究等一系列提案工作程序内容。学代会确定提案具体要求，严格审查提案，保证提案具备全局性、真实性和可行性。驳回学生代表提出的不符合要求的提案，或要求学生代表将提案补充完整。[②]

其次，学代会要做好提案的落实监督工作。对于提交并通过的提案，学代会要与学校相关执行部门沟通，跟进学代会提案的执行情况，督促相关部门加大提案执行力

---

① 齐园园：《高校教代会制度问题分析及对策研究》，硕士学位论文，河北师范大学，2012。
② 程绪彪：《关于高校教代会提案工作的几点思考》，《池州学院学报》2011年第6期，第143-145页。

度,并定期将提案的执行情况反馈给广大学生,加强透明度,增强学生的知情权,确保提案顺利落实。

第四节　国外私立大学法人治理结构特征及启示

一　国外私立大学学校治理经验

(一)美国私立大学治理经验

世界上私立大学最发达的国家当属美国,其私立大学的发展一直处于世界领先地位,数量占全部高校的比重达一半以上,且排名靠前的大学大部分也是私立学校。美国是实行宪政的国家,依法管理是其私立教育的最大特点,尤其是罗斯福实行新政以后,私立教育的特点更加明显,这取决于联邦政府对大学教育采取部分干预的政策,采取的主要措施是宏观引导,引导的方式主要有鉴定、学生资助等,但不采取市场准入、大学自治等方式,这种引导的政策不仅有效地依法管理了私立高校,而且没有剥夺高校的自由空间。联邦政府在实行部分干预对私立大学进行宏观引导的同时还通过立法对私立大学进行规范引导,《权利法案》《国防教育法》《高等教育法》等都对美国私立大学的存在和发展奠定了法律基础。

美国私立高校的特点主要有四点:第一,董事会的设立是其鲜明的特点。董事会是最高的权力机构,其主要职责是负责学校的宏观决策,包括确立大学的发展方向和目标、遴选校长、筹集资金并运用、制定大学长期发展规划等,但不会对具体事务进行干涉。第二,董事会和董事会成员的权责明确。董事会成员的结构复杂,成员来源广泛,不仅有工商界、司法界、政界人士,还有教师和学生代表,在诸多成员中,非学术界人士占大多数。虽然董事会具有最高的权力,但其成员不能在法律上代表高校的任何权力,一旦滥用职权就要承担法律责任。第三,学校校长是最高负责人。校长由董事会聘任,董事会将学校日常事务和行政管理的权力下放给校长,由校长负责学校具体事务的管理。第四,法律法规的保障体系健全。依法管理是美国私立大学发展的关键,私立大学会根据私立大学的办学情况,制定并实施相关的法律和法规,保障学校依法运转。

教育质量是立校之本,美国高校特别注重教育质量的保障,为确保教育质量的提高,美国高校建立了高等教育鉴定体系,该体系主要由三大制度构成,分别是院校鉴定及专业鉴定制度、州一级的院校许可与评议制度和院校内部评价制度。该制度体系的运用还需要一些其他的制度来完善和补充,比如标准化考试制度、专业资格鉴定制度等。此外,该体系以外的民间认可和官方认可等方式也补充了美国高校鉴定资格审查与认可制度,从而进一步确保了教育质量。

（二）英国私立大学治理经验

相比于美国私立大学的治理情况，英国私立大学在治理方面主要依据判例法。由于英国权力制衡等原因，英国私立高校有着不同于美国私立高校的特点，那就是拥有自治权。自治权并不代表英国政府对私立大学不闻不问，英国政府对私立高校的监控不在于具体事务上的事无巨细，而在于其成立审批上的严格把关。英国高校在创办初期，审批程序非常严格，首先需要经过枢密院的批准，其次办学资质要以法案的形式进行确认，最后，还需要根据皇家宪章实施。

英国私立大学在治理上实行校长负责制，校长作为私立高校的负责人，在董事会的领导下负责大学日常事务，但重点在于把握方向。而董事会的职责主要是重大事项决策权、重大合同审核权和大学经费统筹安排等。董事会成员的构成由大学章程做出规定，并由《教育改革法》做出非强制性的规范。董事会成员由校长、家长董事、教工董事以及名誉董事等人员构成，并规定了相对平衡的参照数量。

英国具有大学自治和重视质量的传统，这一传统决定了英国在制定教育质量标准和评估方式等方面处于世界领先地位。为保证教学质量，英国制定了教育质量的保证机制，其由院校的内部保证和独立于政府的外部治理保证组成。院校内部的保证机制主要通过经常性和周期性相结合的方式在专业的规划、审批、监控和审查等方面严格把关；外部质量保证主要由高等教育质量保证局（QAA）来负责对大学进行评审，QAA是校长委员会建立的一个组织，它的建立减少了其他组织在质量保证方面的参与，使质量保证的目的、标准、过程更加统一、明确。

（三）日本私立大学治理经验

相比于美国私立高校，日本私立高校与美国私立高校的共同点在于私立高校的比重也较大，日本私立大学无论是学校的数量还是学生的数量在日本高等教育中一直占据着较大比重，可见其地位之重，在日本国民素质的提高上和教育大众化的促进上作出重大贡献。相比于英美国家，日本是个典型的法治国家，对私立大学的控制相当严格，依法办学是其最大的特点，对私立大学的规定都以成文的形式制定了专门的法律，比如《私立学校法》《私立学校法施行细则》《私立学校法施行令》《私立学校振兴助成法施行令》等法令，这些专门法令的制定对私立大学的法人地位、准入条件、财务管理、招生就业等方面进行了明文规定，为日本私立大学的发展奠定了良好的基础。在当代，日本教育管理的方式由监督命令转变为指导服务，这一转变使得文部省在法律授权范围内管理高等教育的权力变得较为宽泛。

日本私立大学的内部管理体制由理事会、评议会和监事会三部分组成，三权相互分立、相互制约构成横向负责体制。第一，理事会：决策管理机构。理事会是日本私立高校的决策管理机构，虽然没有明文规定私立高校必须设立理事会，但从日本私立高校的实际情况来看，日本私立大学绝大多数都设有理事会，负责学校主要的决策管理权限。理事会的成员范围很广，为避免家族化管理，还特别设置了回避制度。第二,监事会:监督机构。为防止理事会独断专行,《私立学校法》规定私立大学必须有两名以上的监事,监事员主要的任务是监督学校的工作,监督理事会的行为。第三,评议会:咨询决策机构。评议会是日本私立大学必设的咨询机构,基于日本私立大学的公共性,评议会的成员人数大多是理事会的两倍,主要由学校教职工代表、毕业生代表以及符合学校规章的其他人士组成。

20世纪90年代以前,日本的大学教育质量保障模式还没有以法律的形式确定下来。1991年,日本文部省对《大学设置基准》进行了修改,在其中加入了要求私立大学开展自我评价的内容。建立自我评价制度成为日本私立大学管理运营改革方面的重要内容,但仅仅通过自我评价来保证教育质量是万万不够的,这就需要第三者评价。一直到2005年,大学评价学位授予机构和大学基准协会两个获得认可的评价机构浮出水面。至此,日本大学教育质量保障体系初步形成以设置认可、自我评价和第三者评价为核心的运行机制。[①]

二　国外私立大学法人治理结构对我国混合所有制学校的启示

(一) 法律制度建设是学校法人治理结构的重要保障

政府通过法律制度建设,为混合所有制学校提供强有力的法律支持,推进学校法人治理结构改革。英国伦敦大学早在1889年通过《伦敦大学法》,规范学校各组织机构的职权、义务、责任,推进学校管理体制改革。

德国在1945年颁布《波恩基本法》,确立了以校长负责制为核心的大学治理结构,主要包括:全校代表大会、学术评议会、校参议会、校长委员会。

我国《高等教育法》规定:"高等学校应当面向社会,依法自主办学,实行民主管理。"但与德国各州教育立法和英国的法人治理结构改革方面立法相比,目前我国的《教育法》及相关法律法规在学校治理结构方面仍然需要进一步完善。比如,我国相关法律法规中尚没有要求学校设立监事机构的规定。日本2012年的《私立学校法》均规定民办高校必须设立监事会,并详细规定了监事的任职条件、权力、责任和义务,对学校决策机构和执行机构进行监督管理。

(二) 完善董事会领导下的校长负责制

德国和日本要求民办学校设立董事会,具有的共同特点有,即依法成立、成员多元化、建立董事会领导下的校长负责制等。目前,董事会领导下的校长负责制是各国大学法人治理的趋向,符合现代大学教育管理规律。董事会受投资方的委托,决策学校重大事务,并选聘委托校长,负责学校教育和行政事务管理,并将学术权力交给全体教师,这些相关规定是学校现代法人治理结构的基石。

---

① 张爱:《日本大学第三者评价的运行机制》,《比较教育研究》2006年第4期,第70-74页。

（三）学术权力与行政权力形成制衡关系

国外大学内部学术权力与行政权力共存，英国的大学学术权力和行政权力分离，教授会权力较大，占主导。美国的大学行政权力和学术权力相互渗透，董事会是学校最高权力决策机构，负责重大事项的决策，校长在董事会的领导下负责行政工作，学术事务由教授会执行。[①] 2014 年我国颁布《高等学校学术委员会规程》，规定学术委员会在学校学术组织体系中的最高学术机构定位。国外高校的法人治理结构中，董事会赋予教授会学术权力，教授会享有学术决策权，有效防止学术问题行政化。我国学术委员会建设过程，行政权力与学术权力应该相互制衡，各司其职，优化教育资源配置。

（四）学校产权制度清晰

美国对民办学校按照营利性和非营利性划分成两类，这两类民办学校法人性质不同，适用的法律也不同。其中非营利性学校适用教育法，学校自我延续的董事会拥有学校的所有权和管理权，学校破产后的剩余财产权由法院拍卖，财产不归任何营利组织和个人所有。营利性学校适用商法，通过市场机制运作，学校投资方对学校财产具有使用权、转让权和利润分配权。美国通过对民办学校分类的办法明晰学校产权，并对两类学校进行分类管理，给予非营利性民办学校更多的优惠待遇，比如政府对非营利性学校的资助。[②]

2016 年全国人大常委会发布了《关于修改〈中华人民共和国民办教育促进法〉的决定》，修改的核心在于对民办教育机构的营利性和非营利性的分类管理。

2017 年国务院印发《关于鼓励社会力量兴办教育　促进民办教育健康发展的若干意见》指出，对民办教育按营利性和非营利性，实施差别化扶持政策，积极引导社会力量举办民办学校。

---

① 张茂聪：《权力整合：构建现代大学制度途径之维度》，《山东师范大学学报（人文社会科学版）》2015 年第 2 期，第 75－82 页。
② 高莹：《非营利性民办高校的法律扶持》，硕士学位论文，沈阳师范大学，2014。

第九章 职业教育 PPP 模式及风险评价研究

第一节 PPP 模式研究背景及概念内涵

一 研究背景和研究意义

(一) 研究背景

由于教育的公共属性,职业院校大多由政府建设、经营与管理。然而,这种由政府全权负责的模式容易导致组织管理的低效率,灵活性差;同时,国家对职业教育的包揽,私有资本无法进入教育行业,致使教育领域缺少竞争活力,办学质量和效率低下,也不利于资源的利用。作为国家培养创新型技术人才的重要基地,职业院校需要投入大量的资金到教学管理和硬件设施当中。而职业院校的绝大部分资金都要依靠国家的财政拨款和金融机构的贷款,院校没有其他的融资渠道。因此,仅仅依靠政府的力量,职业院校是无法提高办学质量的。

为了提高公立学校的教育质量,英国政府率先尝试将社会资本引入公共教育,从而采用 PFI(Private Finance Initiative,私人融资计划)模式。这一模式的运用提高了英国公立教育的质量和效率,后来使英国 PPP 运作领先于世界水平。我国在教育行业采用 PPP 模式的时间较短。党的十九大报告强调,人们对美好生活日益增长的需求和不平衡、不充分的发展之间的矛盾已经成为社会的主要矛盾。这映射了我国职业教育发展不协调、不充分,无法满足社会对专业人才的需求和人们的职业诉求。而近年来,相关政策和法律规范的出台,使得 PPP 模式在教育领域的应用,特别是职业教育方面更是受到了有关部门的极力推广。职业教育项目中运用 PPP 模式不仅能打破现有的瓶颈,还能提高民间闲置资金使用效率,减少职业教育项目给财政带来的压力,提高职业院校办学质量。

同时,PPP 项目是一项综合性较强的项目,此中的利益关系盘根错节。职业院校缺少 PPP 项目风险管理和风险评价的相关经验,无法对职业教育 PPP 项目中存在的风险进行精准的评估。

我国职业院校多由政府承办,对所面临的风险也着重于理论分析和定性评价。我国更加关注基础设施方面的 PPP 项目,很少将 PPP 模式应用在教育领域,特别是职业院校领域,所以很难寻找相关历史数据;即使在国外,将 PPP 模式应用在职业教育领域的案例也极其少。所以国内外有价值的定性与定量风险评价经验很少。这就加大了职业教育 PPP 项目中的风险,所以对目前 PPP 模式在职业院校的应用进行风险评价研究是有必要性的。

(二) 研究意义

我国在 20 世纪 80 年代就接触了 PPP 模式,但实际采用 PPP 模式的时间才只有三四十年。况且,我国仍没有专门针对 PPP 模式的法律,对风险评价等方面的研究也不深入。项目各参与方缺乏风险意识及风险管理经验,造成 PPP 项目失败及政府负债现象。2015 年,财政部发展改革委人民银行《关于在公共服务领域推广政府和社会资本合作模式指导意见的通知》(国办发〔2015〕42 号)强调做好 PPP 项目防风险工作。可见,政府对 PPP 项目风险防范越来越重视。

近年来,我国学术界对 PPP 模式越来越关注,职业教育 PPP 模式相关方面的研究也越来越多,主要研究内容为 PPP 模式在职业教育应用的现状与发展思路,对其所存在的风险研究甚少且不深入。由于我国相应配套的法律法规和改革措施并不完善,在实践过程中职业教育 PPP 项目风险评价的操作与风险应对也存在诸多问题。所以,对职业教育 PPP 项目的风险评估研究在一定程度上为 PPP 模式的风险评价理论增添新内容,还能为职业教育 PPP 项目的风险评估和风险防范开辟新的研究路径。

政府与社会资本的合作并不是简单的买卖关系,而是以合同的形式将双方的权利与责任绑在一起的长周期合作关系。在职业教育领域,由于职业院校整体运营类 PPP 项目建设及运营周期较长,涉及的相关方多且关系复杂,整个 PPP 项目在实施过程中存在许多不确定因素。因缺少职业院校整体运营类 PPP 项目示范性经验,PPP 项目风险发生的概率很大。这一定程度上给职业教育领域 PPP 模式的顺利推进造成了很大的阻碍。所以有必要对职业教育 PPP 项目存在的风险进行准确评估,并提出相应的防范对策,使得 PPP 这种新型模式在职业教育领域顺利推进,有利于实现人才与劳动力市场需求对接。

二 PPP 模式的概念及特征

PPP 模式(Public-Private-Partnership),其宽泛含义是指公共部门与私人部门合作来提供公共产品或服务;其狭义是指一种融资方式,即政府通过双方合作来筹资建设公共项目,社会资本通过政府付费或使用者付费来获得回报,双方共同承担公共产品或服务的供给。不同领域的机构或学者对 PPP 模式的解释有所不同。经济管理学领域的学者认为 PPP 模式是公共部门和私营部门以合同划分利益、责任和风险的新型公共产品供给模式。这种供给模式有利于提高公共服务总体效益，更有可能实现帕累托最优。教育领域的学者认为 PPP 模式是公共教育部门与民营部门以提供高质量教育服务为目的而形成的合作关系，通过推动教育政策和计划的实施，更好地提升教育的社会效益。

伙伴关系、利益共享、风险分担及全生命周期管理是 PPP 模式区别于企业和企业的合作关系的显著特征。

（一）伙伴关系

PPP 项目能够成功实施与运营的先决条件就是伙伴关系的建立。以往的公共物品都是由政府出资，委托给企业进行建造，政府负责经营，其权威地位不可撼动。而在政府与社会资本合作过程中，社会资本与政府拥有同等的地位，双方都需要遵循市场规律，以合同或者协议条款作为各合作主体责任、权利和义务分配与分担的纽带，发挥各自的长处，使用最少的资源，提供最多的高质量公共产品或服务。同时双方的合作既实现了社会资本追求合理利润的目标又实现了公共部门要求的社会福利与社会效益最大化的目标。

（二）利益共享

政府与社会资本在公共服务领域进行的合作，首先体现的是 PPP 项目的公益性，其次才是体现市场机制的运行规律。政府与社会资本合作的首要目标是公共服务质量的优化和供给效率的提升，而不是追求利润最大化。在 PPP 项目实际操作过程中，公共部门与私人部门并不是共享利润，而是要通过合同条款对社会资本可能获得的高额利润进行调控。当社会资本在经营 PPP 项目的过程中满足绩效评价而无法获得合理回报时，政府可以通过可行性缺口补助的方式使社会资本获得合理收益；当社会资本凭借自身优势对 PPP 项目进行高效运营与管理，获得了超额利润时，政府可根据股权比例参与项目公司利润分红或根据绩效结果适当让利于社会资本，进而实现公众利益与社会资本利润之间的均衡。

（三）风险分担

以往的公共物品都是由政府出资，由企业进行建造。在项目建成后，政府负责经营，同时也要承担所有的风险。而在 PPP 项目中，风险必须在政府与社会资之间合理分配。否则 PPP 模式就再不是纯粹的公私伙伴关系。在合作过程中，政府与社会资本之间需建立合理的风险分担机制。要使最有控制风险能力的一方承担其相应的风险，使整个 PPP 项目风险降低到最小。同时，还需要保证一方承担的风险要与其获得的利益相匹配。

（四）全生命周期管理

PPP 项目的合作周期通常是 15 年—30 年。在合作期间，政府部门与私人部门都要参与 PPP 项目的每一个环节，即负责管理 PPP 项目的全生命周期。合作双方一定要在 PPP 项目全生命周期内严格履行合同的责任，并严格遵守相关法律法规。在设计阶段与建设阶段,社会资本责任在于对基础建设或公共服务进行投资和建造,而政府的责任更侧重于对社会资本的监督与管理。在运营阶段、维护阶段及移交阶段,社会资本责任在于对基础建设或公共服务进行运营与维护,而政府的责任更侧重于对社会资本的监督、管理及绩效评价,同时根据绩效评价结果及公共产品或服务的质量与效果向社会资本给予相应的回报或补贴。

第二节　我国职业教育 PPP 项目的主要模式及应用

一 职业教育 PPP 项目的主要模式

我国在教育领域也进行了很多 PPP 模式的尝试。目前,在职业教育 PPP 项目的具体实施过程中,主要的运作方式有 BOT、ROT、BOO、BTO、TOT、ROO 六种,如表 9-1 所示。

表 9-1　职业教育 PPP 模式主要类型

运作方式	英文含义	中文含义
BOT	Build-Operate-Transfer	建设—经营—移交
ROT	Rehabilitate-Operate-Transfer	改造—运营—移交
BOO	Build-Own-Operate	建设—拥有—经营
BTO	Build-Transfer-Operate	建设—转让—经营
TOT	Transfer-Operate-Transfer	移交—运营—移交
ROO	Rehabilitate-Own-Operate	改造—拥有—经营

以下对这几种运作方式进行详细介绍。

第一种,BOT(Build-Operate-Transfer),即建设—经营—移交。该模式是职业教育 PPP 项目最常用的运作方式,主要用于新建项目。在此模式下,政府部门和职业院校在做好前期项目需求、评估和计划制定等准备工作后,与私人部门签订合同,明确私人部门对项目负有的融资、建设、运营及管理等责任。双方共同监督与管理,但项目的经营收入归社会资本所有。直到运营期满,私人部门必须无条件地将项目移交给政府或职业院校。

第二种,ROT(Rehabilitate-Operate-Transfer),即改造—运营—移交。该模式适

用于存量项目的改建与更新。公共部门或公办职业院校将现存的需要更新维护的职业教育 PPP 项目交由私人部门进行改造，并由私人部门运营与维护，同样获得收入归私人部门所有。待运营期满，私人部门必须无条件地将项目移交给政府或职业院校。

第三种，BOO(Build-Own-Operate)，即建设—拥有—经营。该种模式也适用于新建项目，也可能成为职业教育 PPP 项目未来发展的趋势。社会资本和职业院校经营和管理职业教育 PPP 项目，但社会资本需要负责项目的建设。在该模式下，项目无须移交给政府或其他公共机构，而是由社会资本与职业院校持续运营。

第四种，BTO(Build-Transfer-Operate)，即建设—转让—经营。BTO 模式与其他模式的区别在于社会资本仅仅承担建设职业教育 PPP 项目的责任，并将建设完成的项目移交给公共部门。然后公共部门挑选运营商，让运营商经营与管理该项目，并特许运营商向学生与其他消费者收取适当的费用。

第五种，TOT(Transfer-Operate-Transfer)，即移交—运营—移交。该种模式主要用于存量项目。在该模式下，政府或公办职校与社会资本方签订合同，有偿转地将存量的项目交给社会资本进行运营和管理。在合同期内，社会资本获得经营收益或其他服务费用。待合同到期后，社会资本必须将该项目移交于政府或职业院校。

第六种，ROO(Rehabilitate-Own-Operate)，即改造—拥有—经营。此模式也主要用于存量项目的改造与维护。政府或公办职校与社会资本方签订合同，特许社会资本对现有的项目进行改造并经营与管理改造完工的项目。在合同期内，社会资本获得经营收益或其他服务费用。待合同到期后，社会资本再将该项目移交于政府或职业院校。

二　职业教育 PPP 项目的主要利益相关方

职业教育 PPP 模式与一般的 PPP 模式类似，都是通过签订合同来明确各自的权利与责任，制定管理、监管、激励相容的条款，但涉及的利益相关方相对比较多。职业教育 PPP 项目的各参与方的组织结构，如图 9-1 所示：

(一) 公共部门

公共部门(政府部门或职业院校)作为职业教育 PPP 项目的发起人，权衡选择并确定社会资本，一般情况下不参与项目的具体建设与运营，扮演着对项目进行建设、开发和融资的政策支持者、项目质量监管者及绩效考核者的身份。公共机构对基础设施运营进行绩效评价，对教学服务质量进行考核，并支付或补贴一定的费用，使社会资本得到合理回报。

(二) 社会资本

社会资本是由公共部门严格把关挑选出来的、具有一定经济实力和管理能力的企业。社会资本是 PPP 项目的实际投资人，与公共部门成立专门针对该项目的项目

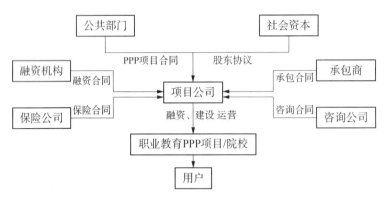

图 9-1　职业教育 PPP 模式组织结构

公司,拥有项目公司大部分股权。

(三) 项目公司

项目公司是由公共部门与社会资本以项目为载体,为实现公共产品或服务供给而专门设立的。项目公司拥有一般企业所具有的权利,能够对项目的投融资、建设、教学或设施运营及移交等工作负责。

(四) 融资机构

金融机构可以是商业银行、信托投资机构,还可以是大型企业集团。由于政府部门(职业院校)的直接投资和社会资本的现金流很少,PPP 项目的绝大部分资金是通过金融机构获得。为了确保贷款的安全性和收益,PPP 项目公司必须向金融机构提供质押品。

(五) 保险公司

依据风险控制范围与能力大小相匹配,在政府(职业院校)与社会资本之间理性分配风险有利于项目的推进。但由于风险的不确定性较高,在合作期间,总会出现公私双方无法控制的风险。为了使整体风险最小化,这些无法控制的风险可转移给保险机构。保险机构还可承担项目公司无法还本付息的债务风险。

(六) 承包商

项目公司的社会资本方一般不会承担基础建设 PPP 项目的建设义务,而是将其交于项目公司选择的承包商。承包商会独立签订原材料、设备及劳工的分包合同,完成基础设施 PPP 项目的建设任务。

(七) 咨询公司

由于职业院校与社会资本缺少运营与管理 PPP 项目的相关经验,项目公司必须借助咨询机构的力量,使其为项目的各个阶段提供咨询服务。一般咨询机构充当项目公司的谋士,帮助其敲定融资方案,协助进行风险评估与管理,协助选择伙伴关系及协助项目的开发运营,最终的结果是提升项目的质量与运营成效。

(八) 用户

职业教育 PPP 项目的使用者包括学生和其他消费者。学生是职业教育 PPP 项目的主要消费者,同样也是职业教育 PPP 项目发起与持续发展的重要支柱。学生和其他消费者通过对 PPP 项目的使用或接受的教育服务,向社会资本支付使用费用。社会资本通过经营收入、学生学费和政府的支付费用或补贴来弥补成本,取得合理回报。学生与其他消费者同样肩负着监督 PPP 项目产品或服务质量和使用效率的职责。

三　职业教育 PPP 项目的一般流程

职业教育 PPP 项目一般流程为识别阶段、准备阶段、采购阶段、执行阶段及移交阶段。第一阶段,政府部门对职业教育 PPP 项目发起,对有发展前景的 PPP 项目进行挑选,确定备选项目,对新建、改建项目进行可行性研究,针对项目进行规划;第二阶段,通过政府授权,明确项目实施机构,对项目相关宏观环境、政策、法律及体制机制等进行调查,对外部潜在投资人的投资偏好、经济实力、信誉及运营能力等进行研究分析,编制实施方案,在方案审核通过后,即可实施推进;第三阶段,政府选定合适的方式进行项目采购,并对社会资本进行资格审查,让实施机构与选定的社会资本进行谈判,并对 PPP 项目合同条款达成一致;第四阶段,政府(职业院校)与社会资本建立项目公司。项目公司进行融资、建设及运营,同时政府部门负责中期评估、监督管理及绩效评价;最后阶段,若合同期满后项目必须移交,社会资本则必须按照合同规定将 PPP 项目移交给政府或职业院校,由政府对移交的资产进行检验与评估。职业教育 PPP 项目的流程,如图 9 - 2 所示。

图 9 - 2　职业教育 PPP 项目流程

四　职业教育 PPP 模式与公共办学模式相比的比较优势

(一) 提高职业教育办学效率

自我国现代职业教育建立以来,虽然民办职业院校已屡见不鲜,但政府一直是职业院校的办学主体,对院校进行行政化管理,在专业的设置、教学计划的制定、教学质量的评估等方面或多或少存在着政府的过度干预,出现学生严重与人才市场需求不符的情况。以 PPP 模式举办职业院校,政府的职能就从主导者变成监督者,从而降低了政府的干预度。根据合同规定,企业自主提供职业教育产品或服务,按照市场竞争机制,自主安排教学考核、实训实习及职业教育基础设施建设,提升了学校体制改革的自由度,充分发挥了社会投资人的融资和专业的技术与管理优势,提高了院校的服务质量与运营效率。同时,PPP 职业院校通过积极引进国内外知名的社会教育机构的先进技术和管理经验,引导学校对外合作交流,有利于实现先进教育和特色教育,缓解职业教育利益相关方的利益冲突,提高教育质量。

(二)实现利益平衡,满足各方需求

公办职业教育最主要的利益相关方为政府、企业和职业院校。职业教育领域引入 PPP 办学模式,能够实现政府、私人机构、学校的利益平衡。对于政府,私人机构承担 PPP 项目的融资工作,减轻了政府的财政支出和职业院校的融资压力,解决了当前职业教育发展规模不能满足社会需求的问题;对于私人机构,通过 PPP 介入职业教育,通过提供核心与非核心服务获得稳定收入,能提前为企业培养高素质人才,还能提升自身的声誉和整体实力;对于职业学校,通过 PPP 模式引入社会资本,社会资本根据职业教育教学、经济发展状况和产业机构人才需求,有针对性地设计专业、制定教学课程、安排实训、实践,进而能增加学生的就业机会,提升学校核心竞争力,打响学校特色与品牌,提升学校知名度和声誉。

(三)减轻政府的财政压力和职业院校的融资压力

政府对职业教育的财政支出弥补不了职业教育发展的资金缺口,仅仅依靠政府资金对职业教育教学投入与基础设施建设是非常困难的。通过 PPP 模式,社会资本向职业教育领域注入资金,不仅减少了国家和地方政府财政上的压力,增加了教育投入,增加了职业教育的融资途径,而且,政府并不参与直接投资,而是通过提供扶持措施的方式来组织融资,并对项目进行扶持,既提高了项目的经济效益,又维护了投资方和贷款方的利益,解决了项目投资建设的资金需求。另一方面,PPP 模式解决了职业院校融资难的问题。职业院校的融资途径主要是向金融机构贷款,但因为经济实力不强,经常无法获得银行的"青睐"。

五 我国职业教育 PPP 项目的特点

职业教育 PPP 模式改变了原来公办职业学校和政府之间的关系,即将原来的从属关系转换为自主权和行政权相互协调、相互制约的股权关系,将上下级的被动关系转变为服务与被服务的平衡关系。并且,职业教育 PPP 模式也改变着社会资本的身份,即从基础设施类的非核心项目建设者上升为专业设计、课程制定、教学方案制定等核心项目内容的参与者。这些身份或关系的变化使得职业教育 PPP 项目具有一些独特性。

(一)职业教育 PPP 项目实施机构的独特性

通常情况下,政府部门作为 PPP 项目的发起者,但不亲自参与 PPP 项目的具体事项,而是授权于项目管辖地区的政府或者政府授权机构。而在职业教育 PPP 项目的具体实施过程中,负责与社会资本方谈判、签合同及制定实施方案的通常是职业院校。例如,某省职业中等院校的 PPP 项目,就是由该省的职业教育中心院校具体负责。

两种实施机构的性质有本质的区别。交通厅或体育局属于当地政府相应级别的

行政单位,具有法律赋予的管理组织国家行政事务的权力。职业院校属于非营利性的教育服务机构,社会公益性突出,归为国家事业单位。职业院校能独立授予社会资本对项目的经营年限、经营范围等权利仅仅限于院校内,但其借助政府的政策规划来为项目公司提供政策优惠条件具有一定的滞后性。

(二) 职业教育 PPP 项目中社会资本的角色不同

对于一般的公共基础设施 PPP 项目,社会资本承担项目的建造、运营及维护,并获得稳定收入,被授予的特许权仅仅限于项目本身。职业教育最重要的使命是为国家培育创新能力强、技能高超的人才。在职业教育 PPP 项目中,社会资本不仅仅要负责院校基础设施的建造、运营及维护,而且还要根据市场人才需求状况,进行合理设计专业、制定课程、安排实训等一系列核心教学管理。由此可见,社会资本不仅是教育产品或服务的供给者、管理者,还是国家人才的培养者。

在职业教育 PPP 项目中,政府与社会资本同样都参与核心教育工作,但两者的性质大有不同。政府是国家教育供给的核心力量,拥有教育政策、法律法规制定、教育机构组织管理权力。社会资本方是自负盈亏的企业单位,只拥有政府授予的部分限于参与该项目核心教育工作的特许权力,是政府教育工作的辅助者。

(三) 职业教育 PPP 项目的社会效益更加突出

随着我国产业结构不断优化升级及新经济、新产业的出现,各行各业也会不断提高对劳动者技能的要求。以 PPP 模式举办的职业院校可以根据行业人才需求有针对性地培养人才,为社会提供创新型人才。此外还能极大提升就业率,提高当地的教学水平,改善当地教育供给结构。同时,职业院校还可以对城乡就业人员进行技术培训,如对农村过剩的劳动力进行培训,对下岗者实施再就业培训等。

职业教育院校建成后,可以方便当地居民或孩子就近入学。而且院校会相应增加餐厅、宿舍、教学楼等管理工作岗位,为附近居民提供工作,在一定程度上有助于居民生活质量和水平的提高;同时职业教育院校的建立将有助于周边地区服务业的发展,有助于社会劳动者找到工作,进而提高人们的经济收入。由于职业教育的公益性、非营利性更为强烈,职业项目 PPP 项目的社会效益才更加突出。

(四) 职业教育 PPP 项目的运营风险大

职业教育 PPP 项目的运营管理要比一般的公共基础设施复杂,面临的风险也比较大。在职业教育 PPP 项目中,项目的消费者大部分是学生。一方面,社会资本在运营过程中要严格按照政府教育政策制定服务价格(包括学费、住宿费、设备使用费等),提供高质量服务,保证学生的利益不受损害。但如果设置的价格过低或政府的补助不足使社会资本无法弥补成本或获得合理回报,则项目的运营可能会终止。另一方面,社会资本不仅要提供设施服务,还要参与教学管理与学生管理。如何保证教学质量、如何保证学生的人身安全、如何维持院校的稳定秩序和食品安全、如何对校外人员在校内的行为和安全进行管理、如何协调校外人员与校内师生的消费需求等等,都使得项目的运营阶段面临极大地不确定性。以上种种现象都表明职业教育PPP项目的运营风险大。

职业教育PPP模式是一种政府(职业院校)与社会资本合作的新型的职业教育服务供给模式,该模式有利于充分发挥市场机制作用,提升职业教育的供给质量和效率,转变政府在职业教育中职能,有利于校企深度融合,以培养应用技能型人才。职业教育PPP模式首先具有PPP三个重要特征:一是伙伴关系。政府(职业院校)与社会资本作为平等的主体,遵循市场规律,以合同或契约为纽带,以职教建设项目为载体,凭借各自优势,高效率地提供高质量职业教育服务产品;二是利益共享。由于职业教育的公益属性,在合作过程中,职业院校作为政府的代表方和社会资本通过合同制定政府付费、可行性缺口补助及使用者付费条款,在确保满足绩效评价的前提下使社会资本获得合理利润,实现双方利益共享;三是风险分担。本着全生命周期整体风险最小化的原则,根据实际情况,职业院校与社会资本最有控制力的一方承担相应的风险,实现风险的合理分配。其次,职业教育PPP项目还具有教育性特点,教育性主要体现在教育公益性和人才培养的任务特点上,一是由于教育具有公益性,营利不是举办教育的主要目的,因此,利润不是PPP项目运营追求的初心和目标,二是教育服务提供的主要是人才培养,教育服务难以精确考核衡量,并且具有滞后性,对项目运营的考核带来一定难度。再有,职业教育PPP项目还具有职业教育特点,主要体现在职业教育项目一般注重产教融合、校企合作,职业教育培养的主要是技能型人才,培养过程需要紧密联系实践,这也是许多职业教育PPP项目合作的重要动机。

六　职业教育PPP模式的应用现状

(一)PPP模式在职业教育领域应用的规模

近年来,随着我国新兴经济业态发展和政府简政放权力度加大,为了满足新经济、新产业对创新型人才的需求,我们国家和政府相继出台了《关于在公共服务领域推广政府和社会资本合作模式的指导意见》(国办发〔2015〕42号)及《关于鼓励民间资本参与政府和社会资本合作(PPP)项目的指导意见》(发改投资〔2017〕2059号)等相关政策,鼓励社会资本参与职业教育办学,促进职业教育领域供给侧结构改革。如图9-3所示,截至2018年12月底,涉及19个行业的PPP项目总数达到了8556个,其中市政工程和交通运输PPP项目所占的比例最大,分别为40%和14%,教育PPP项目已有417个,是全国PPP项目总数的二十分之一。如图9-4所示,在教育类PPP项目中,义务教育项目数排在第一位,职业教育PPP项目排在第三位,占据同期教育PPP项目的21%。事实上,我国公共财政教育经费支出不断上升,政府的政策支持力度也在不断地加大,职业教育院校的数量每年都在增加。这表明职业教育PPP模式的应用已初见成效。

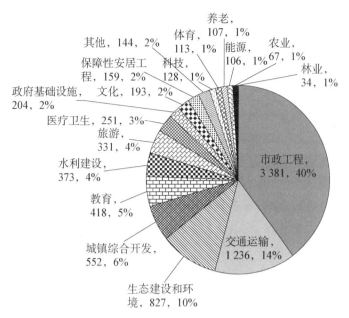

图 9 - 3 PPP 项目数行业分布情况

资料来源:财政部与社会资本合作中心。

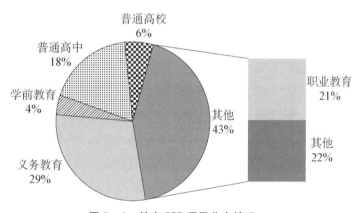

图 9 - 4 教育 PPP 项目分布情况

资料来源:财政部与社会资本合作中心。

(二)PPP 模式在职业教育领域的应用范围

PPP 模式被引入到教育领域的时间也只有十几年,最初是应用于后勤。随着 PPP 模式在我国被运用得越来越成熟,公私合作项目的范围也越来越广,主要涉及职业教育服务、基础设施和整个职业院校的运营。

对于职业教育服务项目,社会资本为职业院校提供核心教学服务,将基础设施建设排除在外。具体内容为:公办职业院校与教育集团或企业签订教育服务合约,授予企业参与课程设计、教学管理和技术培训,提供核心教学服务的特权。教育集团或企业在合同规定的期限内培养出满足社会职场需求的毕业生。在企业的教育服务效果达到院校的考核标准后,政府会通过院校向企业支付相应费用。此类模式适合在经济实力比较弱,民间资本不活跃的地区运用。

对于基础设施项目,社会资本为职业院校提供基础设施建设项目,将核心教学服务排除在外。主要内容为:政府或公办职业院校与社会资本签订协议,特许社会资本新建职业院校基础设施或对现存的基础设施进行改造与维护。对于新建和改造的基础设施,社会资本通过运营、政府付费、学费以及其他基础设施使用者的付费获得收入或成本补偿。院校代表政府对项目进行监督和绩效评价。待合同到期后,社会资本必须将基础设施交予院校或政府,或者持续经营。

对于整体运营项目,社会资本和职业院校要负责项目的整体运营,即社会资本不仅要负责学校基础设施建设,而且还要与职业院校共同提供教学服务、人才培养。主要内容为:社会资本与公共部门(职业院校)签订合约,将整个职业学院的建设、运营交由社会资本负责,同时还要负责核心的教育教学。在合同期间,政府充当监督者和绩效评价者,根据绩效评价的结果,借职业学院之手将管理费用支付给社会资本。

第三节　职业教育 PPP 项目的风险分析

PPP 模式在教育领域,特别是职业教育领域的运用越来越广泛,但其中也存在诸多问题。风险是职业教育 PPP 模式的突出问题,也是 PPP 模式重要参与方——职业院校最为关注的问题。风险评估及风险分担影响着职业教育 PPP 模式各参与方的决策和院校举办的进展。通过对调查问卷的统计分析,对职业教育 PPP 模式风险进行了深入研究。

一　PPP 模式风险的定义、特征及评价

(一) PPP 模式风险定义

不同的研究领域对风险有不同的定义,没有明确统一的说法。对不同研究领域求同存异,按照广义与狭义对风险进行定义。广义的风险指无法确定收益或者损失;狭义的风险指损失的概率,即可能发生不利结果的概率。大多数学者研究的都是狭义风险。同样,PPP 项目的风险也可按广义与狭义来划分。广义风险指就一特定项目,在公共部门与私人部门合作的过程中,各参与方面临的不确定性带来的有利或不利影响;狭义风险表现为项目的全生命周期过程中,各个阶段或环节发生不利结果的概率的大小可能造成 PPP 项目失败或使各利益相关方遭受损失。

(二) PPP 模式的风险特征

通过归纳,PPP 模式的风险特征主要有以下几种:

(1)复杂多样性:一方面,PPP 模式有多种类型,各类型之间的结构差异、责权差

异及合作内容差异导致 PPP 模式风险的多样化；另一方面，PPP 项目包含的多个利益相关者之间利益及矛盾的复杂性和预期收益衡量标准的差异性导致了 PPP 模式多样性的特点。

（2）阶段性：PPP 项目的实施并不是一蹴而就的，要按阶段进行。各阶段处的内部和外部环境不同，所面临的风险种类及各风险对其影响程度也不同。

（3）可控性：众多参与方中包含的政府是一个稳定性较好的组织机构，拥有控制一些风险的能力，如政府控制政策风险及法律风险的能力较强。一些风险在政府的可控范围之内，也就说明了 PPP 模式下的风险有一定的可控性。

（4）多变性：由于 PPP 项目中存在的不稳定因子太多，项目的各个阶段都有可能产生新的风险，同时风险存在的形式也可能发生变化。

（5）相互关联性：PPP 项目各个阶段的风险及同一阶段的风险并不是相互独立的，存在着关联性，如市场风险中的价格因素会影响建设期及运营期的成本的高低，导致财务风险。

（三）PPP 项目风险识别与评价方法

1. PPP 项目风险识别方法

风险识别并不是盲目地对一些风险进行判别，而是要有一定的根据和方法。针对 PPP 项目，环境因素和相关的文件资料都能作为判断凭据，并运用一种或几种适当的识别方法来确定风险指标。风险识别的方法有专家判断法、头脑风暴法、德尔菲法（Delphi Method）、WBS 等专家调查法，还有因果分析图法和故障树分析法等。本文将几种比较常见的风险分析方法进行比较，如表 9-2 所示。

表 9-2 6 种风险识别方法比较

风险识别方法	优　　势	劣　　势	适用范围
专家判断法	在存在不确定因素情况下，获得原始真实数据，进行定性判断	带有专家的主观性	适用于情况不复杂的项目
头脑风暴法	操作简单，抓住主要风险	程序要求比较严格	适用于问题比较单纯，目标比较明确的情况
德尔菲法	精确性比较高，综合性比较强	比较耗时，受参与者的心理因素影响	适用于大型项目
WBS	清晰直观，结构性较强，易修改	对于大型项目来说，过程会比较复杂	适用于中小型项目
因果分析图法	便于找出风险之间的关联性，不易漏到风险	受管理者主观因素影响	适用于比较大型的项目
故障树分析法	通过分析障碍，倒推出风险	易产生差错及漏掉因素	适用于无太多经验时的风险识别

2. PPP 项目评估方法

国内外学者也大多采用定性和定量两种方法对 PPP 项目进行风险评估。PPP 项目风险定性评估是从 PPP 项目的本质出发,分析在项目全生命周期中各风险之间的关系与影响程度,并根据社会经验和科学的方法做出评价。英国是最早使用 PPP 模式的国家,相应地颁布了一系列的 PPP 指南,其中 VFM(Value for Money,物有所值)评估法就是针对 PPP 项目风险的评估方法。实证分析法包括以现实案例为依据的评估方法、统计分析法及建立数学模型的分析方法。案例分析方法是实证研究中最常用的方法,其能真实、直观地反映出 PPP 项目中存在的风险以及项目风险的影响程度。PPP 项目实证风险评估方法有很多,常见的几种方法有层次分析法、模糊综合评价法、蒙特卡洛(Monte Carlo)模拟法、风险影响图法、敏感性分析法及风险矩阵法。上述几种方法的优缺点如表 9 - 3 所示。

表 9 - 3 6 种风险评价法优势和劣势比较

风险评估方法	优　　点	缺　　点
层次分析法	将定性分析与定量分析相结合,对项目风险进行排序	只能体现项目风险的等级,无法显示风险水平
模糊综合评价法	能将问题模糊化处理并能定量分析,得出整个项目的风险水平	由于依赖于专家的经验,使结果缺乏客观性
蒙特卡洛模拟法	方法简单、易操作,可模拟分析多元风险因素变化对结果的影响,可随时更新补充数据	对数据的数量要求较高,处理复杂问题得到结果精准度不高
风险影响图法	能直观地体现出随机变量彼此间的关联性,在不确定条件下仍能完成智能决策	操作比较复杂,结果过于依赖特定的随机过程
敏感性分析法	能反映项目各风险的敏感程度,对风险进行排序,有助于找出关键风险	只能反映风险强度,缺乏精准性,无法体现种风险因素对项目的整体影响
风险矩阵法	可对风险危险等级进行划分,简单直观,有广泛的适用性	得出的结果精确率低,可能得到错误的评估结果,输出和输入不清晰

二 职业教育 PPP 风险研究方法

(一) 研究方法

研究采用调查问卷及案例分析的方法对职业教育 PPP 模式风险进行研究,问卷调查的对象主要为职业教育院校的相关人员,包括高等、中等职业教育院校的院长、理事会成员及其他管理人员,另外还有部分相关专家。

本次调查问卷总共发放 130 份,回收 90 份,有效回收 63 份,有效回收率为 70%。

另外,本研究还对某省9所职业教育典型 PPP 项目进行了深入案例调查,这9所典型 PPP 项目分别属于院校层面整体运营、校企合作共建实践基地等不同类型。

(二)风险层次框架

职业教育 PPP 模式风险种类繁多,而且有不同的划分标准。本研究将风险分为三个层次。第一层次为宏观风险、中观风险和微观风险,将政策风险、法律风险和金融及市场风险归为宏观风险,将建设风险和运营风险归为中观风险,将违约风险和合同及组织管理风险归为微观风险,如图9-5所示。第一层次风险所包括的风险指标归为第二层次风险,也是本次调查问卷的研究指标。

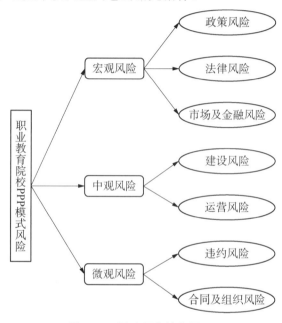

图9-5 风险层次结构图

三 职业教育 PPP 模式风险分析

(一)宏观风险

PPP 模式的宏观风险指由于政治和法律环境、经济环境、社会环境及气候环境的变化而产生的风险。在职业教育 PPP 模式中,宏观风险主要包括政治及决策风险、法律风险、金融及市场风险。

1. 政策风险

在职业教育 PPP 项目中,院校面临的政治风险有政府决策及审批延误、公众反对、政府团队/官员的更替、教育政策的不连续性、政府对学校过于干预以及城市规划等不可抗力事件的发生及院校被征用等风险。通过回收的63份有效调查问卷及对问卷数据的统计整理,可以看出,在政策风险中,政府决策及审批延误风险相对突出。

如图 9-6 所示,35 所院校认为政府决策及审批延误风险对其的危害性很大;23 所院校认为公众反对带来的风险较大(公众主要担心教育的公益性受到侵害);院校被征用对院校的危害不是很突出。

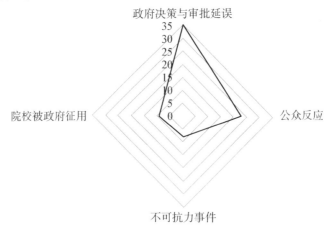

图 9-6　政策风险对院校的影响统计图

数据来源:调查问卷。

2. 法律风险

法律风险对应用 PPP 模式办学的职业院校的影响较大。职业教育 PPP 模式的法律风险包括法律及监管体系不完善、税收政策调整及高等教育法、民办教育法、合同法等变更。我国现有 PPP 立法层次较低、效力较差、相互之间存在某些冲突、可操作性差,对院校的建设与运营都有不利影响;中央和地方的税收政策变更同样会给项目带来风险。在时间的推移和教育事业进程中,法律会根据社会发展的需求及教育行业发展的水平进行补充和调整。当法律变更时,必须要服从法律的要求,进行自我改变和调整,由此也会带来一定不可抗拒的风险。近年来《民办教育促进法》重新修订,民办教育营利非营利分类管理正式实施,但其中部分涉及产权收益的政策条文比如补偿、具体税费、差异化的扶持政策等等表述笼统,仍影响着举办者和政府决策者在项目具体操作中的执行。通过回收的 63 份有效调查问卷及对问卷数据的统计整理,如图 9-7,法律及监管体系不完善和高等教育法、民办教育法、合同法等法律变更对院校的影响非常大,特别是法律及监管体系不完善的危害性。例如,山东 J 职业学院在运营与管理 PPP 项目的过程中,认为缺乏配套的职业教育法律政策,投资、产权、经营、收益等方面缺少明确的制度性安排和具体可供操作的法律规定,这使该职业院校仍在迷茫中摸索前进。

3. 金融及市场风险

在职业教育 PPP 项目中,院校处于市场经济环境中,同样会面对金融及市场风险。具体来说,院校主要面临的是利率风险、汇率风险、物价上涨风险、招生困难风

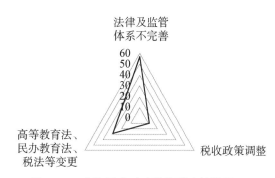

图 9－7　法律风险对院校的影响统计图

险、劳工工资及教师薪酬上涨风险。利率、汇率的变化及物价的上涨都会使院校的成本增加;由于生源市场和市场竞争的变化,学院可能面临招生困境和生源量风险;项目所需的原材料价格、人工工资及教师薪资上涨导致建设成本增加及服务产品价格上升导致运营收益下降,教学资产不能用于抵押融资等等。

　　同样,通过回收的 63 份有效调查问卷及对问卷数据的统计整理,如图 9－8 所示,招生困难、劳工工资和教师薪酬及汇率变化对院校的影响很大,其中影响最大的是招生困难风险。职业教育在我国教育体系中,仍然处于弱势地位,特别是民办职业院校,还得不到老百姓的认可。

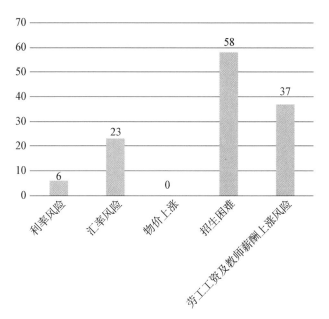

图 9－8　市场及金融风险对院校的影响统计图

　　以 PPP 模式举办的职业院校,在激烈的市场竞争中,院校首要面临的是如何吸引学生,并且通过不断地提高教育教学水平,从而培养学生以及提高办学声誉。但招不到一定规模的学生,院校运营经济压力就会加大。劳工工资和教师薪酬及汇率变化是与成本挂钩的,成本越高,院校的收益就越少,当生源规模不足时院校经营将难以为继。

(二) 中观风险

中观层面的风险指项目的市场需求、地址、设计建造以及工艺技术等发生在项目边界系统之内的项目内在风险。在职业教育 PPP 项目中,建设风险与运营风险可划为中观风险范畴。

1. 建设风险

在职业教育 PPP 项目建设过程中,院校要面临土地获得风险、工程建设变更风险、项目融资风险、原材料、设备及资源供应不足风险及院校建设无法完工风险。土地使用权获得受阻和原材料、资源、机械设备等无法供应或供应不及时都会使得成本和时间超过预期,从而导致项目成本增加或进度延期;资金筹措困难和工程建设变更也可能拖延项目进度,使院校遭受损失;还有其他原因(如:资金不到位、承包商能力不足等)造成的项目无法按时、按量完成,院校的经营也无法正常进行,比如,职业教育的教学优势在于校企合作产教融合,往往需要大量的实验实训设施,建设不到位,就无法保证教育教学质量。通过回收的 63 份有效调查问卷及对问卷数据的统计整理,如图 9-9 所示,土地获得风险、项目融资风险及院校建设无法完工风险对院校的影响较大,其中完工风险对院校的影响最大。PPP 项目是否能按时按量的完工,影响院校的招生、经营、管理与教学,进而影响职业院校人才培养的质量和数量,投资到位以及建设按时完工是 PPP 模式在职业教育领域成功运用的基本前提。

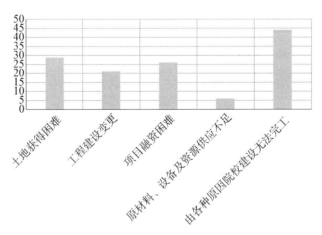

图 9-9　建设风险对院校的影响统计图

2. 运营风险

在职业教育 PPP 项目运营过程中,院校同样面临着教学质量不佳、招生不足使得运营期校园的长时间闲置、学费及其他服务收费价格调整受政府严格控制、运营收益无法弥补成本、相关基础设施不到位及校园治安差、食品卫生差及消防制度不健全等风险及安全隐患。

　　若存在专业设置不合理、教育质量不佳、市场环境的变化等情况，院校就无法满足学生的技能、职业诉求，无法与人才市场需求对接；院校招生计划受到政府调控，招生计划不能满足或者有计划但招不到生源，运营期校园设施的长时间闲置，都会使得院校无法正常经营与管理；学费及其他服务收费价格调整受政府严格控制、运营收益无法弥补成本也会造成院校收益不足，经营状况不佳；校园治安差、食品卫生差及消防制度不健全等安全隐患则会使得院校的影响受损。

　　从图 9－10 的统计可以看出，教学质量不佳、学费及其他服务收费价格调整受政府严格控制、运营收益无法弥补成本及相关基础设施不到位对院校的影响较大，其中运营收益无法弥补成本风险对院校的影响最大。

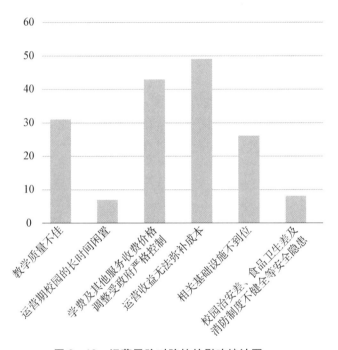

图 9－10　运营风险对院校的影响统计图

　　例如，在 Q 职业院校的整体运营类的 PPP 项目中，该院校涉及动漫职业教育领域。由于动漫文化产业和教育事业的特殊性与学费及其他服务收费价格调整受政府严格控制，虽然争取到了招生计划，但招生并没有完成计划，加之实际报到率也不高，学校生源规模多年没有达到预期，在实际按股权比例进行利益核算与分配中，校企收益均相对减少，院校仍处于入不敷出的状态。追求利润是市场法则，也是企业、组织运营的动力。

　　以 PPP 模式运营的职业院校追求的是社会利益最大化，但仍需要有足够的收益来支撑这一目标。所以，收益不足不仅影响院校的经营，还会使院校遭受其他衍生风险。

（三）微观风险

将合同文件及组织管理中由于角色不同而导致的风险归为微观风险。微观风险主要包括违约风险和合同及组织管理风险。

1. 违约风险

院校作为职业教育PPP项目的重要参与方同样担心政府、私人资本方及第三方侵权违约。政府、私人资本方及第三方，这三方无论哪一方违约都会对院校产生不小的影响。从图9-11的统计可以看出，政府、私有资本方及第三方侵权违约都会给院校带来损失，其中私有资本违约和政府违约的影响较大。职业教育PPP项目主要是政府牵头，私有资本进行融资建设。如果这两个"领头羊"罢工，职业教育PPP项目就会长期停滞，使院校受损。私人投资方对经济诉求比较强烈，由于预期发生变化等各种原因从而违约自不待言，例如，在上文提到的创业孵化园区PPP项目。在该项目的执行阶段，社会资本方因为公司内部股权问题退出了项目，导致D信息工程中等专业学校不得不重新挑选社会资本方，最后致使项目停滞了半年之久。在调查中还发现，在政府方面，由于地方政府负责人变更导致的违约也较常发生，许多PPP项目上马和推动得益于这些负责人的推动，但地方负责人的频繁更换，常常使得"现任"不理"前任"旧账，特别是许多项目的部分允诺仅停留在领导的口头上，由于种种原因，并没有形成书面文字，领导一旦更换，这些口头允诺容易成为泡影。

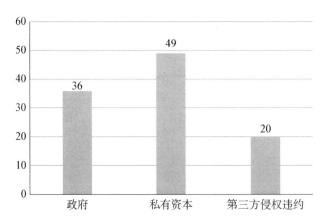

图9-11 违约风险对院校的影响统计图

2. 合同及组织管理风险

职业教育PPP项目的相关方均以合同为纽带联系在一起，防范合同出现风险非常重要。除此之外，在实际操作过程中，组织管理出现问题也是院校必须面对的风险。合同风险包括合同条款设计不合理、不清晰和责任风险分配不当及合同权利分配不当。组织管理风险包括组织结构任命出现问题和上下级及同级管理沟通不畅。

合同文件设计不合理、无弹性、含糊不清是院校与其他参与方之间存在冲突的主要原因,合同中缺少调整性条款使各参与方风险承担责任不明确和合同权利分配不当,最终,合同风险造成项目实施受损。

另外,组织结构任命出现问题和组织内部管理沟通不畅均会影响整个项目管理水平。在调查中发现,社会投资方介入院校运营,常常导致企业文化与学校文化在运营管理中的冲突,比如,专业教师对企业管理模式不适应,激励机制不相匹配等,都会加大组织管理风险,为项目的运营与管理带来麻烦。从图 9-12 的统计可以看出,四种风险对院校的影响都很大,但合同风险占据主导位置。例如,L 职业技术学院与 S 材料有限公司以 PPP 模式合作、建设及运营实训基地项目。在项目的运营管理过程中,该院校与社会资本就合同规定的责任与权利产生分歧,担心影响共建发展,企业中途退出。由于合同风险贯穿于职业教育 PPP 项目整个生命周期,任何一参与方都需要通过签订合同来确保自身的利益。一旦合同条款不合理或模糊不清,项目的任何一阶段都无法正常进行。可见,合同风险对院校的危害程度非常大。

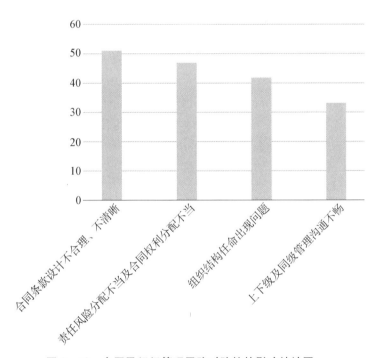

图 9-12 合同及组织管理风险对院校的影响统计图

四 职业教育 PPP 模式风险产生的原因

(一) 公共部门层面

1. 缺少专门的教育 PPP 项目法律规范

PPP 模式是一种合同式投资合作方式,要在法律层面上对政府和企业所拥有的权利、需承担的义务和风险进行极为明确的界定。但目前国内与PPP模式相关的法律规范不健全且交叉严重,多为国务院及地方性行政法规,或国务院部门规章及地方政府规章,尚无完善的国家层面的立法,更缺少专门的教育PPP项目法律,权威性、强制性以及适用性都不够。

2014年《国务院关于加快发展现代职业教育的决定》提出要"创新民办职业教育办学模式,积极支持各类办学主体通过独资、合资、合作等多种形式举办民办职业教育",虽明确了职业教育领域推行PPP的发展方向,但实际可以用于具体操作的指导文件缺乏。因此,法律法规不完善增大了PPP项目的风险。同时,在完善立法的过程中,由于法律规范(包括职业教育法)的修订、颁布等,抑或导致原有项目的合法性、合同的有效性发生变化,给PPP项目的建设和运营带来很大的不确定性,甚至有直接导致项目失败和终止的可能。完善PPP项目在各个流程中的法律规范,是决定PPP模式能健康有效推行的重要保障。

2. 政府部门缺少拥有PPP模式应用经验的专业人才

首先,在政府和社会资本合作之初,政府不具备专业团队,无法准确判断项目是否能够采用PPP模式,为PPP项目之后实施埋下了隐患;其次,确定PPP模式后,由于政府并没有专业团队或经验不足,政府无法有效地衡量项目的预计成本和未来收益,这样就可能导致政府盲目地对企业承诺过高的收益,并且给予较多的优惠政策。

一旦项目运营,成本与收益无法达到预期,或者运营中各式各样的麻烦产生,就可能会影响政府支持信心,社会资本如果得不到足够的政府补贴资金,也会选择退出或违约,这都加大了政府或社会资本违约的风险。

3. 政府监管仍不到位

随着新经济的发展,国家大力推进产教融合,鼓励行业企业举办或参与举办职业教育。这也要求政府加大监管力度,为政府与社会资本合作举办职业教育提供有力保障。然而,随着职业教育PPP项目数不断增长,政府监管仍不到位。

一是审批环节监管不严。PPP职业院校从准备阶段到运营或移交阶段,涉及的领域更广,利益关系网络更加错综复杂,需要具备法律、财会、金融、工程等方面的专业知识的专业人士,对项目合同文件及论证报告进行严格审查。但是,有些政府部门严重的行政化和工作的低效率,往往导致PPP项目审批决策出现"纰漏",影响职业教育PPP项目的实际推进。

二是部分地方政府重融资轻管理,重所有者轻管理者,容易使得职业教育PPP项目泛化或异化。

三是绩效评价体系不完善。职业教育PPP项目属于公共服务,包含基础设施(硬件)和教学服务(软件)以及学校整体运营等内容,需要建立符合职业教育自身特点的绩效评价体系。

同时,在职业教育PPP项目实施监督方面,由于认知缺位以及制度不完善等原因,一些地方政府重数量轻质量,容易简单套用同一套绩效评价体系,并忽视社会公众监督和舆论监督。

(二) 社会资本层面

1. 缺少 PPP 模式在职业教育领域应用的经验

作为项目建设与运营的主要负责人,大多社会资本方缺少 PPP 模式在职业教育领域应用的经验。一方面,国外可有效借鉴的经验少。虽然一些发达国家,如英国和日本,将 PPP 模式广泛应用于教育领域,但也多集中于中小学教育行业,职业教育所占比例很少。但鉴于我国的基本国情、政治环境及经济发展状况,国外教育 PPP 模式应用经验不一定适用于我国教育行业,可借鉴的经验甚少。另一方面,我国 PPP 模式应用范围大多集中在城市基础建设领域,而应用于教育领域、特别是职业教育领域的比例较少。

由于国内缺少示范性案例,尤其是职业院校整体运营类 PPP 项目,社会资本无法借鉴相关经验。为了项目能持续经营下去,教育类社会资本会以盈利空间的大小为选择与政府合作的标准。特别是社会资本正面临着新经济的冲击,政府不断调整与之相关的政策,如何进行选择,缺少规范化的标准、方法和指标体系。职业教育 PPP 项目生命周期较长,涉及政府、社会资本、第三方、学生等多方利益主体,所以在缺少相关应用经验的情况下,风险更容易产生。

2. 社会资本多处于被动地位

政府部门与私人部门的合作强调双方是合作关系,应拥有平等的权利。但是,由于职业教育的公益属性较强,在职业教育 PPP 项目中,政府方不仅是管理者,还是未来项目监督者和绩效评判的裁判者,拥有绝大部分的主动权,而社会资本则处于被动地位。合作之初,政府凭借自身的地位优势,对社会资本提出比较严苛的要求。

在合作中期,政府的强势表现在过度干预职业院校和社会资本对项目的管理,社会资本自主办学权容易受到干预。在项目后期社会资本要获得合理的回报,必须向政府索取一定的收益或补贴。政府可能又会凭借自身的地位优势,拖欠债款,导致项目无法继续经营。

特别是政府官员换届,政策的不连续性容易让社会资本处于劣势,从而打击社会资本继续投资运营的信心。即便社会资本有权举报政府不当行为的权利,但很多社会资本不愿失去项目,选择向政府部门妥协,加重双方社会地位的不平等。但这种不平等性一旦触碰了社会资本的根本利益,社会资本违约的可能性就会加大,增加了职业教育 PPP 项目失败的风险。

3. 社会资本的功利性一般较强

公共机构和社会资本是 PPP 项目成功实施的两大支撑力量。公共机构在职业教育 PPP 项目中包含政府和职业院校,都代表着学生和公民的利益,追求的最终的目标是高效率、高质量教育产品或服务供给,使用有限的资源,得到最大的社会效益。而社会资本主要参与市场经济活动,即使进入职业教育领域,习惯以市场化的思维谋求利润最大化,眼光容易瞄向政府索取优惠条件、优惠政策、土地等。

一旦社会资本的预期得不到实现,违约行为可能就会发生;或者社会资本的功利性太过明显,触碰到了政府利益,会加大政府违约风险。这些双方的利益冲突加大了风险产生的可能性。

(三) 职业教育PPP项目层面

1. 缺少针对职业教育PPP项目的风险管理组织

PPP模式是一种创新的公共服务供给管理模式,与传统的公办职业院校有很大的不同。在项目管理上,社会资本和职业院校共同参与。当然社会资本拥有更多的管理权,包括风险分担、项目建设、项目运营等一系列管理内容。目前职业教育PPP项目的风险管理仍采用同其他领域一样的风险管理方法,融资银行一般也没有针对职业教育PPP项目的专门风险管理组织和人员。因政府和职业院校对PPP模式不甚了解,社会资本在进入教育领域时缺乏对教育投资风险的心理准备,且项目以PPP模式开展有不同的运行方式。不同的运行方式下风险管理的方式和主体不同,使得双方的风险意识变得更加薄弱,无法形成发起人(建设方、运营方、融资方)、中介机构(规划设计、咨询)等风险共担机制。在新经济、新形势下,各种不测事件的发生可能使PPP模式在职业教育领域应用的进程中出现新的风险。当前的风险识别与分担机制和陈旧的风险管理组织形式能否预防新的风险仍然是未知数。

2. 组织之间沟通与协调不畅

在职业教育PPP项目中,政府和职业院校与社会资本本质是委托代理关系。但整个PPP项目审批和运营期间,涉及的部门较多,存在多头管理,由于所处的环境不同和信息的不对称,各方之间沟通容易产生障碍。组织之间沟通与协调不畅会造成项目的决策的制定、执行不顺畅,进而给PPP项目带来风险。另外,在职业教育PPP项目建设期间,参与者还包括建造商、分包商、融资商等合作主体,均与项目公司签订合同。项目公司对他们的价格成本、技术运用、经营管理等方面的信息了解不充分。一旦发生冲突,项目公司与他们进行沟通、协调就会非常困难,这会使PPP项目推进变得十分艰难。

3. 运营的复杂性

在职业教育PPP项目的运营期间,社会资本作为项目正常运营的主要责任人,不仅要负责项目的经营管理,还要负责学院管理。由于项目的最终服务对象是学生,要使项目特别是整体运营类项目能够正常运营,社会资本首要的问题就是要有足够的生源量。在我国整个教育市场上,职业教育并非"香饽饽",生源竞争非常激烈,相对于普通本科,职业教育受不到生源的青睐,基本上在捡"剩下"的生源,很多学校面临"吃不饱"的风险。没有学生,整个项目无疑就是"一座烂尾楼"。所以,整个项目会面临着生源量不足的风险。其次,院校还要对学生的安全负责,同时还要肩负教学职责与管理职责,一旦某个环节出现差错,就会降低院校的整体形象。再者,项目管理部门的管理范围不明确,导致项目运营期间管理混乱,不利于项目的正常运营。更重要的是,教育不同于企业,教育运营需要遵循教育规律,教育绩效显现周期长,大多社会资本方缺乏教育运营管理的专业经验,容易按照企业方式经营职业院校,从而最终导致项目的失败。种种现象表明,职业教育 PPP 项目的运营比一般 PPP 项目更加复杂,更加增大了项目的运营风险。

第四节　职业教育 PPP 项目风险评估模型构建

一　风险评价的主体、目的及指标体系构建

(一) 风险评价的主体及目的

1. 风险评价的研究对象

大多数 PPP 项目最主要的参与主体是政府部门和私人部门。并且,政府部门和私人部门往往成为 PPP 项目风险评价的研究对象。而在教育领域,特别是职业教育领域,职业院校作为除了政府和社会资本外职业教育 PPP 项目重要的实施单位,在风险的分担中也扮演着重要角色。所以,从职业院校的角度评价 PPP 项目的风险显得极为重要。

职业院校为本文风险评价的研究对象,因此就以职业院校的角度对职业教育 PPP 项目进行风险识别、指标体系构建、结果分析以及建议应对。

2. 风险评价的目的

对职业教育 PPP 项目进行风险评价不仅能使职业院校在准备时期全面地识别风险,而且还能及时防范风险。这也是本文研究的主要目的。

本文在对 PPP 模式和风险的理论研究基础上,建立了以职业院校为主体的评价指标体系,使用层次分析和模糊综合评价的评价方法,对案例进行实证分析,并针对分析结果给出合理的风险防范建议。

(二) 风险评价指标体系构建的原则

风险评价指标体系的构建必须符合一定的原则。在相关原则的指导下构建的风险评价指标体系才能更好地达到评价的目标。对于职业教育 PPP 项目风险评级指标体系的构建,需遵循以下 5 个原则。

1. 合理地构建指标体系

合理性是指标体系构建的最基本的原则。在指标体系构建的过程中,指标是整个评价系统的骨架,指标不可以过度重叠或者遗漏,指标之间必须要有严格的逻辑关系。职业教育 PPP 项目具有复杂且层次分明的风险结构,为了能够体现其条理性和

层次性,必须结合项目的特点,合理、系统地建立风险评价体系。

2. 科学地选择评价指标

科学性也是职业教育 PPP 项目风险评价指标体系设立的重要原则。如果不能根据职业教育 PPP 项目的特点以及评价主体的独特性,全面识别可能性较大的风险种类和科学地选择评价指标,构建的风险评价体系就无法达到 PPP 项目风险评价的目标,也就失去其实际意义。

3. 选择的指标应当具有代表性

职业教育 PPP 项目整个过程会出现很多风险,其中一些风险或多或少地影响院校的正常运行。所以,在构建风险评价指标体系的过程中,应当选取能够突出职业教育 PPP 项目的特点以及评价主体的独特性的指标。这样才能使构建出来的风险评价指标体系更具说服力和代表性。

4. 指标体系的构建应易操作

易操作性主要指的是选取的指标数据比较容易获得及构建的指标体系结构符合实际应用要求。只有当指标体系设立得简练且适用于实际,相关数据和资料的收集才会更加容易。在构建指标体系的过程中,要着重考虑风险指标及风险体系结构的易操作性,确保能从相关人员手中获得相关数据及资料。

5. 指标体系要选取适合的评价方法

虽然不同的评价方法需要调整指标体系中指标和层次结构,但指标体系与评价方法都是为评价的目标服务的。只有当选取的风险评价方法和构建的指标体系相互契合,才能得到符合实际的风险评价结果。

(三) 风险评价指标体系的构建

1. 职业教育 PPP 项目的风险识别

由于不同类型的 PPP 项目具有相似之处,也有其特殊之处,所以对于 PPP 项目中的风险类别也应就其特点来进行判断。相关的研究大多是利用专家的经验对 PPP 项目风险进行识别和采用因果分析法进行分析判断。通过阅读大量相关文献和职业教育 PPP 项目库中的物有所值评估报告,结合调研结果,并在归纳、总结的基础上,结合职业教育的特点,选择职业院校作为评价主体,对职业教育 PPP 项目中可能发生的风险进行识别,具体风险识别如下:

(1) 政策风险:

一是政府决策与审批延误:由于缺乏对职业教育 PPP 项目的具体实施的经验及能力,前期的准备工作做得不充分,沟通不顺利,政府操作审批文件时常延误,造成项目的建设期或运营期延长和成本的直接或间接提高。

二是公众反对:职业教育 PPP 项目的实施或多或少地损害了公众利益,从而引起公众反对。公众反对会使项目的建设成本增加,可能会造成项目建设延期。

三是不可抗力事件:政府负责人的变更会使得原先制定方案停滞,使得项目无法按原计划实施；同样，政策（包括高等教育政策）的不连续性或城市规划也会使项目停滞，给院校带来损失。

四是征用或公有化：当宏观政策调整时，如果项目合同与政策方向相悖，中央或地方政府就会强制让私营资本退出。

（2）法律风险：

一是法律及监管体系不完善：我国缺少针对职业教育 PPP 项目的相关立法。这会使机会主义行为出现，进而造成项目异化。

二是税收调整：中央和地方的税收政策调整使得职业院校的相关利益受到影响，从而也给项目带来了风险。

三是法律变更：相关法律法规的变更如民办教育法、合同法及职业教育法的调整都可能引起项目实施困难，进而造成项目成本增加与收益下降。

（3）金融风险：

一是利率风险：市场利率的变动幅度性会影响院校的融资。如果利率上升，院校的债务负担就会加大，也会给职业教育 PPP 项目造成一定的损失。

二是汇率风险：外汇汇率的变动在一定程度上给职业教育 PPP 项目造成损失，影响院校的服务质量。

（4）市场风险：

一是价格风险：项目所需的原材料价格、人工工资及教师薪资上涨导致建设成本增加和服务产品价格上升导致运营收益下降。

二是生源量风险：市场对技术人才的需求和相同职业院校间的竞争影响报考职业院校的学生数量。而职业院校生存和发展的主要支柱是学生的数量。所以，如果生源市场和市场竞争的变化，学院可能面临招生困境和生源量风险。

三是项目唯一性风险：政府为经济发展或其他投资人为追求更大利润，新建或改建类似职业教育项目，对职业教育 PPP 项目造成巨大的竞争压力和经济损失。

（5）建设风险：

一是土地获得风险：土地使用权的获得是项目能够建设的先决条件。如果没有土地，项目或职业院校就无法正常实施。这使得项目成本增加或进度延期，进而会影响职业院校正常展开教学工作。

二是项目融资风险：由于目前的资金无法满足基建需要，职业院校不得不进行银行贷款。但由于金融市场机制体制还存在些许不完善，院校获得融资的可能性很小，进而引起资金筹措困难等风险。

三是工程建设变更风险：由于技术设计不合理或相关规范标准发生变化、合同核心条款修改、承包商变更等原因，工程建设发生变化，使得项目不得不停滞。

四是环境风险：由于项目在建设过程中产生的噪音、污染物及光污染等不符合环保要求，政府强制其进行休整。这样就会导致项目成本的增加、建设期延长。

五是完工风险：资金链断裂、建设工期和成本超过预期及项目建设不符合职业院校制度的特别要求的等都无法使项目按时、保质、保量完成。

六是技术风险：在项目的建设过程中，项目所需的设备操作技术不成熟、安全系数低都会造成PPP项目的时间和经济成本增加。

七是建设不可抗力：自然灾害、意外事故或其他无法预测的灾害的发生都可能造成项目停滞。

（6）运营风险：

一是供应能力不足：由于专业设置不合理、教育质量不佳、市场环境的变化等原因，院校无法满足学生的技能、职业诉求及产品需求，无法与人才市场对接。

二是收费价格调整：教育PPP项目的产品或服务定价（包括学费）受政府的严格控制和指导，可能使项目的运营收益不理想。

三是费用支付风险：指由于职业教育PPP项目的经营不善或教育产品/服务的供给受到外界和内部因素的影响，项目无法正常取得相应的费用，进而影响项目的正常运行。

四是收益不足风险：项目产品或教育服务不佳或运营成本超支等情况导致运营收益不能弥补成本，最终造成职业院校无法正常进行教学管理。

五是配套基础设施风险：职业院校面临的水、电、暖及训练等相关基础设施不到位，影响项目的正常运营。

六是安全风险：由于校舍和设施设备质量未达标、消防制度不健全、食品卫生未达标、教学实训过程存在安全隐患及校园治安差等原因，师生的人身及健康受到伤害。

七是舆论风险：由在项目运营期间发生的突发事件引发校内外舆论关注，使院校陷入舆论危机。

八是教师编制风险：由于教师编制制度不完善，新教师与原有教师的编制属性不明确，薪酬待遇难以确定，严重影响院校的教学质量。

九是残值风险：私营部门因许经营期满或中间退出需将PPP项目的设备、设施移交政府或院校。但移交后PPP项目的设备、设施的真实价值残留远低于估计价值。

（7）违约风险：

一是私营部门违约风险：私人部门无故退出或拒绝履行合同规定的责任，进而给院校带来了损失与危害。

二是政府违约风险：中央或地方政府因政治因素退出或拒绝履行合同规定的责任，从而给院校带来直接或间接的损失或危害。

三是第三方违约风险：除政府和私营投资者，其他项目参与者无故退出或拒绝履行合同规定的责任，进而给院校带来了损失与危害。

（8）合同风险：

一是文件风险：合同文件条款设计不清晰，留有空白，缺少应急方案，使院校与其他相关方产生冲突,从而使院校利益受损。

二是合同责任与权利分配不当:由于合同中缺少调整性条款,合同规定院校承担的风险责任不明确与分配的权利不当,造成院校的利益受损。

(9)组织风险:

一是组织结构不合理:职业教育 PPP 项目的组织机构或任命出现问题导致项目失败,进而给院校带来直接或间接损失。

二是管理沟通不畅:管理运作过程中,因沟通无效、校企文化冲突、管理不善等因素影响整个项目管理水平,从而影响院校整体的管理效率与水平。

2. 构建职业教育 PPP 项目风险评价指标

根据前文对以职业院校为主体的风险识别结果并参考霍丽伟对 PPP 项目风险指标构建的标准[①],本小节构建职业教育 PPP 项目风险评价指标。根据主要风险属性,构造层次分析法的指标体系,分别设立目标层、准则层和指标层,如表 9-4 所示。

表 9-4 职业教育 PPP 项目风险评价指标体系

目标	风险因素	
	准则层	指标层
职业教育 PPP 项目风险 A	政策风险 B_1	政府决策与审批延误 C_{11}
		公众反对 C_{12}
		不可抗力事件 C_{13}
		征用或公有化 C_{14}
	法律风险 B_2	法律及监管体系不完善 C_{21}
		税收调整 C_{22}
		法律变更 C_{23}
	金融风险 B_3	利率风险 C_{31}
		汇率风险 C_{32}
	市场风险 B_4	价格风险 C_{41}
		生源量风险 C_{42}
		项目唯一性风险 C_{43}
	建设风险 B_5	土地获得风险 C_{51}
		项目融资风险 C_{52}
		工程建设变更 C_{53}

[①] 霍丽伟:《PPP 项目的风险分析与对策研究》,硕士论文,重庆大学,2010。

（续表）

目标	风险因素	
	准则层	指标层
		环境风险 C_{54}
		完工风险 C_{55}
		技术风险 C_{56}
		建设不可抗力 C_{57}
	运营风险 B_6	供给能力不足 C_{61}
		收费价格调整 C_{62}
		费用支付风险 C_{63}
		收益不足风险 C_{64}
		配套基础设施风险 C_{65}
		安全风险 C_{66}
		舆论风险 C_{67}
		教师编制风险 C_{68}
		残值风险 C_{69}
	违约风险 B_7	私营部门违约风险 C_{71}
		政府违约风险 C_{72}
		第三方违约风险 C_{73}
	合同风险 B_8	文件风险 C_{81}
		合同责任与权利分配不当 C_{82}
	组织风险 B_9	组织结构不合理 C_{91}
		管理沟通不畅 C_{92}

二 基于层次分析法的模糊综合评价方法的具体步骤

（一）使用层次分析法确定准则层和指标层的权重

1. 判断矩阵建立的准则与量化标度

建立判断矩阵之前，需通过量化等级表的比较原则和标度，得到判断矩阵的相对重要度，进而尽量减少主观因素的干扰。等级量化表如表9-5所示。

表9-5 等级量化表

比 较 原 则	量化标度
两个指标重要度相同	1
两个指标相比,前者比后者稍重要	3
两个指标相比,前者比后者显著重要	5
两个指标相比,前者比后者强烈重要	7
两个指标相比,前者比后者极度重要	9
取上述两指标比较结果的中间值	2、4、6、8

2. 建立风险判断矩阵

通过等级量化表,根据专家意见,将准则、层指标层的指标两两比较,并分别建立比较判断矩阵。

3. 对建立的判断矩阵进行一致性检验

为了确保所计算出的权重合乎逻辑,需对建立的每一个判断矩阵进行一致性检验;若判断矩阵能使 $CR = \dfrac{CI}{RI} \leqslant 0.1$ 成立,则建立的判断矩阵能被接受;否则,判断矩阵需要被及时修正。

首先,需计算 CI,CI 是一致性指标,其计算公式为 $CI = \dfrac{(\lambda_{\max} - n)}{n}$;其中,$\lambda_{\max}$ 为判断矩阵的最大特征值。然后,需得到值 RI,RI 为平均随机一致性指标,可以通过表9-6得到 RI 值。最后,得出 CI 值,使其与0.1比较,得出一致性检验结果。

表9-6 矩阵阶数对应的平均随机一致指标数值

矩阵阶数	1	2	3	4	5	6	7	8	9
值	0	0	0.52	0.89	1.12	1.26	1.36	1.41	1.46

(二)运用模糊综合评价法对项目进行综合评价

1. 确定评价对象的评价等级集

按照风险因素对职业教育PPP项目的影响程度,将评价尺度划分5个等级,分别为非常高(9),高(7),一般(5),低(3),非常低(1)。

评价等级集 F =(非常高,高,一般,低,非常低),其中评级集的评价隶属度为 U =(9,7,5,3,1)。

2. 建立模糊综合评价矩阵

由专家对准则层及每个风险指标进行评价,得到准则层下各指标对应的模糊关系矩阵 R_t,如下:

$$R_t = \begin{bmatrix} r_{11} & r_{21} & \cdots & r_{1m} \\ r_{21} & r_{22} & \cdots & r_{2m} \\ \vdots & \vdots & \cdots & \vdots \\ r_{n1} & r_{n2} & \cdots & r_{nm} \end{bmatrix}, 其中 r_{ij} = \frac{做出第 i 级评价等级的人数}{专家总人数}$$

得到模糊关系矩阵 R_t 后,使其与计算得到的准则层比较判断矩阵的最大特征值对应的特征向量 P_t 相乘,得到该准则层的综合评价向量 E_t,即 $E_t = P_t \times R_t$。由已知的各个准则层的综合评价向量 E_t 及准则层对应的目标层的最大特征值对应的特征向量 P,可得出该职业教育 PPP 项目的综合评价向量 $D = P \times \begin{bmatrix} E_1 \\ E_2 \\ \vdots \\ E_t \end{bmatrix}$。

3. 得出案例的风险评价

把 $F =$(非常高,高,一般,低,非常低)数值化为 $F = (9,7,5,3,1)$,最后得出案例的风险评价结果 $G = D \times F^t$。

第五节　基于风险评估模型的一个案例实证研究

一 案例介绍

(一) 项目基本情况

项目为创业孵化职教园区,是 D 职业院校为了满足学生多种发展的需求和适应经济的发展变化,将在现有院校的基础上迁建、扩建。该项目定位是"一园三区",即"智慧校园、教育教学区、创业孵化区、现代农业实训区"。项目总规划占地面积为 554 004.77 m²,总建筑面积 450 000 m²,主要划分为三个部分:教育教学区,占地 93 334.3 m²,建筑面积 146 055 m²,建设内容涉及公共教学办公楼、学生活动中心、信息化楼、实验实训楼等,打造信息化实训基地;创业孵化区占地 292 001.46 m²,建筑面积 238 286 m²,建设创业孵化楼,包括高新产业孵化、电商园与学术交流、智能工业等功能区块;现代农业实训区占地 68 667.01 m²,建筑面积 65 659 m²,建设内容包括现代农业技术培训教学楼、老年开放大学教学楼、农村电商创业园孵化楼、大棚等。

(二) 项目的实施与运营

1. 合作形式

政府、职业院校和社会资本成立项目公司,采用 PPP 模式下的 BOO 模式具体经营合作项目,即公司根据政府赋予的特许权,建设并经营创业孵化园区项目,而且持续运营此项目。这帮助政府部门减少了许多资金和劳动力的消耗,又使职业院校可在变幻无穷的信息技术发展中始终具有竞争优势,而且社会资本又能获得相应的收益。

2. 股权结构

SPV(Special Purpose Vehicle,项目公司)公司总构成资本折合货币为人民币 15亿元。在三方签订的 PPP 合同中约定该职业院校代表地区政府出资比例为 20%(含土地费用),约定社会资本出资比例为 80%。地方政府承担协助落实项目土地安排、资金统筹及监管协议履行、项目运营的责任。

3. 责任与风险

以职业院校为代表的政府方和社会资本方以各自出资额为限对项目公司负责,以各自的能力为限对项目承担相应的风险。社会资本方按照项目合同的规定,对本项目进行全部投资、建设、运营和维护,并承担相关费用、责任和风险;在合作期限内,未经政府方批准,社会资本不得擅自中断项目设施的运营和维护或解散、歇业,不得将收费权转让、质押、抵押给第三方。

4. 利益与成本分担机制

以该职业院校为代表的政府方和社会资本方按照项目公司股东决议和有关协议共同分享收益。在合作期间,双方均以资额为限对项目公司承担责任,在不违背 PPP项目协议有关要求的条件下,除非股东会另有决议,双方可以按照各自的出资比例分配税后的利润。

二 职业教育 PPP 项目风险评价

(一) 按层次分析法计算权重

依据层次分析法,通过专家问卷调查,总结分析专家对影响项目的风险因素进行打分的结果。22 位专家由 4 位院校管理者、1 位环境专家、1 位金融专家、5 位教授及11 位其他工作者组成,均有从事、参与或研究 PPP 项目的经验,其中 5 位专家比较了解该项目,17 位专家了解该项目。通过 AHP 软件,计算风险矩阵的权重。

准则层的判断矩阵如表 9-7 所示。通过对准则层的判断矩阵的计算,$\lambda_{max} =$ 9.4933;$CI = 0.0617$;$CR = 0.0422 < 0.1$,说明其通过一致性检验,层次划分得合理。同理,利用 AHP 软件求出每层各自权重、特征值(λ_{max})以及一致性指标 CI 和 CR,见表 9-8 至表 9-16 所示。

表 9-7 风险因素判断矩阵

A	B_1	B_2	B_3	B_4	B_5	B_6	B_7	B_8	B_9	权重(wi)
B_1	1	3	7	6	2	3	2	4	5	0.2598
B_2	1/3	1	6	3	1/2	2	1/3	2	3	0.1104
B_3	1/7	1/6	1	1/4	1/6	1/5	1/7	1/5	1/4	0.02
B_4	1/6	1/3	4	1	1/4	1/3	1/5	1/3	1/2	0.0389
B_5	1/2	2	6	4	1	2	1/2	2	3	0.1415
B_6	1/3	1/2	5	3	1/2	1	1/3	3	3	0.1007
B_7	1/2	3	7	5	2	3	1	3	4	0.2057
B_8	1/4	1/2	5	3	1/2	1/3	1/3	1	2	0.0729
B_9	1/5	1/3	4	2	1/3	1/3	1/4	1/2	1	0.0501
结论	$\lambda_{max} = 9.4933$			$CR = 0.0422$			$CI = 0.0617$			

表 9-8 政治及决策风险指标计算表

B_1	C_{11}	C_{12}	C_{13}	C_{14}	权重(wi)
C_{11}	1	5	2	1/3	0.2404
C_{12}	1/5	1	1/5	1/7	0.0522
C_{13}	1/2	5	1	1/4	0.167
C_{14}	3	7	4	1	0.5405
结论	$\lambda_{max} = 4.1478$		$CR = 0.0554$		$CI = 0.0493$

表 9-9 法律风险指标计算表

B_2	C_{21}	C_{22}	C_{23}	权重(wi)
C_{21}	1	3	1/4	0.2311
C_{22}	1/3	1	1/5	0.1038
C_{23}	4	5	1	0.6651
结论	$\lambda_{max} = 3.0858$	$CR = 0.0825$		$CI = 0.0429$

表 9-10 金融风险指标计算表

B_3	C_{31}	C_{32}	权重（wi）
C_{31}	1	3	0.75
C_{32}	1/3	1	0.25
结论	$\lambda_{max} = 2$	$CR = 0$	$CI = 0$

表 9-11 市场风险指标计算表

B_4	C_{41}	C_{42}	C_{43}	权重（wi）
C_{41}	1	1/3	1/2	0.1593
C_{42}	3	1	3	0.5889
C_{43}	2	1/3	1	0.2519
结论	$\lambda_{max} = 3.0536$	$CR = 0.0516$	$CI = 0.0268$

表 9-12 建设风险指标计算表

B_5	C_{51}	C_{52}	C_{53}	C_{54}	C_{55}	C_{56}	C_{57}	权重（wi）
C_{51}	1	1/2	2	4	2	2	2	0.2014
C_{52}	2	1	7	2	2	7	3	0.292
C_{53}	1/2	1/7	1	1/3	1/8	2	1/5	0.0472
C_{54}	1/4	1/2	3	1	1/2	6	2	0.1328
C_{55}	1/2	1/2	8	2	1	4	2	0.1806
C_{56}	1/2	1/7	1/2	1/6	1/4	1	1/3	0.0411
C_{57}	1/2	1/3	5	1/2	1/2	3	1	0.1049
结论	$\lambda_{max} = 7.7734$		$CR = 0.0948$			$CI = 0.1289$		

表 9-13 运营指标计算表

B_6	C_{61}	C_{62}	C_{63}	C_{64}	C_{65}	C_{66}	C_{67}	C_{68}	C_{69}	权重（wi）
C_{61}	1	8	4	1/3	4	2	3	6	5	0.2099
C_{62}	1/8	1	1/7	1/9	1/7	1/8	1/5	1/2	1/4	0.0172
C_{63}	1/4	7	1	1/3	2	1/2	2	4	3	0.1057

(续表)

B_6	C_{61}	C_{62}	C_{63}	C_{64}	C_{65}	C_{66}	C_{67}	C_{68}	C_{69}	权重(wi)
C_{64}	3	9	3	1	4	3	4	7	6	0.2949
C_{65}	1/4	7	1/2	1/4	1	1/2	2	4	3	0.09
C_{66}	1/2	8	2	1/3	2	1	3	5	3	0.1393
C_{67}	1/3	5	1/2	1/4	1/2	1/3	1	4	2	0.0693
C_{68}	1/6	2	1/4	1/7	1/4	1/5	1/4	1	1/3	0.0266
C_{69}	1/5	4	1/3	1/6	1/3	1/3	1/2	3	1	0.0471
结论	$\lambda_{max} = 9.531$			$CR = 0.0455$			$CI = 0.0664$			

表9-14 违约风险指标计算表

B_7	C_{71}	C_{72}	C_{73}	权重(wi)
C_{71}	1	1/5	2	0.1822
C_{72}	5	1	5	0.7028
C_{73}	1/2	1/5	1	0.1149
结论	$\lambda_{max} = 3.0536$	$CR = 0.0516$	$CI = 0.0268$	

表9-15 合同风险指标计算表

B_8	C_{81}	C_{82}	权重(wi)
C_{81}	1	3	0.75
C_{82}	1/3	1	0.25
结论	$\lambda_{max} = 2$	$CR = 0$	$CI = 0$

表9-16 组织风险指标计算表

B_9	C_{91}	C_{92}	权重(wi)
C_{91}	1	4	0.8
C_{92}	1/4	1	0.2
结论	$\lambda_{max} = 2$	$CR = 0$	$CI = 0$

（二）根据模糊综合评价法计算该职业教育PPP项目风险值

1. 建立模糊关系矩阵

通过问卷调查，统计22位专家意见，可得表9-17所示：

表9-17　项目风险专家评价等级汇总表

目标层	准则层	指标层	评价等级				
职业教育 PPP项目风险	政策风险	政治决策与审批延误	3	7	5	2	5
		公众反对	10	3	5	3	1
		不可抗力事件	4	3	9	2	4
		征用或公有化	4	2	9	1	6
	法律风险	法律及监管体系不完善	4	7	5	4	2
		税收调整	7	3	8	3	1
		法律变更	3	7	6	2	4
	金融风险	利率风险	9	5	5	1	2
		汇率风险	11	5	4	1	1
	市场风险	价格风险	4	10	6	2	0
		生源量风险	4	6	8	3	1
		项目唯一性风险	5	8	7	2	0
	建设风险	土地获得风险	3	8	7	3	1
		项目融资风险	2	7	7	3	3
		工程建设变更	3	8	9	2	0
		环境风险	4	7	6	3	2
		完工风险	1	10	6	4	1
		技术风险	3	8	6	4	1
		建设不可抗力	6	6	4	4	2
	运营风险	供给能力不足	5	4	9	4	0
		收费价格调整	6	8	5	3	0
		费用支付风险	4	8	3	4	3
		收益不足风险	2	8	8	2	2
		配套基础设施风险	4	10	3	3	2
		安全风险	4	7	6	3	2
		舆论风险	3	9	7	2	1
		教师编制风险	5	11	3	3	0

（续表）

目标层	准则层	指标层	评价等级				
		残值风险	6	8	5	1	2
	违约风险	私营部门违约风险	6	4	8	2	2
		政府违约风险	5	3	5	2	7
		第三方违约风险	3	10	5	3	1
	合同风险	文件风险	1	9	7	4	1
		合同责任与权利分配不当	1	10	6	3	2
	组织风险	组织结构不合理	4	7	6	3	2
		管理沟通不畅	2	12	5	2	1

根据表 9-17,建立的模糊关系矩阵如下:

$$R_1 = \begin{bmatrix} 0.14 & 0.32 & 0.23 & 0.09 & 0.23 \\ 0.45 & 0.14 & 0.23 & 0.14 & 0.05 \\ 0.18 & 0.14 & 0.41 & 0.09 & 0.18 \\ 0.18 & 0.09 & 0.41 & 0.05 & 0.27 \end{bmatrix}$$

$$R_2 = \begin{bmatrix} 0.18 & 0.32 & 0.23 & 0.18 & 0.09 \\ 0.32 & 0.14 & 0.36 & 0.14 & 0.05 \\ 0.14 & 0.32 & 0.27 & 0.09 & 0.18 \end{bmatrix}$$

$$R_3 = \begin{bmatrix} 0.41 & 0.23 & 0.23 & 0.05 & 0.09 \\ 0.50 & 0.23 & 0.18 & 0.05 & 0.05 \end{bmatrix}$$

$$R_4 = \begin{bmatrix} 0.18 & 0.45 & 0.27 & 0.09 & 0 \\ 0.18 & 0.27 & 0.36 & 0.14 & 0.05 \\ 0.23 & 0.36 & 0.32 & 0.09 & 0 \end{bmatrix}$$

$$R_5 = \begin{bmatrix} 0.14 & 0.36 & 0.32 & 0.14 & 0.05 \\ 0.09 & 0.32 & 0.32 & 0.14 & 0.14 \\ 0.14 & 0.36 & 0.41 & 0.09 & 0 \\ 0.18 & 0.32 & 0.27 & 0.14 & 0.09 \\ 0.05 & 0.45 & 0.27 & 0.18 & 0.05 \\ 0.14 & 0.36 & 0.27 & 0.18 & 0.05 \\ 0.27 & 0.27 & 0.18 & 0.18 & 0.09 \end{bmatrix}$$

$$R_6 = \begin{bmatrix} 0.23 & 0.18 & 0.41 & 0.18 & 0 \\ 0.27 & 0.36 & 0.23 & 0.14 & 0 \\ 0.18 & 0.36 & 0.14 & 0.18 & 0.14 \\ 0.09 & 0.36 & 0.36 & 0.09 & 0.09 \\ 0.18 & 0.45 & 0.14 & 0.14 & 0.09 \\ 0.18 & 0.32 & 0.27 & 0.14 & 0.09 \\ 0.14 & 0.41 & 0.32 & 0.09 & 0.05 \\ 0.23 & 0.50 & 0.14 & 0.14 & 0 \\ 0.27 & 0.36 & 0.23 & 0.05 & 0.09 \end{bmatrix}$$

$$R_7 = \begin{bmatrix} 0.27 & 0.18 & 0.36 & 0.09 & 0.09 \\ 0.23 & 0.14 & 0.23 & 0.09 & 0.32 \\ 0.14 & 0.45 & 0.23 & 0.14 & 0.05 \end{bmatrix}$$

$$R_8 = \begin{bmatrix} 0.05 & 0.41 & 0.32 & 0.18 & 0.05 \\ 0.05 & 0.45 & 0.27 & 0.14 & 0.09 \end{bmatrix}$$

$$R_9 = \begin{bmatrix} 0.18 & 0.32 & 0.27 & 0.14 & 0.09 \\ 0.09 & 0.55 & 0.23 & 0.09 & 0.05 \end{bmatrix}$$

2. 对项目进行综合评价

$E_1 = P_1 \times R_1$

$$= (0.2404 \quad 0.0522 \quad 0.167 \quad 0.5405) \begin{bmatrix} 0.14 & 0.32 & 0.23 & 0.09 & 0.23 \\ 0.45 & 0.14 & 0.23 & 0.14 & 0.05 \\ 0.18 & 0.14 & 0.41 & 0.09 & 0.18 \\ 0.18 & 0.09 & 0.41 & 0.05 & 0.27 \end{bmatrix}$$

$$= (0.1851 \quad 0.1555 \quad 0.3559 \quad 0.0687 \quad 0.2348)$$

$$E_2 = P_2 \times R_2 = (0.2311 \quad 0.1038 \quad 0.6651) \begin{bmatrix} 0.18 & 0.32 & 0.23 & 0.18 & 0.09 \\ 0.32 & 0.14 & 0.36 & 0.14 & 0.05 \\ 0.14 & 0.32 & 0.27 & 0.09 & 0.18 \end{bmatrix}$$

$$= (0.1657 \quad 0.2993 \quad 0.2717 \quad 0.1166 \quad 0.1467)$$

$$E_3 = P_3 \times R_3 = (0.75 \quad 0.25) \begin{bmatrix} 0.41 & 0.23 & 0.23 & 0.05 & 0.09 \\ 0.50 & 0.23 & 0.18 & 0.05 & 0.05 \end{bmatrix}$$

$$= (0.4318 \quad 0.2273 \quad 0.2159 \quad 0.0455 \quad 0.0795)$$

$$E_4 = P_4 \times R_4 = (0.1593 \quad 0.5889 \quad 0.2519) \begin{bmatrix} 0.18 & 0.45 & 0.27 & 0.09 & 0 \\ 0.18 & 0.27 & 0.36 & 0.14 & 0.05 \\ 0.23 & 0.36 & 0.32 & 0.09 & 0 \end{bmatrix}$$

$$= (0.1933 \quad 0.3246 \quad 0.3377 \quad 0.1177 \quad 0.0268)$$

$$E_5 = P_5 \times R_5$$

$$= (0.2014 \quad 0.292 \quad 0.0472 \quad 0.1328 \quad 0.1806 \quad 0.0411 \quad 0.1049)$$

$$\begin{bmatrix} 0.14 & 0.36 & 0.32 & 0.14 & 0.05 \\ 0.09 & 0.32 & 0.32 & 0.14 & 0.14 \\ 0.14 & 0.36 & 0.41 & 0.09 & 0 \\ 0.18 & 0.32 & 0.27 & 0.14 & 0.09 \\ 0.05 & 0.45 & 0.27 & 0.18 & 0.05 \\ 0.14 & 0.36 & 0.27 & 0.18 & 0.05 \\ 0.27 & 0.27 & 0.18 & 0.18 & 0.09 \end{bmatrix}$$

$$= (0.1270 \quad 0.3512 \quad 0.2921 \quad 0.1491 \quad 0.0807)$$

$$E_6 = P_6 \times R_6$$

$$= (0.2099 \quad 0.0172 \quad 0.1057 \quad 0.2949 \quad 0.09 \quad 0.1393 \quad 0.0693 \quad 0.0266 \quad 0.0471)$$

$$\begin{bmatrix} 0.23 & 0.18 & 0.41 & 0.18 & 0 \\ 0.27 & 0.36 & 0.23 & 0.14 & 0 \\ 0.18 & 0.36 & 0.14 & 0.18 & 0.14 \\ 0.09 & 0.36 & 0.36 & 0.09 & 0.09 \\ 0.18 & 0.45 & 0.14 & 0.14 & 0.09 \\ 0.18 & 0.32 & 0.27 & 0.14 & 0.09 \\ 0.14 & 0.41 & 0.32 & 0.09 & 0.05 \\ 0.23 & 0.50 & 0.14 & 0.14 & 0 \\ 0.27 & 0.36 & 0.23 & 0.05 & 0.09 \end{bmatrix}$$

$$= (0.1685 \quad 0.3341 \quad 0.2981 \quad 0.1299 \quad 0.0695)$$

$$E_7 = P_7 \times R_7 = (0.1822 \quad 0.7028 \quad 0.1149) \begin{bmatrix} 0.27 & 0.18 & 0.36 & 0.09 & 0.09 \\ 0.23 & 0.14 & 0.23 & 0.09 & 0.32 \\ 0.14 & 0.45 & 0.23 & 0.14 & 0.05 \end{bmatrix}$$

$$= (0.2251 \quad 0.1812 \quad 0.2521 \quad 0.0961 \quad 0.2454)$$

$$E_8 = P_8 \times R_8 = (0.75 \quad 0.25) \begin{bmatrix} 0.05 & 0.41 & 0.32 & 0.18 & 0.05 \\ 0.05 & 0.45 & 0.27 & 0.14 & 0.09 \end{bmatrix}$$

$$= (0.0455 \quad 0.4205 \quad 0.3068 \quad 0.1705 \quad 0.0568)$$

$$E_9 = P_9 \times R_9 = (0.8 \quad 0.2) \begin{bmatrix} 0.18 & 0.32 & 0.27 & 0.14 & 0.09 \\ 0.09 & 0.55 & 0.23 & 0.09 & 0.05 \end{bmatrix}$$

$$= (0.1636 \quad 0.3636 \quad 0.2636 \quad 0.1273 \quad 0.0818)$$

$$D = P \times \begin{pmatrix} E_1 \\ E_2 \\ \vdots \\ E_t \end{pmatrix}$$

$$= (0.259\,8 \quad 0.110\,4 \quad 0.02 \quad 0.038\,9 \quad 0.141\,5 \quad 0.100\,7 \quad 0.205\,7 \quad 0.072\,9 \quad 0.050\,1)$$

$$\begin{pmatrix} 0.185\,1 & 0.155\,5 & 0.355\,9 & 0.068\,7 & 0.234\,8 \\ 0.165\,7 & 0.299\,3 & 0.271\,7 & 0.116\,6 & 0.146\,7 \\ 0.431\,8 & 0.227\,3 & 0.215\,9 & 0.045\,5 & 0.079\,5 \\ 0.193\,3 & 0.324\,6 & 0.337\,7 & 0.117\,7 & 0.026\,5 \\ 0.127\,0 & 0.351\,2 & 0.292\,1 & 0.149\,1 & 0.080\,7 \\ 0.168\,5 & 0.334\,1 & 0.298\,1 & 0.129\,9 & 0.069\,5 \\ 0.225\,1 & 0.181\,2 & 0.252\,1 & 0.096\,1 & 0.245\,4 \\ 0.045\,5 & 0.420\,5 & 0.306\,8 & 0.170\,5 & 0.056\,8 \\ 0.163\,6 & 0.363\,6 & 0.263\,6 & 0.127\,3 & 0.081\,8 \end{pmatrix}$$

$$= (0.175\,3 \quad 0.260\,1 \quad 0.298\,7 \quad 0.109\,0 \quad 0.157\,0)$$

则该职业教育 PPP 项目的综合评价值为：

$$G = D \times F^t = (0.175\,3 \quad 0.260\,1 \quad 0.298\,7 \quad 0.109\,0 \quad 0.157\,0) \begin{pmatrix} 9 \\ 7 \\ 5 \\ 3 \\ 1 \end{pmatrix} = 5.375\,7$$

通过以上的计算和分析,该职业教育 PPP 项目的总体风险值为 5.375 7,属于一般风险水平。

3. 针对评估结果进行分析

通过对准则层权重的计算结果可知,政治及决策风险、法律风险、建设风险、运营风险及违约风险的权重较大,分别为 0.259 8、0.110 4、0.141 5、0.100 7、0.205 7。显然,政策风险对职业教育 PPP 项目的影响最大,它是职业院校无法控制的,但积极地防范仍能将其危害降低,非常值得职业院校关注。

违约风险排在第二。由于其他参与者趋利避害的特性加大了违约风险发生的概率,如发生违约风险,将会给职业院校带来较大损失,因而值得职业院校重点防范。由于职业院校缺乏 PPP 项目相关经验,谈判时处于弱势地位,所以职业院校要尽可能地将合同和协议内容完善,减少违约风险带来的损失。

建设风险排在第三位。由于建设风险直接影响了项目的建成,显然,对职业院校而言,建设风险对这个职业教育 PPP 项目的影响也比较大。职业院校必须关注并防范,加强对建设商的监督。

法律风险和运营风险分别排在第四和第五。法律风险影响着项目的推进,而运营风险影响项目的收益,两者同样值得职业院校防范。相对,金融风险、市场风险、合同风险及组织的权重均小于0.1,对职业院校的影响相对较低。

在政策风险中,征用或公有化风险和政治决策与审批延误风险的权重分别为0.540 5和0.240 4,位于第一和第二。在政策风险中,对职业院校而言,最大的风险是征用或公有化风险。

在法律风险中,法律变更风险的权重最大,为0.665 1,其对职业院校的影响不可忽视。

在建设风险中,项目融资风险、土地获得风险及完工风险的权重分别为0.292、0.201 4及0.180 6,位于第一、第二及第三,其中的项目融资风险对职业院校的影响最大。一旦筹集不到资金,项目就可能停滞几个月,影响职业院校的正常运行。

在运营风险中,收益不足风险和供应能力不足风险的权重分别为0.294 9、0.209 9,位于第一和第二,其中的收益不足风险对职业院校的影响最大。

在违约风险中,政府违约风险、私人部门违约风险的权重都较大,第三方违约风险的风险水平相对较低。

在金融风险中,利率风险对职业院校的影响最大,权重为0.75。

在市场风险中,生源量风险的权重最大,为0.588 9。这是因为生源量的多少直接关系到职业院校的切身利益和发展。

在合同风险中,文件风险的权重最大,为0.75,对职业院校影响最大。在组织中,组织结构不合理风险的权重最大,为0.8,其对职业院校的影响不可忽视。

通过上述对研究结果的分析,该职业院校应重点控制职业教育PPP项目的政策风险中的政治决策与审批延误风险和征用或公有化风险,法律风险中的法律及监管体系不完善风险和法律变更风险,建设风险中的土地获得风险、项目融资风险及完工风险,运营风险中的供应能力不足风险和收益不足风险,违约风险中的政府违约风险和私人部门违约风险。

第六节　职业教育PPP项目的风险防范对策

总体来看,宏观层面的风险和微观层面的风险对以PPP模式举办的职业院校的影响性和危害性较大。政策及法律变更是院校无法掌控的,必须服从和遵守的。一旦宏观层面的风险发生,可能对院校造成毁灭性的打击。微观层面的风险一般是由参与方之间的利益冲突与纠纷引起,处理起来比较麻烦。微观风险一旦发生,就可能触及院校的根本利益,对院校的危害也是极其大的。所以,结合以上对职业教育院校

PPP 模式风险的分析,应重点做好以下几方面的风险防范。

一 针对宏观风险的防范

一是持续完善监督评价体系。政府决策与审批延误和公众反对风险对院校的危害较大,必须由政府承担。政府必须加强职业教育 PPP 项目全生命周期监督,增强政府自我监督意识与监管意识,并建立科学的职业教育 PPP 项目的审批机制,遏制寻租活动和机会主义行为。此外,应充分结合职业教育自身特点,引入非营利性第三方监督、社会公众监督与舆论监督,在保证 PPP 项目按质按量完成的同时,更能回应受教育者、家庭和社会公众多方面诉求,确保他们的切身利益。

二是要加强制度建设,做好顶层设计,不断完善有关职业教育 PPP 模式的法律规范,强化合同条款的法律约束力。职业教育 PPP 模式的法律法规的完善程度对于法律风险防范至关重要。面对新经济、新产业对职业教育领域 PPP 模式的规章制度和操作细则的冲击,根据职业教育 PPP 模式实际运用和发展情况,不断调整与完善相关内容,确保职业教育 PPP 项目的所有环节顺利进行。此时,只有不断完善相关的法律法规,赋予 PPP 职业院校更充分的办学自主权,建立各利益主体之间法律纠纷解决机制,对各参与方的责权利不断调整与划分,维护各方的利益。健全法律体系与好的政策环境能够持续调动各利益相关者参与职业教育 PPP 项目的积极性,更是整个职业教育 PPP 项目正常实施的强大支撑。

三是提高院校声誉,优化资产结构。院校最担心的就是没有生源量,劳工和教师工资上涨及汇率的变化。一方面,职业教育 PPP 项目的优势在于校企合作,院校可通过产教融合提升内部教育教学质量特色等,以此来提升学校声誉,吸引生源;另一方面,发挥市场机制优势,提升学校管理水平,院校可聘请专业财务咨询机构,通过优化资本结构等方法手段,做好应对金融市场变化的预测,加强资金融通渠道,合理化经营与管理,最大限度地降低市场及金融风险。

二 针对中观风险的防范

一是多渠道防范土地风险和完工风险。土地获得风险应有政府来承担。但院校作为实施机构或重要参与方,与政府的联系最为密切。土地的获得,在于院校能否及时与政府部门沟通以及政府的工作效率。所以,院校可通过建立协调沟通小组,促进政府工作进度,及时进行信息反馈。对于完工风险的防范,首先院校要选择信誉高、资金雄厚的建设承包商。然后院校要与承包商签订经济补偿协议,同时可购置商业保险。最后院校可针对 PPP 项目设立监理小组,及时检查工程进展状况和工程的质量。

二是提高教学质量,优化成本与收益。教学质量不佳、学费及其他服务收费价格调整受政府严格控制及运营收益无法弥补成本在运营风险中尤为突出,对院校的危害性也比较大。对于运营风险的防范,一方面,院校要建立优秀教师团队,增强双师师资力量,除开展多样化的基础课程外,PPP模式的新职业教育可以根据区域经济发展要求、专业的发展趋势及兴起的新理论、新方法、新技术,通过校企合作产教融合,灵活开设专业,培养更适应社会经济发展所需的技能型人才;另一方面要增强市场竞争意识,优化收益和成本,学校和社会资本可通过供给职业教育副产品与非货币性资本创造更多收益,通过"少量多次"的投入方式或管理和技术创新来降低成本。若收益不足,院校可根据绩效评价结果向政府申请进行补贴,确保院校的现金流稳定和院校的可持续性经营。

三　针对微观风险的防范

一是完善契约制度,建立违约惩罚制度。任何一方违约都会给职业教育院校带来巨大的损失。究其原因,主要是合同条款设计不严谨及机会主义作祟。在合同中,明确各方的责任与权利,并"依据契约预设违约责任事项,针对事项制定不同程度的违约惩罚制度",增加违约成本。随经济环境的变化,各参与方之间错综复杂的利益分配与责任分担也可能发生变化。通过强化合同条款的法律约束力,职业教育院校拥有更大的主动权,能更好防范政府和私人资本方违约。

二是科学制定风险分担机制,完善职业教育院校自身制度建设。一般原则为风险分担与责任轻重相匹配,利益分配与绩效评价体系相衔接。政府作为宏观调控者和监督者,主要承担政策风险、法律风险及教育服务定价风险,PPP职业院校和社会资本不仅要担负院校的整体正常运营和管理的责任,更重要的是对学生进行培养,主要承担市场风险、建设风险、运营风险、组织管理风险及教学培训风险。同时,职业教育院校必须完善自身的规章制度,协调好院校内部组织关系,提高与各参与方的沟通效率和工作效率,建立技术咨询机构,积极应对合同风险及组织管理。

第十章 我国教育领域探索和发展混合所有制"六模式"典型案例

第一节 公办院校引入民营资本的混合所有制办学模式案例

山东海事职业学院是经山东省人民政府批准设立,由潍坊市政府与社会力量共同参与举办的山东省首所混合制普通高职专科院校,坐落于山东省潍坊市。学院占地822亩,校舍建筑面积17.5万平方米,教学仪器设备4500余万元,实验实训室50余个,专任教师228人,在校生7600余人。2016年,山东海事学院成为山东省混合所有制改革办学实践试点单位,通过社会资本、公有资本渠道,融资达到2.3亿元,使得学校办学条件得到大幅提升,在此基础上,筹办成立本科层次的山东海洋科技大学;并受潍坊市政府的委托,托管山东化工职业学院;引进社会资本,成立北京通航公共实训基地。

一 山东海事职业学院产权情况

2011年潍坊市政府以"潍坊国家职业教育创新发展试验区"为依托,投入财政资金536万元,发挥社会资本优势,引入社会资本3.6亿元,组建"企业办学底子、民办高校牌子、混合所有制里子"的以公、私产权确权的形式获得省教育厅办学许可、省民政厅注册、教育部备案的全日制普通高职院校——山东海事职业学院。目前,学院法定办学资产3.65亿元,其中潍坊市金融控股集团(国企)代表潍坊市政府持股1.47%,潍坊市交运集团作为大股东持股67.79%,山东通达船舶管理有限公司和潍坊陆洋交通发展有限公司分别持股15.37%、15.37%(如图10-1所示)。山东省2016年开始试水职业院校混合所有制改革试点,山东海事学院成为山东省混合所有制改革办学实践试点单位。

二 山东海事职业学院治理结构

潍坊市政府与举办方企业的资产明晰,股权结构明确,依法登记注册,各投资方的资产都能够得到法律的保护。学校也成立由潍坊市政府、投资方企业、教师代表组

第一阶段（2011年）	第二阶段（目前）	第三阶段（未来规划）
潍坊市政府占1%；潍坊市交运集团占33%；山东通达船舶管理有限公司占33%；潍坊陆洋交通发展有限公司占33%	潍坊市政府占1.47%；潍坊市交运集团占67.79%；山东通达船舶管理有限公司占15.37%；潍坊陆洋交通发展有限公司占15.37%	潍坊市政府占20%；潍坊市交运集团占55%；山东通达船舶管理有限公司占12.5%；潍坊陆洋交通发展有限公司占12.5%

图 10-1 山东海事职业学院股权动态发展阶段

成的学校董事会,负责行使学校的领导与决策职能;聘任具有丰富的高校教学管理经验的人员组建学校行政班子,实行董事会领导下的校长负责制,独立地行使学校办学管理职能;学校依法成立由潍坊市政府、举办方企业、教师代表等组建的监事会,对董事会的领导与决策、校长的行政办学管理等行为监督和监管,完善混合所有制下现代高校办学体系。

（一）完善法人治理结构

山东海事职业学院制定了《学院章程》和《董事会章程》,规范办学,完善学院决策、执行、监管等重要环节,从而形成既相对独立又良性互动、依规制约、依法治校的法人治理结构,完善学院运行机制,健全学院决策机制（董事会）、执行机制（行政管理班子）和监督机制（监事会）。

（二）完善法治化校长负责制

山东海事职业学院院长由潍坊市政府审核批准,学校董事会聘任,实行任职回避制度,实行资本管理与经营管理分离,组建学院办学核心管理队伍。在潍坊市政府的领导下,学院院长对学院董事会负责;行政管理班子成员对院长负责,协助院长做好学院管理工作;中层干部接受分管副院长领导,负责学院各方面管理工作。在党建工作方面,学院建立党政联席工作机制。学院设有教师代表大会、工会、学生代表大会、团委等组织建设,构建民主监督机制。

（三）市场化内部运行机制的构建

大多数混合所有制学校教师没有事业编制,与公办教师不同,混合所有制学校教师的工资待遇、退休福利往往得不到保障,这将导致教师流动性大,尤其是优秀教师流失率较高。[①] 山东海事职业学院努力争取教师事业编制,同时遵循市场对资源配置起决定性作用的原则,把"公办"体制和"民办"体制两方面的优势有机地结合起来,按绩效贡献分配工资,按能力水平晋升职务,为混合所有制学校教师争取与公办院校教师同等的社会保障待遇,稳定学院教师队伍,形成人事薪酬制度既能发挥整体稳定,

---

① 陈春梅:《2030混合所有制高职院校内部治理展望》,《中国职业技术教育》2017年第24期,第42-46页。

又能体现良性竞争的格局。

三　山东海事职业学院营利与非营利选择

有关营利性与非营利性的界定,2016 年修订后的《民办教育促进法》,规定非营利民办学校的举办者不得取得办学收益,学校的办学结余全部用于办学;营利性民办学校的举办者可以取得办学收益,学校的办学结余依照公司法等有关法律、行政法规的规定处理。[①]　在分类管理方面,山东海事职业学院选择非营利性办学方向,出资方潍坊市政府和三个企业均不获取办学报酬,但出资方从培训、学校配套服务方面获取报酬。

四　山东海事职业学院案例借鉴

(一) 政府方投资主体作用的发挥

《事业单位国有资产管理暂行办法》(财政部令第 36 号)规定,"各级财政部门是政府负责事业单位国有资产管理的职能部门,对事业单位的国有资产实施综合管理"。公办学校举办方是各级政府(或部门),在实践运作中,是地方政府做决定,财政部门(管投入和资产管理)联合教育部门(管业务)、编制部门(管师资编制,单位注册)、人社部门(管师资招聘)、组织部门(管干部配备)共同实施和管理。

在政府与社会资本合作中,地方政府直接持股,不太适应社会主义市场经济发展的规律,不利于实施专业化的资本运作,不能有效地规避投资风险。潍坊市的做法是由财政部门主导成立潍坊市金融控股集团,作为政府代表与社会资本合作,统筹发挥好政府和市场的两个作用。财政部门是 PPP 主管部门,发改委配合。

(二) 构建法理性政校关系

潍坊市政府在山东海事职业学院持有 1.47% 股份,潍坊市政府为学校的第一举办者,占有董事会 1 席位,由潍坊市教育局副局长担任董事会成员,按照现代产权制度,公有股份为政府在学校内部治理体系中发挥引导作用提供了法理依据,为社会提供了混合所有制办学的信誉保证,但公有股份又不能像对公办院校那样实行直接领导和管理,政府的引导和管控主要凭借股本权力,通过参与董事会与监事会,运用法治与引导来实现有效管理的目标。这种新型的法治化政校关系,为山东海事职业学院自主办学、构建自主发展的办学生态提供了可能和保障。

(三) 建设动态的政策性资源整合平台

混合所有制在资源属性上打破了公私分明的界限,山东海事职业学院实行动态性的股份变更机制,为各种资源的整合搭建了政策性平台。2015—2016 年,学院通

[①] 刘强:《分类管理视域下我国混合所有制院校所有权界定及其治理模式》,《中国职业技术教育》2017 年第 27 期,第 44 - 50 页。

过政策性资源整合平台,向社会资本、公有资本融资 2.3 亿元。

(四) 积极探索学校各层面混合所有制办学创新

在宏观层面,建立独立法人实体的股权构架、办学体制、内部运行机制的混合所有制办学融合创新;在微观层面,实行校企合作项目、专业建设、教师成长与发展的混合所有制办学探索创新。

(五) 注重教育体制"四梁八柱"建设

"四梁"是指资产股权、董事会、办学团队、监事会;"八柱"是指董事会领导下的校长负责制;党的建设;资本管理与经营管理相分离的原则;股权动态性变更机制;民事法律关系与行政法律关系的统一;干部人事管理机制;薪酬管理机制;工作运行机制。

教育领域混合所有制办学正处于探索阶段。坚持混合所有制办学为教育领域带来活力与机会的导向,发挥公办院校的资源优势和民办院校的机制优势;坚持资本安全与保值增值的标准;实行一校一策、一个项目一个方案的原则,在涉及无形资产评估时,可采用评估制与议股制相结合的原则;坚持产教融合、校企合作从设备资产"捐献行为"到"出资投资"行为;建立系统完备、科学规范、运行有效的现代法人治理体系。混合所有制办学不可一蹴而就、一劳永逸,它具有过程性、渐进式、长期化特点,遇到什么问题解决什么问题。

第二节　民办院校引入国有资本的混合所有制办学模式案例

混合所有制学校改革中,有一类属于民办学校引入公有制资本。紫琅职业技术学院的案例属于这种类型。紫琅职业技术学院是南通理工学院前身,创办于 2000 年 6 月,举办方是江苏江海科教开发有限公司和个人陈明宇,是民办学校。2013 年该学校在紫琅职业技术学院基础上,通过增加新的举办方江苏省教育发展投资中心,引入国有资本,登记为江苏省第一所事业单位法人的混合所有制学校。完成混合所有制学校"大混合"改革,并由高等职业技术学校升格为一所全日制普通本科院校,改名为南通理工学院。

■ 一　紫琅职业技术学院混合所有制改革的背景

(一) 政策引导

《江苏省中长期教育改革和发展规划纲要(2010—2020 年)》要求进一步深化办学体制改革,促进公办教育和民办教育协调发展,江苏省政府办公厅出台《关于进一步促进民办教育发展的意见》(苏政办发〔2010〕135 号)(简称《意见》)和《促进民办教育发展重点工作任务分解方案的通知》(苏政办发〔2011〕92 号),给江苏省的民办职业教育发展提供了制度保障。《意见》第 8 条规定:"有国有资产参与举办的从事学历教育、学前教育、特殊教育的民办学校和从事非学历教育的民办教育培训机构,可以登记为事业单位法人。"

（二）职业院校面临发展瓶颈

职业教育办学中存在着管理体制僵化、办学活动封闭、发展活力不足、特色不明显等顽疾。在 2010 年以后,紫琅职业技术学院在高考学生数量下降的背景下,面临着招生难和师资流失的问题。招生一年比一年差,学校氛围不安定,老师们急于各自找出路。如何解决生源危机、解决师资流失危机成为紫琅职业技术学院面临的机遇与挑战。学院董事会认真学习研究"苏政办发〔2010〕135 号"文件后,决定试水"混合所有制改革"。当时学院领导开展混合所有制办学模式探索的初衷非常简单,尝试通过吸纳国有资本参与办学,组建混合所有制学校,学校登记为事业单位法人,为教职工按事业单位缴纳保险,让学校老师能够享受与公办学校老师同等待遇,从而解决师资流失问题;学校升格为本科院校,也能够解决招生困难的问题,维系和促进学校的生存和发展。这便成为紫琅职业技术学院进行混合所有制办学改革的动机:学校升格,解决招生难;改制事业单位,留住师资人才。

二　学院混合所有制办学改革的步骤

紫琅职业技术学院混合所有制改革的具体步骤如下:

首先,2012 年紫琅职业技术学院向江苏省教育厅递交学校引入国有资产参与举办学院的申请。[①] 江苏省教育厅收到申请后,召集紫琅职业技术学院投资方代表和学院主要负责人,了解学院申请引入国有资产参与办学的真实意图,并确定由江苏省教育发展投资中心作为国有出资方参与紫琅职业技术学院办学,江苏省教育发展投资中心是江苏省教育厅直属事业单位(如表 10－1 所示)。

表 10－1　紫琅职业技术学院混改前后举办方及股权结构情况

时间	学校名称	举办方及股权结构
2000—2012 年 6 月	紫琅职业技术学院	江苏江海科教开发有限公司出资 60%,陈明宇出资 40%
2012 年 6 月混改后	南通理工学院	江苏江海科教开发有限公司出资 58.64%,陈明宇出资 36.36%,江苏省教育发展投资中心出资 5%

其次,江苏省教育发展投资中心(国有资本出资方)委托会计师事务所对紫琅职业技术学院办学以来的财务资产状况进行专项审计,出具审计报告,证实紫琅职业技术学院的资产全部都登记在学校名下,由学校依法管理和使用;学校财务符合国家相关规定;账目清晰可信;学校办学以来未发生任何抽逃办学资金的情况,学校举办方

---

① 陈斌、唐永泽:《民办高职院校实施"混合所有制"的探索与思考——以南通理工学院为例》,《职教论坛》2015 年第 3 期,第 78－81 页。

未获得任何办学回报,学校属于非营利性组织。

学院举办方与江苏省教育发展投资中心于 2012 年 6 月签订协议,组建混合所有制学校,更名为南通理工学院。其中,江苏江海科教开发有限公司、陈明宇的出资属于私有制资本,江苏省教育发展投资中心属于公有制资本,出资比例 5%。随后,学院到江苏省民政厅办理了股权变更手续,并在江苏省教育厅换发了办学许可证。

最后,学院向江苏省编办提交了登记为事业单位的申请,编办委派审计机构对学院的资产状况进行了审计后,于 2013 年 4 月为学院核发了事业单位法人登记证书。

三 学院混合所有制改革的成效

(一) 由高职学校升格为全日制本科院校

江苏省教育发展投资中心是学院的举办方之一,由国有出资方选派 1 名代表进入学院董事会,并担任董事会副董事长,参与学院重大决策。江苏省教育发展投资中心充分发挥了国有单位背景,在学院人才培养方面给予全面支持,如帮助学院在全省范围内选聘专家、名师到学院任职,在 2013 年学院升级为全日制本科院校,知名度比之前有大幅度提高,招生难的问题在很大程度上得以解决。在学院升级后的教学评估中,教育部专家给予较高的评价,通过了教育部对学校的本科评估验收。

(二) 在一定程度上留住师资人才

2013 年 4 月,学院正式登记为事业单位法人,成为江苏省第一所登记为事业单位法人的民办高校。学院解决了一部分教职工事业编制,虽然在事业编制方面上仍存在较多问题,但学校改制在一定程度上使得教职工士气高涨,能够安心在学校从事教学工作,帮助学校留住师资人才,并能够吸引社会上的优秀人才来学院从教。

(三) 学院管理更加规范化

学院 2014 年召开的董事会审议讨论了《校领导班子任职条件》《南通理工学院事业发展规划(2015—2025)》《南通理工学院事业单位入编工作试行办法》《南通理工学院机构改革实施方案》《南通理工学院教师招聘实施办法》《南通理工学院中层干部竞聘上岗实施办法》《南通理工学院中层干部考核办法》《南通理工学院教职工岗位绩效考核办法》《南通理工学院人才专项基金管理使用办法》《南通理工学院工资制度改革实施方案》《南通理工学院教职工退休、离职年龄规定》等,加强学院规范管理。

四 实施混合所有制的启示

(一) 非营利性学校属性是民办院校实施混合所有制办学改革的基础

教育部《民办高等学校办学管理若干规定》指出:"民办高校对举办者投入学校的资产、国有资产、受赠的财产、办学积累依法享有法人财产权,并分别登记建账。任何组织和个人不得截留、挪用或侵占民办高校的资产。民办高校的资产必须于批准设立之日起 1 年内过户到学校名下。"学院的举办方于 2010 年将办学资产全额过户到学院名下,为学院混合所有制办学改革打下基础。但在实际操作中,很多民办高校举办者担心投入教育资产流失,没有将投入的资产过户到学校名下。另外,《民办教育促进法》规定,出资人可以从办学结余中取得合理回报,但紫琅职业技术学院以及之后更名的南通理工学院的举办方在创校之初就作出承诺,不拿回报,学院属非营利性质。也就是说,学院从创立之日便符合新《民办教育促进法》分类管理中的非营利性学校。如果紫琅职业技术学院的举办方获得了办学回报,学校属性则为营利性学校,那么江苏省教育厅就不会出资成为学院举办方,学院之后变更为事业单位法人也不会发生。因此,民办高校引入国有资本,进行"大混合"改革,尤其想变更为事业单位法人,前提基础就是学校属性属于非营利学校。

(二) 混合所有制学校改革要有完善的配套政策

民办院校引入国有资本进行混合所有制办学改革缺乏相应配套政策。南通理工学院 2013 年登记为事业单位法人,由于缺乏配套的相关政策,虽然登记为事业单位法人,但无法按照事业单位的标准为学院全部老师缴纳养老保险费。2006 年南通市成立了高层次人才储备中心,只将南通市高层次人才纳入参照事业单位缴纳事业养老保险费的范围。因此,南通理工学院只有很小一部分高学历和高职称的教师利益得到了保障,但占学院教职工比例较低,大部分教师无法享受事业单位福利待遇,学院事业单位目前还停留在"名义"上。目前,国家正在对民办高校进行营利性与非营利性分类管理,对于非营利性的民办院校享有与公办院校同等政策提上日程,将有利于落实非营利性办学的民办院校理应享有的优惠政策。

(三) 民办院校引入国有资本进行混合所有制办学改革需破除一些障碍

民办院校的举办方担心引入国有资本后,对学校失去控制力,因此会谨慎对待混合所有制办学改革;有意愿成为民办院校举办方的国有资本并不多,国有资本投入民办院校,动机是什么? 投入之后是否控股? 董事会占多少席位? 是否参与学校日常行政、教学管理? 国有资产如何保值、增值? 民办院校进行混合所有制办学改革的动机是什么? 混改之后,能不能达到预期目标? 混合所有制学校的退出机制如何规定能够满足举办方各方利益? 这些问题都将制约民办院校引入国有资本进行混合所有制办学改革。

第三节　国有资本与民营资本共同出资组建混合所有制学校模式案例

一　山东省混合所有制独立学院发展历程

山东省独立学院的起步较晚。根据山东省教育厅文件,2002 年有 15 所批准试办,2003 年有 12 所批准试办。《关于规范并加强普通高校以新的机制和模式试办独立学院管理的若干意见》(教发[2003]8 号,以下简称 8 号文)下发后,山东省对二级学院整顿重新报批,2004 年 1 月,5 所独立学院被确认为独立学院,分别是石油大学胜利学院、烟台大学文经学院、青岛建筑工程学院琴岛学院(后更名为青岛理工大学琴岛学院)、山东科技大学泰山科技学院以及中国海洋大学青岛学院,其余二级学院全部停止招生。2005 年 6 月 3 日,教育部根据 8 号文和《关于对各地批准试办的独立学院进行检查清理和重新报批工作的通知》(教发函[2003]247 号)的有关规定,又对基本符合要求的山东财经大学燕山学院、莱阳农学院海都学院(后来更名为青岛农业大学海都学院)、曲阜师范大学杏坛学院、山东财经大学东方学院、山东师范大学历山学院、聊城大学东昌学院、济南大学泉城学院确认为独立学院。同期,教育部批复同意直属高校中国海洋大学与青岛德泰投资咨询有限公司合作试办中国海洋大学青岛学院,这样,山东省独立学院数量增加到 12 所。2010 年,经教育部批准,同意北京电影学院在青岛黄岛举办独立学院,即北京电影学院现代创意媒体学院,成为山东省第13 所独立学院。2011 年经教育部批准,中国海洋大学青岛学院由独立学院转设为独立设置的民办普通本科高校,命名为青岛工学院。截至 2018 年,山东省独立学院数量维持在 11 所:烟台大学文经学院、聊城大学东昌学院、山东师范大学历山学院、山东财经大学燕山学院、中国石油大学胜利学院、山东科技大学泰山科技学院、青岛农业大学海都学院、青岛理工大学琴岛学院、山东财经大学东方学院、济南大学泉城学院、北京电影学院现代创意媒体学院。

这 11 所独立学院中,与学校合作企业的性质分民营企业和国有企业,其中有 5 所学校的合作方中有民营企业参与,为混合所有制独立学院。近些年,举办方不断有变更情况。

二　山东省混合所有制独立学院对高等教育的贡献

(一)独立学院加快了高等教育大众化进程,是对高等教育体制的创新

独立学院将公办优质教学资源和社会资金有机结合,为实现山东省高等教育快速发展提供了有力支撑和保障,在相当大程度上缓解了高等教育的供需矛盾,让越来越多的适龄青年有机会接受高等教育,加快了高等教育的大众化进程,提高了山东省高等教育的供给能力。独立学院是深化高校办学机制和模式改革的大胆尝试,能发挥出不同高校的办学特色,有利于形成公办、民办相互竞争又相互补充的新机制。与传统公办院校不同,独立学院的人才培养目标、办学定位具有自己的特色,在本科应用型人才培养的潮流下,采用市场机制运作的独立学院相对公立院校更具灵活性,更有发展潜力。

(二)节约了国家财政资金的投入,积累了大量的优质教育固定资产

独立学院的发展是在没有国家财政性经费投入的情况下实现的,办学经费基本上是学费收入。目前,山东省混合所有制独立学院的校均办学规模 8 000 人,这意味

着基本上在没有国家财政投入的情况下,创建了 5 所规模近万人的大学。这无疑是推进高等教育迅速发展的一条有效途径。经过了不断的滚动式发展,山东省独立学院积累了大量的固定教育资产,按照每校平均 5 亿来计算,目前全省 5 所混合所有制独立学院有超过 25 亿的固定资产积累。按照《普通本科学校设置暂行规定》中"学院建设初期的校园占地面积应达到 500 亩以上"这一要求,如果不考虑产权,山东省 5 所混合所有制独立学院,绝大部分符合要求,这部分占用的土地,估值相比建设初期也实现了大幅度增长。

按照调查数据显示,山东省 5 所混合所有制独立学院中,校舍建筑面积(包含产权与非产权)全部在 10 万平方米以上,占地面积最大的是青岛理工大学琴岛学院,达到了 52 万平方米。

(三) 独立学院为社会以及其他高校输送了大批人才

根据各独立学院发布的年度毕业生就业质量报告数据显示,山东省混合所有制独立学院毕业生考研率平均在 7% 左右,虽然与公立院校相比不容乐观,但经过多年累积,已经为各大高等院校输送研究生 8 000 多人。以烟台大学文经学院为例,近五年来,共有 972 名学子考上国内外高校的研究生,其中不乏 211 或 985 名牌高校。

(四) 由规模增长转为内涵建设,涌现出一批省级特色专业

结合全省经济社会发展需求,特别是半岛蓝色经济区和黄河三角洲高效生态经济区建设,以及战略性新兴产业、支柱产业和特色产业的发展对高素质应用型人才的迫切需求,按照理念先进、思路清晰、方案科学、机制创新、成果丰硕、人才培养质量优秀的要求,"十二五"期间,山东省本科高校遴选建设一批具有鲜明特色和较高社会声誉、对本科专业建设和教学改革起到示范和带动作用的特色专业,混合所有制独立学院不少专业名列其中。

三　山东省混合所有制独立学院发展中存在的问题

(一) 投资方投资不到位或缺乏稳定性

伴随着 8 号文到教育部令第 26 号《独立学院设置与管理办法》(以下简称 26 号令)的执行过程,山东省独立学院出现的一个突出现象就是投资方的缺位和变更现象。在 8 号文出台后,山东省独立学院都拥有投资方,均属于校企合作型。但在后期的发展中,一部分学院投资方却发生了变化,有的投资方投资不到位或者没有实质性投资,有的投资方因种种原因退出了合作。比如山东科技大学泰山科技学院 2004 年获批举办,一年后投资方法人代表出现问题,接下来合同许诺的投资也没到位,母体学院因为拥有搬迁后的老校区,建设不需要更多的资金投入,随后通过法律渠道解除了与原投资方的合作关系,以校中校形式继续举办独立学院,直到 2018 年与新投资方签约。

(二) 母体学校品牌无形资产如何评估,双方存在分歧

《独立学院设置与管理办法》第 13 条规定,普通高等学校投入办学的无形资产,应当依法作价。母体学校大多以品牌无形资产参与举办独立学院,无形资产占办学总投入的比例,由合作办学双方按照国家法律和行政法规的有关规定予以约定,并依法办理有关手续。但是在对无形资产的评估与作价过程中仍然面临着一些困难,无形资产不同的计算方式会导致很大的差异。对于无形资产作价,主要有收益法、成本法和现行市价法,采用不同的计算方法会导致评估的差异很大。更重要的是,母体高校品牌作价后,如何计算其所占办学总投入的比例? 国家在规定中没有明确起止时间与具体的算法,不同的计算将会出现很大的差距。由于独立学院的快速发展,从2004 年开始,独立学院的土地等增值,其总资产已达到很高的水平。如果按 2004 年成立独立学院时的投入资产构建比例,无形资产所占比例就会达到一个很高的水平,投资方后期追加投入的大量办学资本在股份中得不到体现,损害了投资方的利益;如果将现在的无形资产作价,然后和与独立学院的总资产来构建比例,显然普通高校所占的资产比例就相应降低,这又没有充分考虑到独立学院在发展过程中由于无形资产作用所带来的资本总额增加,相当于造成了一部分国有资产流失。

(三) 内部治理体制机制不完善

在内部治理方面,教育部 8 号文件中明确规定独立学院应采取董事会领导下的院长负责制;在26 号令中针对独立学院董事会的设置、决策方式、权力范围也做出了详尽规定,以规范独立学院董事会的运作。但是在现阶段,部分独立学院的董事会制度仍然存在着不容忽视的问题。比如,个别独立学院未依法建立董事会;有的董事会结构不合理,董事长和院长职责权限不清晰,出现"越位""错位"或"缺位"现象。董事会中,普通高等学校的代表达不到五分之二。许多独立学院缺乏监督机构及真正有效的制衡机制,独立学院董事会运行程序不规范、不健全、随意性大,法人治理流于形式等。此外,还有部分学校内部没有设立学术委员会和监事会、教职工代表大会、工会,或虽设立,流于形式而未真正发挥作用。没有学术委员会,学院的科研学术活动就缺少规范和监督;监事会的缺失,可能会造成董事会、出资人、院长等行使职权的失控。缺少教职工代表大会和工会,可能会使教职工民主权利无法切实保障,造成民主决策失序。尽管公办高校和出资方在申办独立学院时,都签署了协议,成立了董事会,制定了学院和董事会章程,但从实际运行情况来看,部分独立学院的人事权、财政权等为出资方所控制,办学行为受到干预,特别是有的投资方与母体学校在办学理念上存在很大的冲突,内部矛盾冲突不断。

(四) 混合所有制独立学院内涵建设有待进一步提高

1. 专业设置照搬母体高校,缺乏创新

独立学院办学的最大特点,是充分利用"母体大学"的资源,在此基础上实现高起点快速发展。许多举办初期的独立学院,在没有能力开设新的学科专业的情况下,不

顾自身生源特点和市场需求,简单拷贝或全盘"克隆"母体高校的专业设置,将母体学校的专业移植到独立学院。调查显示,山东省独立学院设置的本科专业与母体院校重合率达到97%,专科专业达到90%。独立学院存在盲目设置专业行为,所设专业都是偏重于市场需求的热点专业,忽视学生长远发展。另外,独立学院往往设置大量的人文社科专业,因为这类专业办学条件要求低,办学成本也低,师资也容易解决,但独立学院扎堆举办这类专业,对今后相关专业毕业生的就业造成严峻挑战。

2. 师资结构不合理,引进高水平人才比较困难

根据规范验收指标体系,生师比要达到18∶1,山东省独立学院的生师比约为22.7∶1,离达到规范要求还有差距,对于有些独立学院来说很难实现。目前,独立学院的专任教师基本上采用自主招聘、母体分流和兼职外聘三种方式获得,自主招聘的专职专任教师的数量远远达不到国家规定的75%要求。同时,由于教师事业编制问题,独立学院在教师福利待遇、职称评聘、科研项目申请等方面存在相对于公办高校的弱势。因此,尽管各独立学院都有从社会招聘优秀教师的计划,但由于教师身份问题,导致独立学院很难引进高水平的专职教师,即使引进了也留不住,严重影响了独立学院教师队伍的建设,制约了独立学院的发展。

(五) 其他问题

1. 投资方拖欠母体学校管理费

母体学校的无形资产投入独立学院,大都采用每年收取管理费方式获得回报,山东省独立学院存在投资方拖欠母体学校管理费现象。母体学校拿不到回报,导致母体学校与投资方合作办学发生矛盾,不利于独立学院的健康发展。

2. 投资方依据26号令加大资金投入,与母体学校的合同适用性存在问题

依据26号令,不符合办学条件的独立学院要加大资金投入,以满足教育部26号令独立学院办学条件要求。投资方认为,举办独立学院不但没有合理回报,还要继续增加对独立学院的资金投入,之前与母体学校签订合同中管理费比例需要适当调低,但母体学校认为其投入的无形资产在估价与增值方面需要动态调整,这些问题使得投资方与母体学校双方合同的重新修订很难达成,增加投资方与母体学校双方矛盾,这也是造成投资方拖欠母体学校管理费的因素之一。

3. 合理回报定性不清使得教育的公益性与资本的寻利性难以磨合

《民办教育促进法》第3条明确"民办教育事业属于公益性事业";第51条规定"民办学校在扣除办学成本,预留发展基金以及按照国家有关规定提取其他的必须费用后出资人可以从办学结余中取得合理回报"。26号令第3条也强调独立学院是"公益性事业";第43条规定"出资人可以从办学结余中取得合理回报"。"合理回报"是在国家教育投资不足的情况下,为吸引社会资本投资教育而采取的让步策略,是权宜之计。但对合理回报缺少具体的操作规定,因此在实际运行中鱼龙混杂。在山东省11所独立学院中,属于国有资产办学的,基本上恪守公益性,合作双方能够对合理回

报的比例基本上达成一致。但在有民营资本参与的 5 所混合所有制学院中，部分学校以"合理回报"为据，取得不合法营利，影响独立学院的健康发展。由于目前没有相应的法律法规来明确区分营利性学校和非营利性学校，进而政府没有对真正公益性办学的独立学院在税收、土地房产过户、办学经费支持等多方面采取明确的财政或政策扶持，影响了独立学院长远发展。

四　山东省混合所有制独立学院的发展对策和政策建议

（一）明晰产权权属，完善内部治理结构，分清权责利

明确独立学院的产权，尤其应明确出资人的资产权属，明确合作办学各方在办学之初以及在办学期间投入办学的资产，从而降低合作办学各方之间矛盾，便于规范产权主体退出机制，也可降低独立学院转制难度。

进一步完善法人治理结构，尽快实现由投资者控制的单边治理模式向法人治理模式的转变。吸收包括投资者在内的广泛的利益相关者进入董事会，形成利益相关者参与董事会的合理比重，实现董事会成员的多样化，使董事会的决策能够较全面地反映社会共同利益。对于独立学院的合理回报应有一个正确的理解和界定。所谓合理回报不是企业以追求利润最大化为经营目标的利润概念，而是对出资人办学行为的认可和激励。出资人办学行为的收益主要表现为民生收益和国家收益，是社会应当鼓励和倡导的公益行为，是必须受到社会保障和赞誉的，不应当把合理回报等同为营利，更不应该把取得合理回报的独立学院划分为营利性学校，而应该把政策的重点放在取得合理回报的比例与合法程序上，细化取得合理回报的规范性和可操作性。

（二）主管部门应给独立学院充足的时间和空间，稳妥推进办学

对于独立学院的设立及组织活动，教育部 26 号令设置了很多准入门槛与法律责任。独立学院受办学时间和办学经费的限制，许多独立学院在用地面积、人均教学用房、图书馆藏书量等一些关键性指标上，存在先天缺陷，如果严格参照设置标准来验收，一些独立学院难以通过。若按教育部 26 号令的标准"一刀切"，山东省多所独立学院将面临关停或转设考验。因此主管部门应该按照稳中求进的思路，根据独立学院自身情况，给予独立学院充足的时间和空间，提高办学条件，积极稳妥地推进办学，允许多种办学模式并存、多元化办学，最终使得独立学院达到 26 号令相关要求。逐步把独立学院建设成为应用技术大学，与综合性大学相互补充，既区别于以培养学术型、研究型人才为主要目标的公办普通高校，又有别于现有的职业教育，目标是培养既有专业技能，又全面发展的学生。

（三）政府加大对混合所有制独立学院财政和政策扶持力度

混合所有制独立学院完全依靠民间资金建设，利用灵活的机制，大胆探索教学改革创新，从管理模式、教学模式、人才培养模式等各个方面作了一系列的有益探索。

政府财政应参照公立高校生均经费拨款模式，给予独立学院和民办高校学生一

定比例的经费拨款,以缓解办学压力。建议政府按照《民办教育促进法》,设立独立学院发展专项资金,各级政府可根据独立学院的办学实际,设立独立学院可持续发展专项扶持基金,主要用于支持独立学院对区域科技、经济、社会与文化发展中急需人才培养、特色专业建设、"双师型"师资队伍建设,并扶植和奖励对独立学院发展有突出贡献的集体和个人,增强独立学院的办学实力。落实独立学院与公办高校的师生平等待遇,对独立学院的教师提供与公办学校教师同样的基于职业身份的社会保障标准等,独立学院教师应纳入教育行政部门统一安排、统一管理。落实与公办高校学生的平等待遇。重视对学生权益的保障,尤其是在发展环境、就业环境等方面使独立学院的学生享受到与公办院校学生同等待遇。

第四节　混合所有制学校二级学院模式案例

一　案例：学校与企业共建二级学院的混合所有制学校实践

混合所有制学校存在两种层次的混合,一种是"大混合",即学校法人层面的混合成分,学校既有公有制资本,又有私有制资本。另外一种是"小混合",即在学校二级学院层次上的混合,不涉及学校层次所有制的改变,而是公办学校在二级学院层面引入私有制企业资本,或者民办学校在二级学院层面引入公有制资本的混合。该案例分析属于"小混合"类型,具体是公办职业院校与企业合作,建立二级学院,共同培养学生,来分析其股权结构、内部治理结构、举办方权利与义务、利益分配、资产保全机制和退出机制等方面的问题。如果一所公办学校与国有企业(公有制资本)共建二级学院,这种情况不属于严格意义上的混合所有制学校,可认为是"泛混合",因为这种情况只存在公有制资本,不符合混合所有制学校要求同时存在公有制资本与私有制资本的约束条件。

(一) 案例基本情况

1. 混合二级学院是学校与企业深度合作的产物

2010 年,B 职业学院(因本文涉及股权收益等敏感信息,隐去学校具体名称,下同)和山东××通信公司首先探索"校中企"合作方式,共建"万声呼叫实训中心"实训基地,学院每年有 1 000 余名相关专业学生在实训中心参加实习实训,使得学生不出校门也能够感受企业文化、体验公司工作环境、运营模式及管理方式等。在校企共建实训中心合作的基础上,2014 年,双方继续深化合作层次,成立 B 职业学院现代服务业学院,加强产教融合,打造校企合作办学共赢平台。

2. 混合二级学院的建立在于企业能够提供学校不具备的资源

2011 年,A 职业学院与××国际船舶管理有限公司共建 A 职业学院航海学院。

通过校企合作、股份共建的形式,建成了航海模拟器实训室、轮机模拟器等 16 个实训室,教学仪器设备达到了 1 500 万元。利用××国际船舶管理有限公司在航海领域的行业优势,吸收行业专家、企业骨干合作成立人才培养方案制订小组,进行专业调研、岗位需求分析,确定专业发展定位和人才培养目标;根据国际海事公约及法规对船员职业素质及技能的要求,以合作企业为平台,联合开设船上课堂,实现"双主体"教学。现开设了航海技术、轮机工程技术和船舶电子电气技术三个专业,其中航海技术专业和轮机工程技术专业是职业教育示范专业和山东省技能型特色名校重点建设专业。

3. 投资方出资形式灵活多样

在 A 职业学院航海学院案例中,企业方以投入品牌、资本、设备、人员等有形资产和无形资产作为出资方式;在 B 职业学院现代服务业学院案例中,学校提供全日制高等教育办学资质和办学场所,企业方提供资金建设国家呼叫中心,提供培训资质等有形资产和无形资产作为出资方式;在 C 职业技术学院互联网学院案例中,学校有品牌投入、专业及招生计划投入、人力资源投入、教育教学资源投入等出资方式,企业方有首期 200 万元投入、机房投入、基础设施改造投入、管理和教学团队投入,以及后期另行约定投入等出资方式;D 职业学院航海学院出资方式核算较为简单,二级学院开办资金共 1 000 万元,其中学校出资 500 万元,企业方出资 500 万元。

(二) 混合二级学院治理结构

1. 一般不具备独立法人资格

D 职业学院航海学院具有独立法人资格,理事长为法人代表,独立经营,自负盈亏,投资方依《公司法》享有投资形成的法人财产权。除此之外,其他三所学校的二级学院均没有独立法人资格。

2. 董事会或理事会

混合二级学院均实行董事会制度或理事会制度。例如,A 职业学院与××国际船舶管理有限公司本着"优势互补、成果共享"的原则,在主管部门的指导和监督下,以校企双赢为目的,以混合所有制办学为形式,以 A 职业学院章程为依据,以人才培养为根本,组建了二级学院董事会,成立了监事会,制订了董事会章程,董事会具有决策权;B 职业学院现代服务业学院则组建二级学院理事会,制定理事会章程,健全理事会领导下的院长负责制;C 职业技术学院互联网学院建立理事会领导下的院长负责制,理事会成员由校企双方和部分授课教师组成,全面实施企业化运营与管理;D 职业学院航海学院设立理事会,理事会成员 7 名,由双方出资者、二级学院院长和职工代表组成。

在董事会或理事会人员组成方面,B 职业学院现代服务业学院由校企双方各派出 3 人组成 6 人理事会负责具体管理,学院派出理事长 1 名,校企双方各选派副理事长 1 名,办学地点由学院和企业双方共同提供。理事会负责制定现代服务业学院的发展规划,并落实、监督日常管理以及校企双方的合作业务。

3. 监事会

混合二级学院有的设立监事会,也有的不设立监事会,由理事会负责监督,有的二级学院虽然不设立监事会,但设立监事岗位,负责监督管理。例如 A 职业学院设立监事会和监事会,组建董事会领导、监事会监督、航海学院院长负责的"准法人"治理结构,形成决策权、执行权、监督权既相对分离、相互制约又相互协调的治理体系;B职业学院现代服务业学院和 C 职业技术学院互联网学院均不设监事会,由理事会负责执行权和监督权,未形成两权分离;D 职业学院航海学院不设立监事会,但设有监事 1 名,负责二级学院监督管理工作。

(三) 混合二级学院收益分配

1. 学费是混合二级学院收入的主要来源

混合二级学院通过协议的方式规定收入来源及收益分配,且差异较大。有的二级学院将学费以及国家财政拨款均划入收入范围,有的二级学院收入包括住宿费,有的将住宿费归进学校收入来源。例如,A 职业学院收取航海学院学生的学费(含国家生均拨款)、住宿费及国家规定的其他收费项目,在 A 职业学院总账目下设立航海学院独立账目。二级学院开展的非学历教育的教育培训、技术研发等其他社会服务项目的收入均归入二级学院;C 职业技术学院互联网学院的收入来源是学生学费,并规定住宿费等其他收入不列入二级学院收入范畴,但将航海学院运行的日常费用(包括办公经费、教师薪酬、低值易耗品、培训、出差等费用)列为航海学院办学成本,独立核算。教学场所水、电、暖等日常公用经费,由航海学院按生均 700 元/年向 A 职业学院支付,列为办学成本。

2. 个别学校收取混合二级学院管理费

D 职业学院每年向二级学院收取 50 万元管理费;二级学院在教学、办公中产生的水电暖等费用据实向职业学院缴纳;二级学院学生学费职业学院留取 20% 的管理费后划转至二级学院;二级学院按照议定标准支付需要职业学院和升安公司派遣师资承担部分课程的教师报酬。

3. 利润分配多样

有的混合二级学院在协议中规定了收入范畴和利益分配方案。例如,C 职业技术学院互联网学院规定学费收入双方(学校与企业方)各得 50%,住宿费等其他收入不列入分配范畴。这种收入分配方式不留办学盈余。有的混合二级学院在协议中规定,二级学院利润分配权由董事会或理事会决定。例如,D 职业技术学院航海学院的协议书规定,二级学院如有净利润,在保障正常运行的前提下,举办者可按照出资比例获得合理回报,具体数额由理事会决议。B 职业学院互联网学院协议规定办学结余资金由双方预留部分发展基金外,按出资比例提取分配。同样是将利润分配权交给董事会,由董事会决定留取多少比例作为办学经费,剩余部分按出资比例分配。而A 职业学院航海学院协议明确预留 20% 的航海教育发展资金后,双方可按出资比例提取剩余部分办学结余资金。

（四）混合二级学院资本增值与退出机制

1. 尽可能不改动原有出资比例

通过分析混合二级学院协议发现，投资方在协议中的相关规定尽可能不考虑无形资产增值，从而不改变原有出资比例。混合二级学院协议规定资本增值与退出机制。例如，D职业技术学院航海学院举办者双方约定，二级学院根据发展需要增加资金投入时，所需资金以二级学院名义融资解决，或者从举办者双方的合理回报中提取相应资金解决。举办者双方不得追加出资额，并保持现有出资比例不变；C职业技术学院互联网学院规定，双方品牌增值不参与混合所有制办学协议中，设备投入与装修改造属于基本运营成本，当双方终止合作时企业方所投入设备与环境改造所有权归学校，企业方通过楼宇建设进行入股时，合作协议将调整为15～20年，房屋产权不列入增值范畴。可见，大多混合二级学院为产权清晰，不将品牌等无形资产、房屋等固定资产的增值纳入协议，从而不改变出资比例和利润分配比例。

2. 退出机制既保障企业方投入的资产所有权，又保障学校的利益

混合二级学院举办方退出时，学校要补偿企业方的办学投入的资产，从而为企业方投资教育领域去掉后顾之忧，补偿往往以企业方初始投资为依据，从而也保障了学校的利益。例如，C职业技术学院互联网学院协议规定，企业方投入的设备在合作终止时产权归属学院。企业方投入的楼宇在中途退出合作时根据前期建设成本双方协商由学院进行收购，收购价格与建设时的投入相同；A职业学院航海学院协议规定，合作期间，若因单方违约导致合作终止，企业方原始出资及其增值部分全部转让给学校，转让费以航海学院全部资产中企业方所占比例的评估价值为准，违约方支付另一方投入价值30%的违约金，学校自动拥有航海学院的全部权益。

（五）混合二级学院面临的问题

1. 混合二级学院构建框架停留在协议层面

混合二级学院产权结构、运作模式、内部治理结构、收入范畴、分配方法、资本增值与退出机制等重要内容停留在举办方双方签订的协议层面，协议具体内容是举办方双方协商决定，没有相关的法律法规为依据，导致每个混合二级学院整体运作模式各不相同，有些协议内容是否合规，在缺失法律法规的前提下也不容易界定。国家倡导混合所有制办学改革，但配套的制度和政策尚未出台，投资、产权、经营、收益等方面缺少明确的制度性安排和具体可供操作的规定，这使各职业院校和社会资本无法规避风险，建议上级主管部门从国家层面尽快出台可操作的实施性意见，或者出台专门针对混合二级学院的法律法规，以进一步规范和指导混合二级学院办学。

2. 混合二级学院产权流动和融通困难

不同办学主体的产权流动和融通没有明确规定。高职院校和企业如何健全归属清晰、权责明确、流转顺畅的现代产权制度是解决混合所有制办学的核心，当前，混合

所有制办学产权没有可借鉴的经验,需要在实践中不断摸索和尝试。

3. 混合二级学院不能以利益为导向办学

公办职业院校引入社会资本组建混合二级学院的最终目的是培养出具备职业胜任力的高素质技能型人才。举办方尤其是企业方不能以投资办学直接盈利为目的,一方面投资教育,利用自身企业资源,可以为企业培养出优秀人才,有利于企业发展;另一方面,以学校为研发基地,有助于新技术、新产品的开发与应用,从而促进企业发展。企业投资方如果以办学直接盈利为目的,势必会缩减办学成本,追求利润最大化,培养不出优秀学生,混合二级学院也就失去了存在的意义和价值。

二　案例：烟台大学与山东绿叶制药集团有限公司合办二级学院

为探索高等教育产、学、研相结合的新的办学模式,提高办学效益和企业技术创新水平,烟台大学和山东绿叶制药集团于 2000 年决定联合创办烟台大学药学院,以形成研究、教学、生产紧密结合的新的办学模式和研究中心。该案例属于混合所有制学校二级学院模式。该案例的创新之处在于,烟台大学与山东绿叶制药集团创办的药学院是非营利性二级学院,双方不从培养学生中提取学费分成。而是通过新的办学模式,充分利用学校和企业双方的教育资源、人才优势、研发条件,探索出一条人才培养和技术开发紧密结合的产、学、研一体化的途径。在办学质量、办学效率、办学条件和研究水平上达到国内同类院校的先进水平,以建成高质量的药学人才资源的培育基地和高水平的药学研发中心。

对学校来说,通过与绿叶制药集团的混合所有制模式办学创新,力争药学院在科研和教学方面以较高的切入点介入中国药学研究和高等教育领域。

对于企业来说,通过与烟台大学合作,争取用较短时间使药学院拥有国内一流的药学研究人员,在药学研究方面处于国内领先地位,研制一批国内领先的拥有自主知识产权的新药,使之转化为企业的重大经济效益。

（一）烟台大学药学院合办方式

（1）烟台大学药学院是以股份合作形式组建的烟台大学二级学院。双方各占50%股份。

（2）设立"联合办学管理委员会"（以下简称"管理委员会"）。管理委员会由烟台大学与山东绿叶制药集团共同组成,烟台大学占 3 人,山东绿叶集团占 3 人,管理委员会主任由山东绿叶集团派人担任,副主任由烟台大学派人担任。

（3）管理委员会采取会议的形式进行议事,相关决议以表决的方式进行,每位委员享有一票表决权,管理委员会主任在票数相等情况下有决策权,会议决议以全体委员过半数通过。

（4）烟台大学药学院实行管理委员会领导下的院长负责制。经办学委员会聘任后的院长和副院长以烟台大学名义任免。

（5）烟台大学负责提供建设药学大楼的规划用地,并负责投入人民币500万元,用于药学大楼(5 000平方米)一切室内装修及室内其他教学和科研基础配套设施的费用,并负责提供药学院现有规模必备的办学条件,包括基础教学的仪器设备、公用和后勤保障设施等,保证药学院教学、科研的正常进行。

山东绿叶制药集团负责累计对药学院投入资金500万元,用于药学大楼土建费用。签订合同后支付50万元,余款按工程进度需要分批支付。并负责投入科研仪器设备、设施,总计人民币500万元,仪器设备安置于实验室,药学院出于科研目的使用各类设备、设施。

（二）烟台大学药学院管理体制和管理职能

1. 药学院的管理实行管理委员会领导下的院长负责制。管理委员会具有以下职能:聘任和解聘院长人选;招生计划及发展规模;经费分配计划及具体使用;决定学院全部人员的任用、薪酬、考核;其他管理委员会认为应该决策的权限范围内的事情。

2. 院长的职责:提议聘任副院长,聘任、解聘和考核教授及教授以下的管理人员和教学人员;履行烟台大学其他二级学院院长应有的义务、责任与权力;全面负责学院的教学、科研及其他管理事务。

3. 教授的职责:全面负责组织本学科的教学、科研和技术开发;在规定范围内有资金和人员的独立决策权;可同时兼任山东省天然药物工程技术研究中心的研究人员。

4. 教授的待遇:系指经学校人事部门审定、学院正式聘任的教授。其工资及福利由药学院根据财力及吸引人才政策自定,一般不应低于烟台大学本部同级教授收入水平;教授的其他待遇与烟台大学其他教授相同;

5. 学生管理纳入烟台大学学生工作统一管理,所需各项费用,如奖励资金、困难补助等由药学院根据有关标准负责支付。

（三）财务管理原则

1. 学院实行财务相对独立、自收自支、自我发展的模式。

2. 学院教学经费的来源为:学生的学费;国家按规定拨给的经费。

（四）合作成效

1. 人才队伍获突破性进展

一方面,得益于校企共建的创新合作模式,药学院的人才师资队伍得到了飞速发展。在烟台大学和山东绿叶制药集团的合作下,药学院实现了从无到有,从"有"到"优"的发展历程,人才队伍建设方取得了突破性进展。药学院现已具备了雄厚的师资力量,现有专任教师47人,其中教授16人、副教授17人。教师中拥有博士学位46人,有一年以上海外留学经历的25人(海外取得博士学位的有12人),国家千人计划特聘专家2人,泰山学者特聘教授9人。教师中有半数在绿叶制药研发中心兼职。

受益于校企共建和协同创新,烟台大学走出了一条独具特色的人才工作创新路,人才队伍建设成效显著。近5年来,药学学科教师承担纵向课题70余项,其中国家自然科学基金12项、"十一五"国家重大专项7项,国际科技合作项目2项,山东省自然科学基金13项,山东省重大专项1项,山东省科技攻关项目5项等;科研经费累计约3400万元,其中纵向经费约2600万元,横向经费约800万;发表论文300余篇,其中SCI收录150余篇。

另一方面,受益于校企共建的创新合作模式,药学院为绿叶制药吸引了一大批有才能、适用性强的研究人才,使得绿叶制药的新药研究队伍综合素质走在了全国的前列,促进了绿叶制药的快速发展并成为行业自主创新的领先企业,并取得了丰硕的成果。绿叶制药现已拥有一支以药学院教师为主体、具有开拓精神及不同学术背景的研究团队,建立了缓控释新型制剂、分子药理学、药代动力学研究等10余个新药研发技术平台,新药研发水平在国内同行业中处于领先地位。

2. 加快协同创新成果的转化

在优秀的师资队伍组建的研发团队的通力合作下,团队的基础理论成果和应用成果成绩突出。近5年有11项科研成果获省部级以上科技奖励,其中"娑罗子、红花等中药药效物质提取纯化关键技术研究及其产业化"荣获2008年国家科技进步二等奖。烟台大学与绿叶制药合作授权发明专利68项,获德国发明专利授权1项。国家1类新药注射用羟基红花黄色素A申报新药已完成临床试验;国家1类新药注射用丹参素钠已申报临床并完成资料补充;注射用罗替戈汀缓释微球已通过美国FDA的新药审评,获准在美国开始临床研究。

3. 依托高校和企业,学科与科研平台建设发展迅速

基于校企联合办学的优势,药学院学科发展迅速,目前拥有1个服务国家特殊需求博士人才培养项目、1个一级学科硕士点、1个专业学位硕士点。拥有教育部重点实验室、省高校协同创新中心、省十三五高校重点实验室、省重点学科等教学科研平台。药学院以国家级实验教学示范中心建设为抓手,将上述特色学科、科研平台与合作办学单位的新药研发平台、国家重点实验室等,统一纳入学生创新、实践能力培养平台,构建了"基础、综合、创新"分层次、阶梯状的开放实践教学体系。

4. 培养学生实践、创新能力,毕业生就业率高

绿叶制药研发中心拥有一支具有开拓精神及深厚学术背景的研究团队,已组建了完善的新药研发技术平台,仪器设备总值一亿多元。绿叶制药近300名研发人员成为学生实践与创新能力训练的指导教师,有效支撑了学生的实践、创新能力培养。每年国内众多大中型药企来药学院招聘人才,看重的就是药学院学生的实践、创新能力。毕业生就业率高,深受用人单位好评。近三年平均就业率达94%,学生受到绿叶制药、齐鲁制药与江苏恒瑞制药等知名企业的青睐,部分毕业生已成为大中型制药企业研发和生产骨干。超过95%的用人单位对药学院毕业生的工作态度、工作能力及

专业水平给予了高度评价。

（五）烟台大学药学院混合所有制教学改革的启示

1. 双方合作平衡点明确

烟台大学看重山东绿叶制药集团研发平台,能够为相关专业广大师生提供实践平台,既能促教学水平、又能促科研成果,更有利于学科专业建设。山东绿叶制药集团看重烟台大学的师资队伍,并利用大学的平台,能够吸引更多优秀人才来到烟台大学,为山东绿叶制药集团所用,所出科研成果可为公司研发平台研制出新药,转化成经济效益。烟台大学药学院教师绝大多数都在山东绿叶制药集团兼职,拿双份工资。

2. 双方合作基于非营利性

双方合作的基础不是分配学费,而是打造人才平台,合作共赢。在合作协议中,学费归烟台大学所有。以非营利性方式合作为基础,办学双方目标函数趋近,烟台大学和山东绿叶制药集团合作办学过程中,出现的矛盾和摩擦能限制在可控范围内,双方出现的任何问题,都能找到解决途径。

第五节　公私合作伙伴关系 PPP 模式案例

根据《国务院关于加快发展现代职业教育的决定》(国发〔2014〕19 号)和《教育部关于深入推进职业教育集团化办学的意见》(教职成〔2015〕4 号),结合山东省发展混合所有制有关文件要求,2015 年德城区进行社会资本与公办职业学校合作开展混合所有制办学试点工作。"职业院校混合所有制办学模式研究与实践"被列为山东省职业教育教学改革重点课题。

一　混合所有制办学基本情况

德城创新孵化职教园区项目由德城区政府主导,德城区教育局牵头,采用 PPP 模式下 BOO 模式与社会资本方海丰发展股份有限公司(香港)合作兴建。

（1）社会资本方。海丰发展股份有限公司(香港),注册资金 3 000 万美金,拥有海丰轮胎股份有限公司,山东瑞创机械科技有限公司,联合北京凯德鸿泰科技(北京)有限公司等公司,涉及轮胎、计算机、节能、电子加速器等高新技术领域。

（2）政府组织方。政府组织方由德城区政府、德城区教育局、德州信息工程中等专业学校三方组成,属上下隶属关系或上下授权关系。学校是国家级重点中等职业学校,正在创建山东省第二批中等职业教育规范化学校,建有五个校区,现有教师 115人,在校生 2 575 人,设有机电数控、信息技术、学前教育等专业及涉农专业。

德城创新孵化职教园区项目总投资 15 亿元,定位为"一园三区",以智慧创新创业园为平台创建"三区"创业孵化区(创业大学创新城)、职业教育区(信息工程学校新校区)、涉农示范区(德州市职业教育现代农业技术公共实训中心)。该项目2016年初被列为山东省9个职业院校混合所有制改革试点之一,并纳入山东省政府和社会资本合作(PPP)项目库。

二　合作形式

德城区政府、德城区教育局、海丰发展股份有限公司三方采用公司化运营模式,成立德州德贤教育投资有限公司,并具体经营合作项目,合作模式为PPP模式下的BOO模式,即德贤教育投资有限公司根据政府赋予的特许权,建设并经营德城创业孵化园区项目,但并不将此项项目移交给政府或其他公共部门,而是持续地运营。其优势在于,政府部门既节省了大量财力、物力和人力,又可在瞬息万变的信息技术发展中始终处于领先地位,而海丰发展也可以从项目承建和维护中得到相应的回报。

三　产权结构

德州德贤教育投资有限公司总构成资本折合货币为人民币15亿元。在三方签订的《PPP合同》中约定德州信息工程学校代表区政府出资比例为20%(含土地费用),约定海丰发展股份有限公司出资比例为80%。区政府负责协助信息工程学校落实项目土地安排、资金统筹及对协议履行、项目运营进行监管。

四　治理结构

实行董事会领导下的校长负责制,建立"董事会决策领导、学校行政依法依规依章程办学、监事会监督监管"为特征的现代多板块协调管理学校法人治理结构。

(1)董事会架构。董事会为项目公司的最高执行机构,由5名董事组成,其中社会资本方委派4人,政府方委派1人。学校校长由董事会聘任,依法独立行使教育教学和行政管理权。

(2)监事会架构。设监事3名,由政府方委派1名,海丰发展委派1名,员工代表1名,监事会主席由政府方担任。发挥监事会的监督作用,保障学校日常管理事务的依法依规进行。

(3)管理共同体机制。按照法人治理结构,落实投资者、决策者、经营者、监督者责任,并在此基础上形成相互协调、相互配合、有效制衡的高效运转机制,改变过去"重股权,轻机制""重所有者,轻经营者"的治理模式。

五　运行机制

市场、政府、企业和职业院校"四位一体"机制的有效运作是德城创业孵化职教园区发展的基础和保障。

(1)建立行业为导向的运行机制。以市场需求为导向,以职教专业为主体,超前预测人才需求趋势,制定人才培养标准和人才培养方案,为企业输送专业人才,为行业提供专门人才,打造人才培养金牌,引领企业可持续发展。

（2）建立校企融合运行机制。企业与学校人才共享,互聘互兼,学徒与学生身份及时互转,企业与学校深度融合,并将技术研发作为学校产教融合的重要内容。将学校文化和企业文化融为一体,实现"产业文化进职教、工业文化进校园、企业文化进课堂",使学生接受双重文化熏陶,有利于今后岗位工作。

六　项目预期效益

混合所有制办学模式能有效解决民生需求,同时促进区域经济社会发展,推进完成省规范化学校建设项目,增加国家和地方税收收入。

（1）探索学校、企业"双主体"的混合所有制办学模式,把学校建设成为体制机制完善、运行规范、效益明显的混合所有制学校。

（2）在体制机制、产权结构、治理结构、人才培养等方面积累成功经验,为国家正在进行的职业院校办学体制改革提供典型案例。

（3）加强教育链和产业链的深度融合,确保职业学校的专业设置紧密结合企业实际需求,保证专业设置能够紧紧围绕市场,紧跟产业发展实际,同时职业学校为企业提供足够的技术技能人才,有力支撑企业的发展。

（4）项目建成后将引进一批高新技术和新兴产业,通过人才孵化培养一部分专业人才和大批创业人才,带动地方产业转型升级,形成创业孵化、职业教育与新兴产业、新兴服务业、现代工业相互支撑、融合发展的格局。

七　利益与成本分担机制

以学校为代表的政府方和社会资本方风险分担,并按照项目公司股东决议及有关协议共享收益。在项目公司存续期间内,双方以各自出资额为限对项目公司承担责任,在满足 PPP 项目协议有关要求的情况下,除非股东会另有决议,双方可以根据各自的出资比例分配税后利润。

八　资本增值与退出机制

双方约定积极主动地对项目公司进行运营、管理,提高有效监督,保证资本的增值保值。

（1）实现人才增值。将培养高端型、技能型人才为发展方向,通过培养高水平人才、前沿型人才,建立继续培训和培养机制,牢牢把握市场方向,实现人才不断升值,始终处于行业人才领先地位。

（2）实现职教园区价值升值。在培养好学校人才的同时,着眼于项目长远运营和良性发展,通过公司上市、股权多元化、优化资本结构、财务风险控制、人力资本增值等举措,促使企业价值最大化,保证项目资本价值保值增值。

（3）完善资本退出机制。项目发展相对成熟或不能继续健康发展的情况下,投入资本由股权形态转化为资本形态,以避免和降低财产损失,双方合作可以通过股份上市、股份转让、股份回购和公司清理等方式进行资本退出。

九　混合所有制办学的实质性进展

自 2016 年起,德城创业孵化城项目变更为德城创业孵化职教园区并开始着手起草有关合同及征地、拆迁等工作,规划一园三区实施方案,混改取得了实质性进展。

2016 年 6 月 13 日,区政府召开关于完善德城区创业孵化职教园区（一园三区）竞争性磋商文件和起草 PPP 投资合同文本有关问题的专题会议。

2016 年 7 月,编制完成《德城创业孵化职教园区项目公司股东协议》。8 月,重新修订《德州德贤教育投资有限公司章程》。

2016 年 11 月 7 日,签署《德城创业孵化职教园区 PPP 项目合同》,合同确定了项目采取 BOO 模式,政府方占公司股权的 20%,社会资本方占股权的 80%,同时完成了"一园三区"的规划。

十　学校面临的主要问题

（1）如何解决好非国有资产的"寻利性"与国有资产的"公益性"之间的根本矛盾。由于资本的逐利性,社会资金进入公办职业院校必然会有一定的投资预期和收益要求,如何保障投资人的产权主张和收益要求是混合所有制职业院校绕不过的一道坎。

（2）民间资本进入职业教育领域增资扩股和并购投资,缺乏相关制度依据。当前产权转让流转不够顺畅,学校不能通过产权进行融资和交易,影响了投资者的信心。这是发展混合所有制职业院校的最大难点。

（3）混合所有制院校的管理体制、运行机制、待遇、行政关系、教师身份、人事政策不明晰。尽管现在制定了非营利性民办学校和公办学校教师社会保障同样待遇政策,但是距离真正落实还需要各部门的配合,还需要时间。

（4）产权保护机制不完善,通过政府投资所形成的国有资产、公司融资所形成的租赁资产、社会捐资和滚动积累所形成的法人资产,在学校中如何得到有效保护,尚缺乏明晰的法律规范。

第六节　混合所有制学校委托代理模式案例

混合所有制学校改革有一种类型是委托管理,具体有民办学校委托公办学校和公办学校委托民办学校。民办学校委托公办学校的典型案例是齐齐哈尔工程学院，这所学校先后完成了三次委托管理实践。

一 混合所有制学校委托管理相关概念

（一）委托管理

委托管理是经济范畴的概念，是指委托方委托管理方接受受托方的委托，按照预先约定的合同或协议，对受托方进行管理的经济行为。对于教育领域的委托管理，是指通过合同或协议的方式，委托方将受托学校委托给教育机构或者中介组织，从而实现受托学校目标的过程。目前在职业教育、高等教育领域都有委托管理行为，涉及委托管理的类型主要由公办委托管理公办、公办委托管理民办、民办委托管理公办、民办委托管理民办。其中公办委托管理公办以及民办委托管理民办两种类型不属于混合所有制学校的范畴，它们的学校属性是单一的公有制资本或者私有制资本。严格地讲，公办委托民办和民办委托公办也不属于混合所有制的范畴，委托管理是一种经济行为，没有影响到学校举办方的出资属性，但我们可以把它看作是混合所有制教育领域的"泛混合"类型。

（二）委托方

在委托管理关系中，存在独立的委托方，是委托管理行为的发起者，通过购买行为签订契约协议，委托管理方管理受托学校的经济行为。在民办委托公办的案例中，委托方往往是政府。比如，齐齐哈尔工程学院委托管理甘南县职教中心，其委托方为甘南县政府，管理方为齐齐哈尔工程学院，受援方为甘南县职教中心。委托方甘南县政府委托管理方齐齐哈尔工程学院，通过签订协议方式，委托管理甘南县职业院校的三方契约行为。但在齐齐哈尔工程学院委托管理三亚城市职业学院案例中，三亚城市职业学院的举办方明道酒店投资集团是委托方，委托齐齐哈尔工程学院管理三亚城市职业学院。

（三）管理方

管理方即教育领域擅长教育管理的教育组织，它可能是学校，也可能是专业教育咨询集团。管理方是负责受托学校的教学管理工作具体实施的机构。

（四）受托方

受托方是指接受管理方委托管理的，在教学管理上相对薄弱学校。本案例中的受托方是公办的黑龙江省国有企业下面的八所学校、海南省三亚城市职业学院和公办的黑龙江省甘南县职教中心。

二 教育领域委托管理背景和动机

（一）教育领域委托管理政策背景

2010 年《国家中长期教育改革和发展规划纲要（2010—2020）》首次提出，"各地可以从实际出发,开展委托管理等试验,探索多种办学形式,提高办学水平"。2014年,在研究部署职业教育工作的国务院常务会议上,李克强指出,要鼓励社会力量兴办职业教育,探索公办和社会力量兴办的职业院校相互委托管理和购买服务的机制。

(二) 受托方学校成为举办方的包袱

教育领域委托管理,往往是受托学校经营不善。比如1998年,齐齐哈尔市政府委托齐齐哈尔工程学院,委托管理8所面临倒闭的企办学校。三亚城市职业学院委托管理前,招生困难,学校在校生800人,全年学校收费380万元,全年学校支出1260万元,入不敷出,且没有通过教育部合格评估。

(三) 优化配合教育资源,提高办学质量

委托管理行为实质是学校所有权和经营权的分离。专业的事情交给专业的人来做。通过市场手段,完成教育领域的资源优化配置,提高受托学校的竞争力和教学质量。

(四) 教育管评教分离

教育领域委托管理构建了一种新型的政府、学校和社会关系,推进教育管办评分离。一直以来,政府既是教育举办主体,又是教育管理主体,还是教育评估主体。这种管教评一体的教学体系不利于教育事业的发展。委托管理改革将政府从教育管理主体中解放出来,政府工作重点放在引导和评估方面,理顺政府、学校以及社会之间的关系。这是提高我国教育水平的重要内容。

三　齐齐哈尔工程学院三次委托管理实践

(一) 齐齐哈尔工程学院发展简介

齐齐哈尔职业学院的前身是黑龙江东亚大学。1991年,齐齐哈尔第一机床厂的12名教职工离开国企,举办学校。1993年,成立黑龙江东亚大学。1993年7月,将公办的齐齐哈尔第一机床厂重型机床制造学院合并,引入国有资本,成为混合所有制学校。2001年,在黑龙江东亚大学基础上成立齐齐哈尔职业学院。2011年4月,齐齐哈尔职业学院升为本科院校,改名为齐齐哈尔工程学院。

(二) 委托管理企办学校

1998年,东北一些国有企业陷入困境,濒临倒闭,急于甩掉学校包袱。在政府难接、企业难办、学校难活的"三难"境况下,齐齐哈尔工程学院创办人曹勇安临危受命,迎难而上,扛起这个包袱,齐齐哈尔市政府委托齐齐哈尔工程学院委托管理8所公办的企办学校。

1. 委托管理三亚城市职业学院

三亚城市职业学院成立于2001年。2008年,明道集团成为三亚城市职业学院举办者。道明集团投资4.13亿元征地、建校舍,2011年竣工。伴随着学生总数量的减少,高职学校的生源也急剧下降,2013年三亚城市职业学院没有通过教育部合格评

估,又被教育部亮过黄牌。学校在校生800多名,年招生人数300名左右,年收费380万元,年度支出达到1 260万元。三亚城市职业学院面临生存困境。

2013年,齐齐哈尔工程学院派出学院的教育咨询公司,免费为三亚城市职业学院进行诊断和提供治理方案。在明道集团的要求下,齐齐哈尔工程学院陆续指派常务副院长、教务处长以及系主任等指导三亚城市职业学院改革。在改革过程中,齐齐哈尔工程学院与道明集团达成共识,即不通过委托授权方式的指导,效果不显著,难以达到改革目的。2013年9月1日,道明集团与齐齐哈尔工程学院签订委托管理协议,委托齐齐哈尔工程学院委托管理三亚城市职业学院。

2. 委托管理公办的甘南县职教中心

甘南县职教中心没有陷入生存困境,在齐齐哈尔市职教中心里属于办学较好的单位。在政府倡导的背景下,甘南县职教中心计划借助委托管理实现职业教育快速发展。2013年甘南县职教中心教职工的基本情况是理论课教师多、实践课教师少,且教师队伍老龄化严重。在这种情况下,甘南县职教中心想借助社会力量,快速提高教学质量。在党的十八届三中全会关于"加快事业单位分类改革,在加大政府购买公共服务力度"的指导下,先从政府购买职业教育入手,政府部门从职业教育服务的"提供者"向"采购者"转变。

2014年3月1日,甘南县政府委托齐齐哈尔工程学院委托管理甘南县职教中心。双方签订"委托管理协议"。通过托管让甘南县职教中心更好地服务地方经济社会发展。

四 委托管理方案实施

(一) 委托管理时间

齐齐哈尔工程学院委托管理公办的8所企办学校的时间为10年;与民办的三亚城市职业学院每次签订委托管理协议期限为3年;委托管理甘南县职教中心期限为5年。可见,目前混合所有制办学委托管理属于短期行为(见表10-2)。

表10-2　齐齐哈尔工程学院委托管理情况

委托方	管理方	受托方	委托起始时间	委托结束时间
齐齐哈尔市政府	齐齐哈尔工程学院	公办的八所企办学校	1998年	2008年
明道集团	齐齐哈尔工程学院	三亚城市职业学院	2013年9月1日	2016年8月30日
甘南县政府	齐齐哈尔工程学院	甘南县职教中心	2014年3月1日	2019年2月28日

(二) 采用委托代理经济行为完成非营利性公益事业

委托管理协议承诺,受托学校民办的三亚城市职业学院和公办的甘南县职业教育中心委托齐齐哈尔工程学院管理,是受托学校引入先进教学管理资源,促进地方经济的发展,满足人们对优质教育的需求,这种委托代理行为属于非营利性公益事业,委托各方承诺,委托代理期间受托学校的教育资金、学校收益全部投入到受托学校的教育事业中,任何一方不得抽逃或挪用资金。

(三) 管理方拥有充分经营管理授权

管理方齐齐哈尔工程学院拥有对受援学校的资金支配权、资产使用权、教职工聘用和解聘权,有权制定、实施劳动用工制度、薪酬制度。充分的经营管理授权保证了齐齐哈尔工程学院在委托管理受托学校期间,可以大刀阔斧地进行改革,从而为协议中双方设定的委托管理目标的实现打下制度基础。

(四) 委托管理实行"三分离"原则

齐齐哈尔工程学院实行委托管理"三分离"原则,即受托学校的所有权与经营管理权分离、产权与经营权分离、举办者与办学者分离,托管双方各自履行所应承担的职责。齐齐哈尔工程学院(管理方)分别与明道酒店集团(举办方)、三亚城市职业学院(受托学校),及甘南县人民政府(举办方)、县职业教育中心(受托学校),三方组成受托学校董事会,学校实行董事会领导下的校长负责制。协商决定,明道集团派出代表担任三亚城市职业学院的董事会董事长,齐齐哈尔工程学院派出代表担任董事会副董事长,其余学院董事会成员由明道集团推荐 2 人、齐齐哈尔工程学院推荐 1 人组成。三亚城市职业学院院长为学校的法定代表人。在甘南县职业教育中心委托代理中,职教中心董事长由齐齐哈尔工程学院派出代表担任,并作为职教中心的法定代表人。

(五) 委托管理费用以捐款形式支付

明道集团与甘南县政府两家委托方承诺,如果委托管理设定目标完成,则委托方以捐款的形式支付委托管理费给齐齐哈尔工程学院教育发展基金会。

五　齐齐哈尔工程学院三次委托管理成效

(一) 8 所公办的企办学校成效

委托管理八所濒临倒闭的企办学校,国有企业急于甩掉包袱,托管期间,解决实际问题,将教师的工资与绩效挂钩,实行绩效工资,调动教职工的工作积极性。这八所学校分别成为市、省、国家级示范学校。2008 年,国家出台接收国企教育政策,8 所受托学校结束托管代理。2009 年,中国民办教育协会将"齐齐哈尔市政府委托民办学校管理公办学校的案例"评选为 9 大影响中国民办教育发展的案例之一。

(二) 三亚城市职业技术学院迎来新起点

委托管理期间,齐齐哈尔工程学院对三亚城市职业学院输入管理团队,改革劳动制度、人事制度、分配制度,调整学校治理结构,提高办学质量,使得三亚城市职业学院起死回生,2013 年 12 月 6 日,学院首次通过了教育部评估,拥有了一个新起点。

（三）甘南县职教中心

甘南县职教中心被托管后，重新设定办学定位，实现学历教育与教育培训兼顾。甘南县职教中心在齐齐哈尔工程学院的管理下，教学水平显著提升，能够在很大程度上满足甘南县人民群众在当地就业或外出就业的技能培训需求，满足甘南县企、事业单位对高级技能型人才的需求。

参考文献

［1］许明,胡晓莺.当前西方国家教育市场化改革述评［J］.教育研究,1998(3).

［2］胡相荣.江西新余市民办职业学校学生管理特征研究［D］.长沙:湖南师范大学,2011.

［3］胡莉.独立学院资产监管体系研究［D］.成都:电子科技大学,2011.

［4］董圣足.教育领域探索"混合所有制"内涵、样态及策略［J］.教育发展研究,2016(3).

［5］阙明坤.职业院校探索混合所有制的有效形式［N］.中国教育报,2015-3-26(9).

［6］常修泽.中国国有企业改革和民营经济发展中的几个突出问题［J］.经济社会体制比较,2004
(4).

［7］李晓南.正确理解混合所有制经济［N］.经济日报,2014-03-27(3).

［8］季晓南.发展混合所有制是深化国企改革的突破口和加速器［J］.上海经济,2014(5).

［9］江涛,吴刚.混合所有制经济理论与实践［M］.北京:社会科学文献出版社,2015.

［10］陈上仁.高等教育市场、高等教育市场化概念的若干理论辨析［J］.现代大学教育,2005(3).

［11］袁东敏.西方教育市场化理论对我国高教体制改革的启示［J］.邵阳学院学报(社会科学版),
2005(3).

［12］吴坚.政府主导型的高等教育市场化模式—中国特色的高等教育运行机制［J］.江海学刊,2001
(12).

［13］方林佑.主体身份、政府角色与中介组织地位［D］.长沙:湖南师范大学,2013.

［14］闫飞龙.高等职业教育混合所有制改革的理论探索［J］.国家教育行政学院学报,2016(1).

［15］阙明坤.混合所有制视角下独立学院办学体制创新研究［J］.复旦教育论坛,2017(3).

［16］阙明坤,潘奇.发展混合所有制职业院校初探［J］.职业技术教育 2015(2).

［17］费坚.我国独立学院发展的战略审视［D］.南京:南京农业大学,2012.

［18］鲁朝.我国民办高校融资方式研究［D］.广州:暨南大学,2010.

［19］薛晓燕,张向前.英国高等教育发展及其启示［J］.唐山学院学报,2009,22(2).

［20］许青云.英国高等教育的特点与启示［J］.经济研究导刊,2012(10).

［21］张剑波.对民办高校拓宽筹资方式的思考［J］.大学教育科学,2007(3).

［22］谢婉荣.我国民办院校融资多元化探析［J］.现代商业,2011(3).

［23］王雪峰.论高等教育的项目融资［J］.南京农业大学学报(社会科学版),2002(2).

［24］黄藤.中国民办教育研究 2016［M］.上海:华东师范大学出版社,2016.

［25］嵇绍岭.中国民办高校社会营销研究［M］.上海:上海交通大学出版社,2015.

［26］卢杰.数字化社会背景下我国民办高等学校融资问题研究［M］.成都:西南交通大学出版
社,2015.

［27］王贤,李枭鹰.中国高等教育经费来源的变化趋势［J］.现代教育管理,2014(9).

［28］曾霞.我国高校教育筹资问题研究［D］.淮北:淮北师范大学,2014.

[29] 王小兵.教育发展融资创新论[M].北京:高等教育出版社,2013.

[30] 蒋作斌.理性认识和多方化解高校负债问题的思考[J].中国高等教育,2010(2).

[31] 周志忍,陈庆云.自律与他律——第三部门监督机制个案研究[M].杭州:浙江人民出版社,1999.

[32] 冷明权,张智勇.经济社团的理论与案例[M].北京:社会科学文献出版社,2004.

[33] 徐旭川.非营利组织营利行为的成因与规范[J].现代财经,2006(3).

[34] 李颖.非营利组织对构建和谐社会的作用[J].甘肃农业,2006(2).

[35] 张玉磊.我国非营利组织市场化运作的困境与对策[J].温州职业技术学院学报,2007(3).

[36] 张玉磊.论非营利组织的市场化运作:理论基础与现实问题[J].山西财政税务专科学校学报,2007(9).

[37] 董圣足.关于民办高校法人财产权的思考:基于45所民办院校法人财产状况的调查分析[J].教育发展研究,2007(Z2).

[38] 刘明.中国非营利组织:定义、发展与政策建议[J].科技信息(教学·科研),2007(19).

[39] 黄波,吴乐珍,古小华.非营利组织管理[M].北京:中国经济出版社,2008.

[40] 石邦宏,王孙禺.民办高校营利性与非营利性的制度思考[J].中国高校思考,2009(3).

[41] 李晓明.国内外非营利组织研究述评[J].西北大学学报(哲学社会科学版),2007(9).

[42] 王小兵.教育发展中融资创新研究[D].长沙:中南大学,2011.

[43] 王善迈.我国民办学校如何进行分类管理[J].教育前沿,2011(8).

[44] 邹津宁.论非营利性组织的法律界定[J].学术论坛,2011(10).

[45] 郑振宇.闽台非营利组织发展状况比较[J].台湾研究集刊,2011(10).

[46] 方芳,王善迈.我国公共财政支持民办高等教育研究[J].北京师范大学学报(社会科学版),2011(9).

[47] 沈剑光.中国公共经济管理转型对民办教育影响研究[D].武汉:武汉大学,2011.

[48] 夏兰.民国时期现代大学制度演变研究[D].上海:复旦大学,2012.

[49] 易治新,李雪.远程教育课程的市场化属性及其运作[J].中国电力教育,2012(7).

[50] 田翼强,罗洁.效用、交易费用与类非营利性组织[J].商场现代化,2012(7).

[51] 董圣足.民办学校分类管理的制度构架:国际比较的视角[J].教育发展研究,2013(5).

[52] 李成明.美国营利性高等教育组织的发展与争论研究[J].重庆高教研究,2015(1).

[53] 吴益群,杨泽宇.国际化校企共同体:混合所有制办学实践新模式[J].职教论坛,2016(3).

[54] 潘东明.美国私立高校经费筹措渠道及其启示[J].七方教育,2016(12).

[55] 谭细龙.教育法治建设存在的八大问题分析[J].湖北第二师范学院学报,2017(12).

[56] 庞庆明,郭志伟.中国特色社会主义资本观:历史溯源、当代发展与新时代阐释[J].西北大学学报(哲学社会科学版),2018(1).

[57] 李敏.新时期加强民办高校党建工作研究[J].经济师,2018(1).

[58] 林婧.我国民办基础教育发展面临的困境和出路[D].湘潭:湘潭大学,2017.

[59] 张茂聪.权力整合:构建现代大学制度途径之维度[J].山东师范大学学报(人文社会科学版),2015(2).

[60] 高莹.非营利性民办高校的法律扶持[D].沈阳:沈阳师范大学,2014.

[61] 曹振国.教育股份发展的矛盾性困境与突破[J].教育与职业,2018(6).

[62] 王凤玲,罗建国.建立现代大学制度促进民办高校发展[J].浙江树人大学学报,2010(11).

[63] 柯盈盈.民营高职院校董事会治理结构优化研究—以杭州万向职业技术学院为例[D].湘潭:湘潭大学硕士论文,2014(4).

［64］王晓琛.我国民办高校董事会内部管理体制研究［D］.济南:山东财经大学,2013(5).

［65］周建,罗肖依,余耀东.董事会与CEO的战略决策权配置研究［J］.外国经济与管理,2015(1).

［66］肖静.机制创新文化引领提高独立学院党建科学化水平［J］.江汉大学学报(社会科学版),2012(3).

［67］王义宁.民办高校董事会领导下的校长负责制探析［J］.湖北广播电视大学学报,2014(4).

［68］高峰.民办高中的学校领导体制研究-以浙江省A中学为例［D］.南京:南京师范大学硕士论文,2011(5).

［69］潘留仙,陈文联.民办高校内部治理中校长应有的角色［J］.中国高教研究,2016,(8).

［70］于会永.民办高校校长素质论［D］.长春:吉林财经大学硕士论文,2012,(4).

［71］刘包产,岳佩麟,石艳文.民办高校党组织与董事会关系探究［J］.萍乡高等专科学校学报,2014(4).

［72］黄群群,张颖.混合所有制办学:高职教育发展的新探索［J］.湖北经济学院学报,2015(6).

［73］何学侠.公办转制学校治理结构的研究-以S县某公办转制学校为个案［D］.南京:南京师范大学硕士论文,2010(4).

［74］王英,金保华.民办高等学校监事会制度研究［J］.北京教育(高教版),2013(12).

［75］阮梦娇.基础教育改革与发展中的民办教育投入风险研究［D］.南京:南京师范大学硕士论文,2014(5).

［76］谢冰松.基于高校内部治理的教代会制度建设-教代会与现代大学制度关系研究［J］.南阳师范学院学报,2010(11).

［77］朱玉双.教师权利视野下大学教代会民主监督权研究［D］.南昌:江西师范大学硕士论文,2014(5).

［78］陈光军.现代学校制度框架下教职工代表大会思考［J］.齐鲁师范学院学报,2012(6).

［79］齐园园.高校教代会制度问题分析及对策研究［D］.石家庄:河北师范大学硕士论文,2012(4).

［80］程绪彪.关于高校教代会提案工作的几点思考［J］.池州学院学报,2011(6).

［81］张爱.日本大学第三者评价的运行机制［J］.比较教育研究,2006(4).

索引

后记

混合所有制无疑是经济领域的一项制度创新。然而，由于教育本身的特殊性，不仅其具有公益性特点，加上难以度量、难以考核、难以监督等特性，在教育领域探索和发展混合所有制的确是一项值得认真研究的课题。本课题对其进行了一些研究探索，然而在理论层面上尚需进一步深入，特别是结合教育特性的分析还有待加强；另外从实践来看，混合制办学效果并不理想，公立部门和私人部门目标函数不同，尤其是内部治理以及教育公平问题突出。如何破解这些难题关系这一制度在教育领域的命运。

本书是在我主持的全国教育规划国家课题研究成果基础上编写的。课题经历约五年，其间经历了《民办教育促进法》的修改出台、《民办教育促进法实施条例》的通过及实施。本课题研究的时间跨度长，又恰逢这些政策的调整，给课题研究和本书完成带来了一定难度。

全书由本人策划统稿。第一章至第四章由徐雪峰执笔，第五章由单佳执笔，第六章由孙相云执笔，第七章由徐嵩杰执笔，第八章和第十章由孔令一执笔，第九章由张秋敏执笔。感谢课题组成员，有了大家的共同努力，课题以及本书才得以完成。

课题在研究过程中得到了很多同行、领导的指点和帮助，在此一并致谢。

感谢山东省教育厅孟令君的帮助，使得自己有机会参与山东省职业教育混合所有制试点推进工作，并作为专家组组长参与了试点院校的遴选工作，为本课题案例研究提供了极好的契机。

感谢教育部政法司杨志刚副司长，多次向他请教，与他深入探讨，仿佛醍醐灌顶，令笔者进一步开阔视野，对课题研究思路以及相关问题有了更深入的理解。

由于笔者水平有限，不论是文句叙述方面还是研究内容本身，本书还有很多不足之处，敬请读者指正。

于光辉

2023 年 2 月 16 日于烟台